Kohlhammer

Die Autorinnen

Prof. Dr. phil. habil. em. Ruth Hampe war an der Katholischen Hochschule Freiburg mit den Schwerpunkten Heilpädagogik, Rehabilitation und Kunsttherapie tätig. Sie ist ausgebildete Kunstpädagogin, approbierte Kinder- und Jugendlichen Psychotherapeutin (KJP), Katathym-imaginative Psychotherapeutin (KIP) und graduierte Kunsttherapeutin (DKGT) sowie Heilpraktikerin Psychotherapie. Ruth Hampe promovierte und habilitierte an der Universität Bremen, arbeitet seit Jahren im Vorstand der Deutschen Sektion der Internationalen Gesellschaft für Kunst, Gestaltung und Therapie (IGKGT) und der Deutschen Gesellschaft für Künstlerische Therapien (DGKGT). Sie publiziert zur Kunsttherapie, Kunst- und Kulturpsychologie sowie zur Heilpädagogik und ist in eigener Praxis, in der Flüchtlingsarbeit und in Auslandsprojekten (SES) tätig.

Prof. Dr. rer. medic. Monika Wigger ist Professorin für Ästhetik und Kommunikation mit dem Schwerpunkt bildnerisches Gestalten an der Katholischen Hochschule Freiburg und im Leitungsteam der wissenschaftlichen Weiterbildung Kunsttherapie am IAF der KH Freiburg. Sie war langjährig Kunsttherapeutin im Universitätsklinikum Münster sowie Initiatorin der Malwerkstatt Münster. Sie ist diplomierte Grafik-Designerin, graduierte Kunsttherapeutin (DGKT) und Heilpraktikerin Psychotherapie. Monika Wigger arbeitet im Vorstand der Deutschen Sektion der Internationalen Gesellschaft für Kunst, Gestaltung und Therapie (IGKGT) und in der Deutschen Gesellschaft für Künstlerische Therapien (DGKT) mit. Sie publiziert zur Kunsttherapie und zur Heilpädagogik und ist kunsttherapeutisch tätig in eigener Praxis tätig.

Ruth Hampe, Monika Wigger

Heilpädagogische Kunsttherapie

Grundlagen, Methoden, Anwendungsfelder

Verlag W. Kohlhammer

Dieses Werk einschließlich aller seiner Teile ist urheberrechtlich geschützt. Jede Verwendung außerhalb der engen Grenzen des Urheberrechts ist ohne Zustimmung des Verlags unzulässig und strafbar. Das gilt insbesondere für Vervielfältigungen, Übersetzungen, Mikroverfilmungen und für die Einspeicherung und Verarbeitung in elektronischen Systemen.

Die Wiedergabe von Warenbezeichnungen, Handelsnamen und sonstigen Kennzeichen in diesem Buch berechtigt nicht zu der Annahme, dass diese von jedermann frei benutzt werden dürfen. Vielmehr kann es sich auch dann um eingetragene Warenzeichen oder sonstige geschützte Kennzeichen handeln, wenn sie nicht eigens als solche gekennzeichnet sind.

Es konnten nicht alle Rechtsinhaber von Abbildungen ermittelt werden. Sollte dem Verlag gegenüber der Nachweis der Rechtsinhaberschaft geführt werden, wird das branchenübliche Honorar nachträglich gezahlt.

Dieses Werk enthält Hinweise/Links zu externen Websites Dritter, auf deren Inhalt der Verlag keinen Einfluss hat und die der Haftung der jeweiligen Seitenanbieter oder -betreiber unterliegen. Zum Zeitpunkt der Verlinkung wurden die externen Websites auf mögliche Rechtsverstöße überprüft und dabei keine Rechtsverletzung festgestellt. Ohne konkrete Hinweise auf eine solche Rechtsverletzung ist eine permanente inhaltliche Kontrolle der verlinkten Seiten nicht zumutbar. Sollten jedoch Rechtsverletzungen bekannt werden, werden die betroffenen externen Links soweit möglich unverzüglich entfernt.

Für Lola

Coverabbildung: Monika Wigger
Die in den Text integrierten Illustrationen wurden von Gerrit Wigger gestaltet.

1. Auflage 2020

Alle Rechte vorbehalten
© W. Kohlhammer GmbH, Stuttgart
Gesamtherstellung: W. Kohlhammer GmbH, Stuttgart

Print:
ISBN 978-3-17-032077-2

E-Book-Formate:
pdf: ISBN 978-3-17-032078-9
epub: ISBN 978-3-17-032079-6
mobi: ISBN 978-3-17-032080-2

Inhaltsverzeichnis

Einleitung		9
1	Heilpädagogik und Inklusion	11
2	Zur Brückenfunktion des ästhetischen Gestaltens	13
3	Heilpädagogische Kunsttherapie – ein gesondertes Förderkonzept	17
4	**Grundlagen einer Heilpädagogischen Kunsttherapie**	19
4.1	Parameter des bildnerischen Gestaltens	19
4.2	Die Relevanz von Bindung und Beziehung	27
	Die Bedeutung der Beziehung in Therapie- und Förderkontexten	30
	Virtuelle Beziehung – Online Kunsttherapie	31
	Das Material und das Objekt in der Heilpädagogischen Kunsttherapie	33
4.3	Vorsprachlicher Dialog	36
4.4	Spielerisches Handeln	37
4.5	Ressourcenorientiertes Handeln	39
4.6	Heilpädagogische Förderung	40
4.7	Projektive Verfahren	42
4.8	Biografiearbeit	44
4.9	Emotionale Selbstwahrnehmung	46
	Emotion und taktile Wahrnehmung	46
	Sehen und Fühlen – Kreuzmodale Wahrnehmung	47
	Bedeutung haptischer Materialien, deren Ausdrucksqualitäten sowie ihre Verbindung zur konkreten bildnerischen Form	47
	Messinstrumente zur emotionalen Selbstwahrnehmung	48
	Vorzüge einer taktilen Ratingskala	50
	Die figürlich-taktile Antwortskala	50
4.10	Vom Ich zum Du zum Wir: Dialogische Einzel- und Gruppenarbeit	54
4.11	Lernen am Modell	55
4.12	Kommunikation und Teilhabe	56

5		**Methoden einer Heilpädagogischen Kunsttherapie**	**58**
	5.1	Bildnerisches Gestalten	58
	5.2	Plastisches Gestalten	59
	5.3	Szenisches Gestalten	60
	5.4	Rezeptive Methoden	61
	5.5	Neue Medien im Kontext traditioneller Medien	65
	5.6	Kreative Übungsprogramme	67
	5.7	Multimodalität im kunsttherapeutischen Setting	68
	5.8	Partizipation und Inklusion	69
6		**Heilpädagogische Kunsttherapie als Förderung und Begleitung über die Lebensspanne**	**70**
	6.1	Die Bedeutung der Entwicklungsaufgaben in den Lebensphasen für die Förderung	72
	6.2	Die Vielfalt der Sinne	73
		Der Hörsinn	73
		Der Tastsinn	74
		Der Gesichts- oder Sehsinn	75
		Der Geschmackssinn	75
		Der Geruchssinn	75
		Der Gleichgewichtssinn	76
		Der Eigenbewegungssinn oder Kinästhesie	76
	6.3	Exemplarische Übungsaufgaben zur Förderung von Sinnesmodalitäten	77
7		**Anwendungsfelder Heilpädagogischer Kunsttherapie**	**81**
	7.1	Heilpädagogische Kunsttherapie in pädagogischen und sozialen Feldern	81
		Heilpädagogische Kunsttherapie in der Frühförderung	81
		Heilpädagogische Kunsttherapie in der Schule	86
		Heilpädagogische Kunsttherapie mit Kindern und Jugendlichen im ambulanten Bereich	96
		Heilpädagogische Kunsttherapie und Inklusion mit beeinträchtigten Menschen	97
		Heilpädagogische Kunsttherapie im Museum	100
	7.2	Heilpädagogische Kunsttherapie in klinischen Kontexten	104
		Heilpädagogische Kunsttherapie in der Psychiatrie	104
		Heilpädagogische Kunsttherapie in der Psychosomatik	106
		Heilpädagogische Kunsttherapie in der Onkologie	107
		Heilpädagogische Kunsttherapie in der Rehabilitation	113
		Heilpädagogische Kunsttherapie in der Geriatrie	115
		Heilpädagogische Kunsttherapie in der Palliativmedizin	122
	7.3	Heilpädagogische Kunsttherapie als besondere Unterstützung	123
		Heilpädagogische Kunsttherapie in Krisensituationen	123

		Heilpädagogische Kunsttherapie in Wohn- und Pflegeheimen	126
8		**Konzeptionelle methodische Zugänge unter dem Aspekt der heilpädagogischen Förderung in der Kunsttherapie**	**128**
	8.1	Selbstexploration	128
		Imaginäre Briefe	128
		Vergangenheit – Gegenwart – Zukunft	130
		Der Wohlfühl-Ort	132
		Tagtraumimagination	135
		Sandspiel	137
	8.2	Kommunikative Kompetenz	139
		Spiel mit Kugeln	139
		Dialogisches Spiel	142
	8.3	Gestaltung kommunikativer Räume	144
		»TIE IT« (Schnürkunst)	144
		»TAPE IT« (Klebebandkunst)	146
		Graffiti	148
	8.4	Körpererleben und Gestaltungsprozesse	150
		Plastisches Gestalten zum Körperbild	150
		Geführtes Körperstellen	153
		Das Porträt	155
		Das Körperbild	158
		Formenzeichnen	159
	8.5	Natur- und Umwelterfahrung	161
		Gestalten mit Natur(-Material)	161
		Gestalten in der Natur	163
		Gestalten mit Upcycling-Materialien	165
9		**Ausblick**	**168**
		Abbildungs- und Tabellenverzeichnis	**170**
		Abbildungen	170
		Schematische Darstellungen	172
		Tabellen	173
		Literaturverzeichnis	**174**

Einleitung

Mit diesem Band zur Heilpädagogischen Kunsttherapie wird auf eine Verknüpfung der Kunsttherapie mit heilpädagogischen Förderansätzen Bezug genommen. Die Verwendung bildnerischer Mittel als eine Möglichkeit des therapeutischen Zugangs und einer ganzheitlichen ästhetischen Förderung hat seit dem 20. Jahrhundert verschiedene Facetten getragen, einerseits ausgehend von der Kunst und der Kunstgeschichte und andererseits inspiriert und geprägt durch die großen Schulen der Psychotherapie. Die Praxis der Heilpädagogik/Inclusive Education ist darauf ausgerichtet, Menschen mit Exklusionsrisiken in ihrem sozialen Umfeld kompetent zu beraten, zu bilden, zu begleiten und zu fördern. Unter den aktuellen Anforderungen des 21. Jahrhunderts versteht sich die Heilpädagogik/Inclusive Education als Menschenrechtsprofession, die zur Realisierung von Selbstbestimmung, Menschenwürde und Teilhabechancen von Menschen mit Beeinträchtigungen beiträgt. Besonderes Augenmerk hat dabei, die Gefährdungen und Barrieren der Inklusion und Partizipation zu erkennen und abzubauen und die Möglichkeiten der gesellschaftlichen Teilhabe zu erweitern. Bildnerischem objektbezogenem Handeln mittels Materialien und Medien kommt hier eine besondere Aufgabe zu. Gerade bildnerische Prozesse eignen sich besonders, Zwischenräume und Hürden zwischen der Welt und dem Selbst als Phänomen wahrzunehmen. Auf der Basis eines vertrauensvollen, mitfühlenden Bezugsrahmens, der Verlässlichkeit des Materials und Annahme der sensomotorischen Möglichkeiten des Schaffenden können Zugänge zur Welt entdeckt und konkretisiert werden. Gestaltungsprozesse können dabei eine Spannbreite von differenziert und undifferenziert, gestaltet und ungestaltet, geformt und nicht geformt usw. umfassen. Seelische, geistige und körperliche Beeinträchtigungen gehen daher nicht selten mit einer geänderten Wahrnehmung sowie eingeschränkten sensomotorischen Fertigkeiten einher und bergen die Gefahr der eingeschränkten Weltaneignungsmöglichkeiten. Die Herausforderung für kunstbasiert begleitendende Heilpädagogen*innen ist es, an dieser Stelle unüblichen und ungewohnten Zugängen gegenüber offen zu sein, diese nachvollziehen und als neue Möglichkeitsräume nutzen zu können. Selbst mit allen Sinnen dabei sein; Hauptsache Nebensachen nicht übersehen wie Pausen, Blickrichtungen, Atmung, Schnipsel. Aus jedem dieser beispielhaften Parameter kann sich ein Zugang ergeben. Kunst impliziert per se die Frage nach dem, was zu tun ist. Es gibt dabei nie nur einen Weg, sondern viele, individuelle Antworten.

Der Aufbau des Buches gliedert sich einerseits nach theoretischen Grundlagen mit entsprechenden Praxisbelegen und andererseits nach exemplarischen methodischen Konzepten und Interventionen zur Heilpädagogischen Kunsttherapie anhand praxisorientierter Beispiele zur heilpädagogischen Förderung mittels des ästhetischen

Ausdrucks. Einführend werden Verknüpfungen von Heilpädagogik und Kunsttherapie aufgezeigt, um dann den Ansatz der Heilpädagogischen Kunsttherapie anhand von wesentlichen Aspekten exemplarisch zu verdeutlichen. In dem Zusammenhang werden Methoden einer Heilpädagogischen Kunsttherapie bezogen auf die Verwendung von spezifischen Materialien und unterschiedlichen Medien vorgestellt. In der Differenzierung der Breite von methodischen Einsatzformen werden anhand schematischer Modelle Bereiche wie beispielsweise des Bildnerischen, Plastischen, Szenischen, Rezeptiven, aber auch der Verwendung neuer Medien u. a. voneinander abgegrenzt und in der Verwendung im kunsttherapeutischen Setting umrissen. Im Vordergrund steht dabei eine Multimedialität in der heilpädagogischen Förderung mittels spielerisch verwendbarer Materialien bezogen auf die besonderen Bedürfnisse der Klientel.

Die Thematisierung von Heilpädagogischer Kunsttherapie als Förderung und Begleitung über die Lebensspanne stellt einen wichtigen Gesichtspunkt der methodischen Intervention dar. In der exemplarischen Darlegung von unterschiedlichen Anwendungsfeldern Heilpädagogischer Kunsttherapie werden zudem praktische Anwendungsformen praxisorientiert vorgestellt, um das breite Einsatzfeld einer Heilpädagogischen Kunsttherapie aufzuzeigen. Seit den frühen Anfängen zur Ausbildung von Kunsttherapeut*innen in Deutschland Ende der 1970er Jahre hat sich ein breites Feld der Einbeziehung kunsttherapeutischen Arbeitens ergeben. Im Folgenden soll dies erweitert werden bezogen auf heilpädagogische Einsatzbereiche. Es betrifft sowohl pädagogische und soziale Felder als auch klinische sowie besondere Unterstützungsbereiche in übergreifenden Kontexten. Dabei handelt es sich um eine exemplarische Auswahl angesichts der Vielschichtigkeit sich eröffnender Einsatzbereiche.

Im praxisorientierten Teil, der methodische Vorgehensweisen heilpädagogischer Förderung in der Kunsttherapie behandelt, werden verschiedene Interventionsformen bezogen auf die Materialverwendung, die Vorgehensweise und Aspekte heilpädagogischer Förderung beispielhaft dargelegt. In der Hinsicht geht es auch um Angebotsformen sowohl über die Lebensspanne als auch um Möglichkeiten, ästhetische Handlungsformen für die heilpädagogische Förderung sinnvoll einzubeziehen. Mit dem Ausblick soll dieser Aspekt der Beziehung kunsttherapeutischen Handelns zu heilpädagogischen Arbeitsfeldern nochmals erörtert werden. Es beinhaltet auch eine Erweiterung des Berufsfeldes bezogen auf eine Heilpädagogische Kunsttherapie und eine Gewichtung der Sinnhaftigkeit im Kontext von Teilhabe und Inklusion.

Alle eingefügten Fallbeispiele sind eigenen Praxisfeldern entnommen und anonymisiert dargestellt. Zudem werden im praxisorientierten Teil eigene Konzepte bzw. Weiterentwicklungen exemplarisch vorgestellt.

1 Heilpädagogik und Inklusion

Der Begriff der Heilpädagogik ist ein tradierter Begriff und leitet sich mit der Vorsilbe »Heil« aus dem griechischen »holos« ab, was so viel wie »ganz« bedeutet. Das »Heil« im Wort Heilpädagogik ist also nicht auf Heilen im medizinischen Sinne bezogen, sondern auf eine ganzheitliche Betrachtung, Behandlung und Integration des Menschen. Dieser Aspekt eines vielschichtigen, umfassenden Verständnisses zu Problembereichen und Störungen macht deutlich, dass keine Spezialisierung in der Heilpädagogik angestrebt wird. Vielmehr handelt es sich um eine Vernetzung mit verschiedenen Disziplinen, die in das Arbeitsgebiet eingebunden sind. In dem Zusammenhang kann auf Jean-Marc Gaspard Itard (1774–1838), einen historischen Vertreter des Vorläufers der Heil- und Sonderpädagogik, verwiesen werden, mit seinen Ausführungen:

> »Nur im Rahmen der Gemeinschaft kann der Mensch die große Aufgabe, die ihm von der Natur zugedacht wurde, erfüllen, und ohne die Zivilisation wäre er eines der schwächsten und unbegabtesten Lebewesen« (Itard 1967, S. 17).

Zu den Begründern der Heilpädagogik gehören auch Jan-Daniel Georgens (1823–1886) und Heinrich Marianus Deinhardt (1821–1880) mit ihrem zweibändigen Werk »Die Heilpädagogik mit besonderer Berücksichtigung der Idiotie und der Idiotenanstalten« (Georgens & Deinhardt 1861/1979). Georgens war ein deutscher Pädagoge, Arzt und Mitbegründer einer Schule für lernschwache Kinder, genauer: der Heilpflege- und Erziehungsanstalt Levana in Baden bei Wien, die er bis 1866 leitete. Ab 1868 lebte er in Berlin und veröffentlichte zahlreiche Schriften zur Heil- und Sonderpädagogik. Bis in das 20. Jahrhundert wurden Heil- und Sonderpädagogik eher als medizinische und weniger als pädagogische Disziplin betrachtet. Dies änderte sich erst ab Mitte des 20. Jahrhunderts, indem die Heilpädagogik sich eindeutig als pädagogische Disziplin durchsetzte mit entsprechenden fachrichtungsbedingten pädagogischen Ausrichtungen. Heutzutage wird Heilpädagogik als eine wissenschaftliche Disziplin der Pädagogik verstanden und ist in der Theorie und Praxis auf Menschen bezogen, deren Entwicklung allgemein unter erschwerten Bedingungen verläuft wie beispielsweise bezogen auf soziale, psychische und physische Faktoren (vgl. Eitle 2012, S. 10 ff.). Das betrifft die gesamte Lebensspanne unter der Einbeziehung heilpädagogischer Handlungskonzepte für Menschen mit Beeinträchtigungen und folgt einem biopsychosozialen Ansatz nach der Internationalen Klassifikation der Funktionsfähigkeit, Behinderung und Gesundheit (ICF).

Im Hinblick auf die UN-Behindertenrechtskonvention geht es um die Ermöglichung von Teilhabe und Inklusion in gesellschaftlichen Lebensbezügen (vgl. Schuhmann 2017). Mit der Ratifizierung der Konvention 2009 in Deutschland ist dieses Übereinkommen der Vereinten Nationen über die Rechte von Menschen mit Behinderung verbindlich in Kraft getreten und bedarf entsprechender Umsetzungsformen in gesellschaftlichen Lebenszusammenhängen wie Bildungs-, Arbeits-, Wohn- und Kulturbereichen. Es beinhaltet in der Hinsicht neue Herausforderungen in der Veränderung von bestehenden institutionellen Vorgaben. In der heilpädagogischen Arbeit gilt es sowohl den von Beeinträchtigung betroffenen Menschen einzubeziehen als auch das Bezugsfeld bezogen auf personelle Kompetenzen und räumliche Gegebenheiten mit zu gestalten. Am 13. Mai 2011 stand der UN-Jahreskongress in Larnaca unter dem Motto »*Neue Wege der Inklusion*«. Demzufolge wird die Ermöglichung eines selbstbestimmten Lebens für Menschen mit geistiger und körperlicher Beeinträchtigung angestrebt. Es umfasst ein Verständnis von Einbeziehung, Eingeschlossenheit, Dazugehörigkeit, das sich dem Gesetz vom 11. Februar 2005 anschließt und eine erweiterte Teilnahme im Sinne einer nationalen Einbettung der UN-Konvention zu Rechten von Menschen mit Behinderungen fordert. Dies zeigt sich auch im Vorwort des Berichtes der World Health Organization (WHO) von Stephen W. Hawking (WHO 2011, S. 3).

> »We have a moral duty to remove the barriers to participation, and to invest sufficient funding and expertise to unlock the vast potential of people with disabilities. Governments throughout the world can no longer overlook the hundreds of millions of people with disabilities who are denied access to health, rehabilitation, support, education and employment, and never get the chance to shine.«

Heilpädagogik als wissenschaftliche Disziplin steht bezogen auf Theorie- und Praxisfelder vor neuen Herausforderungen bzw. vermag angedachte Konzepte mit Nachdruck zu vertreten. Dies betrifft auch die Heilpädagogische Kunsttherapie mit der Nutzung der Brückenfunktion des Ästhetischen und Gestalterischen in der Wahrnehmung sinnlicher Wirklichkeitsaneignung.

2 Zur Brückenfunktion des ästhetischen Gestaltens

Im Rahmen der Documenta 5 in Kassel 1972 zum Thema »*Befragung der Realität, Bildwelten heute*« (vgl. Szeemann 1972) waren beispielsweise auch künstlerische Produktionen schizophrener Menschen zu sehen, während 1978 in der Ausstellung »*Les singuliers de l'ART*« verschiedenste Arbeiten der Außenseiterkunst im Musée d'Art Moderne (vgl. Page 1978) in Paris gezeigt wurden. Damit wurde ein Verständnis von einer kranken oder psychopathologischen Kunst bzw. ein Unterschied zwischen Kunst kranker und gesunder Menschen wiederholt in Frage gestellt. Vielmehr wurde Kunst und Krankheit in Anlehnung an Jean Dubuffet als zusammengehörend wahrgenommen bzw. es wurde nach Manfred Bleuler (1984), dem Schweizer Schizophrenieforscher, das ›Gesunde im Schizophrene‹ und das ›Schizophrene im Gesunden‹ gesehen.

In diesem Zusammenhang ist ein Blick zurück als auch nach vorn zur Brückenfunktion des Ästhetischen in der Wahrnehmung, Anerkennung und der Inklusion behinderter Menschen zu wagen. Erst seit den 1970er Jahren ist das ästhetische Lernen in der Arbeit mit geistig beeinträchtigten Menschen in der Verbindung mit therapeutischen Aspekten verstärkt thematisiert worden. In der Kombination von pädagogisch-therapeutischen Zielen wurden Projekte initiiert, die entwicklungspsychologische als auch sozialisatorische Momente berücksichtigten und derart einen ganzheitlich-integrativen Bezug in der Arbeit mit behinderten Menschen erstellten. In dem Zusammenhang kamen Ausstellungen künstlerischer Objekte von Menschen mit psychischen Störungen oder geistiger Beeinträchtigung zustande, die ein Interesse an ästhetischen Ausdrucksformen, einer Außenseiterkunst, in der Öffentlichkeit weckten. Dabei hatten Arbeiten von psychisch erkrankten Menschen im Vergleich zu ästhetischen Produktionen geistig behinderter Menschen mehr Beachtung in den Anfängen gefunden.

Über die verschiedensten europäischen Projekte wurde die Wahrnehmung von Menschen mit Behinderungen positiv beeinflusst, wie folgende Darstellung exemplarisch aufzeigt:

- Das Projekt »*La Tinaia*«, Centro di Attività Expression (vgl. Baumann 1991), ist 1975 als Insel der Normalität auf dem Gelände der psychiatrischen Klinik von Florenz entstanden und hat in Bezug auf die Antipsychiatrie-Bewegung ästhetische Projektvorhaben unterstützt.
- Das »*Haus der Künstler*« ist auf dem Gelände des Niederösterreichischen Landeskrankenhauses für Psychiatrie und Neurologie Klosterneuburg-Gugging 1981 entstanden unter der Leitung von Leo Narvratil (1965), der den Begriff einer zustandsgebundenen Kunst geprägt hat.

- Das »*Blaumeier-Atelier*« in Bremen ist aus der Bewegung der »*Blauen Karavane*« von 1985 entstanden, und zwar in Verbindung mit dem »*Marco Cavallo*«, dem Blauen Pappmaché-Pferd von 1975 in Triest, als Symbol für die Träume von Freiheit und die Erneuerung der dortigen Psychiatrie. Es vertritt für psychisch erkrankte und geistig beeinträchtigte Menschen über Theaterspielen, Tanz, Musik und den bildnerischen Ausdruck einen inklusiven Ansatz in der Kulturarbeit (vgl. Blaumeier 1994).
- Ein vergleichbares Projekt dieser Art mit geistig behinderten Menschen ist beispielsweise »*CREAHM*«, »*Créativité et Handicap Mental*«, in Belgien, dessen Ausrichtung die Förderung und Verbreitung von kreativen Gestaltungsformen und damit die Bestätigung des behinderten Menschen in seiner schöpferischen Tätigkeit im öffentlichen Bereich ist (vgl. ECS-EUCREA 1991).
- Das »*CCI*« in Luxemburg (vgl. Centre Réadaption Capellen 1983; Cooperations asbl 1991) hat mit der Schaffung einer Gartenanlage in Kombination mit einer kreativen Werkstatt die Grundlage gelegt zu Etablierung einer institutionellen Einrichtung für Menschen mit geistiger Beeinträchtigung und Langzeitarbeitslose mit weiterführenden inklusiven Projekten.
- Die »*Kreative Werkstatt in der Anstalt Stetten*« bietet seit 1966 geistig behinderten Menschen nach der Schulzeit noch die Möglichkeit, gleichwertig zur beruflichen Tätigkeit dem ästhetischen Ausdruckserleben nachgehen zu können. Sie hat mit Ausstellungen und Projektarbeiten im europäischen Raum eine breite Basis der Anerkennung und Unterstützung von Menschen mit geistiger und körperlicher Beeinträchtigung ermöglicht (vgl. Anstalt Stetten 1987).
- Auch die »*Schlumper*« in Hamburg vertreten mit ihren Kunstprojekten das allgemein Menschliche im ästhetischen Ausdruck von geistig behinderten und nicht behinderten Menschen (vgl. Gerken & Eissing-Christophersen 2001).
- Das »*Kunsthaus Kannen*« in Münster auf dem Gelände des Alexianer-Krankenhauses (vgl. 1993) hat neben der künstlerisch-therapeutischen Angeboten einen Ausstellungsort mit Archivierung der gestalteten Arbeiten geschaffen.

Mit der Gründung der europäischen Organisation »*EUCREA*« 1987 im Rahmen des 2. Europäischen Kolloquiums für Kreativität behinderter Menschen ist es zu einer Verankerung der Aufgabe gekommen, verschiedene Formen des kreativen Ausdrucks in den europäischen Mitgliedsstaaten zu fördern, um eine wirtschaftliche und gesellschaftliche Eingliederung behinderter Menschen zu stützen. Entsprechend heißt es auch im Programm:

> »Der Akt des künstlerischen Schaffens hat gleichsam eine Katalysatorfunktion für das Bewusstsein, das Denken und die Wahrnehmung der Welt und hilft die physischen und gefühlsmäßigen Schranken überwinden, die von einer individualistisch geprägten Gesellschaft ausgerichtet werden« (Kommission der Europäischen Gemeinschaften 1991, S. 3).

Für Menschen mit geistiger Beeinträchtigung und chronischer psychischer Erkrankung kann die Förderung des ästhetischen Ausdrucksvermögens eine wichtige Vehikelfunktion hinsichtlich einer Rehabilitation einnehmen. Die erzeugten Bilderwelten vermögen, einen Einblick in den Erlebnis- und Erfahrungshorizont der Menschen zu vermitteln und somit eine Kommunikationsbrücke zu schaffen, die sowohl ein ästhetisches Selbsterleben als auch eine Mitteilungsebene zum Anderen umfasst. Im übertragenen Sinne beinhaltet es eine ›Kunst zwischen Innen und Außen‹, eine Aktivierung des ästhetischen Ausdrucksvermögens, worüber sich eine Förderung der Selbstverwirklichung und der sozialen Bezogenheit initiieren lässt. Über das ästhetische Gestalten kann in Anlehnung an Martin Buber (vgl. Buber 1962.) ein »Werden in der Begegnung« wirksam werden, d. h. ein dialogisches Moment der Kontaktaufnahme und der Kommunikation. Diese Brückenfunktion vom »Ich zum Du« vermag Begegnungen auf verschiedenen Ebenen herzustellen und somit eine soziale Integration von behinderten Menschen zu stützen. In dem Beziehungsverhältnis von ästhetischem Selbsterleben und sozialer Interaktion tritt eine therapeutische Dimension hinzu, die soziale Handlungsfähigkeit fördert und somit eine Rehabilitation im sozialen Umfeld ermöglicht.

Mit der Herauslösung der ästhetischen Produkte von Menschen mit geistiger Beeinträchtigung aus dem Bereich der Beschäftigungstherapie haben Ausstellungen wie »*Wir haben Euch etwas zu sagen*« im Bayerischen Nationalmuseum (1984) und die Wanderausstellung »*Künstler aus Stetten*« der Anstalt Stetten (1987) wichtige Zeichen gesetzt, um auch den geistig beeinträchtigten Menschen über seine ästhetischen Ausdrucksformen verändert wahrzunehmen und darüber zu integrieren. Dies hat viele Institutionen bestärkt, das Angebot im ästhetischen Bereich auszuweiten oder als therapeutisches Mittel neu einzubinden. So waren es Anliegen der museumspädagogischen Projektarbeit am Übersee-Museum Bremen in der inklusiven Arbeit, beispielsweise

- Kommunikationsbrücken zwischen Menschen mit geistiger Behinderung und ohne zu schaffen,
- den ästhetischen Erlebnishorizont zu erweitern,
- rhythmisch-motorische Beweglichkeit zu unterstützen,
- zum gestalterischen Ausdruck zu befähigen,
- kulturelle Lebensformen einer anderen Kultur zu erfassen (vgl. Döhner & Hampe 1992, S. 16).

Der ästhetischen Gestaltung mittels Bild-, Plastik-, Musik- und Spielformen ist dabei eine kommunikative Funktion im Aufbau menschlicher Beziehungen zugestanden worden.

Inklusion im Sinne der Teilhabe kann über den ästhetischen Ausdruck besonders gefördert werden. Das Ästhetische schafft eine Brücke im Verstehen des Anderen und im Miteinander eines gegenseitigen Austausches. Dabei geht es um die Einbeziehung eines salutogenetischen Ansatzes bezogen auf Verstehbarkeit, Selbstwirksamkeit und Sinnhaftigkeit. Die Etablierung von Projekten aus der Anfangszeit der 1970er Jahre macht deutlich, wie das ästhetische Gestalten eine Mittlerfunktion einzunehmen vermochte, um eine Wahrnehmung und Achtung des behinderten Menschen auf besondere Weise zu unterstützen. Dies geht auch einher mit einer Förderung und Integration des behinderten Menschen als aktiven Partner im gesellschaftlichen Raum. Interaktion, Kommunikation und Partizipation nehmen dabei Schlüsselfunktionen ein. Die verstärkte Etablierung der innovativen Projektarbeiten der Anfangszeit in stabilen institutionellen Einbindungen macht deutlich, wie über das

Ästhetische eine Akzeptanz und vollwertige Einbeziehung des behinderten Menschen im sozialen Umfeld, auch mit einer geistigen Beeinträchtigung, möglich geworden ist und tatsächlich mit viel idealistischem Engagement Stolpersteine aus dem Weg geräumt werden konnten.

3 Heilpädagogische Kunsttherapie – ein gesondertes Förderkonzept

Die Verknüpfung der Heil- und Sonderpädagogik mit der Kunsttherapie hat seit Ende der 1970er Jahre verschiedene Ansätze hervorgebracht. So ist einerseits das pädagogisch-therapeutischen Konzept bezogen auf die unterrichtliche Praxis im Schulbereich und andererseits ein heilpädagogisches Förderkonzept unter Einbeziehung ästhetisch gestalterischer Medien zu beachten. Kunsttherapie betrifft also zum einen die sonderpädagogische Arbeit an Schulen und sonderpädagogischen Institutionen, wo sie in ein erweitertes Konzept kunstpädagogischer Arbeit einfließt bzw. didaktisch orientiert ist. In dem Zusammenhang werden aus historischer Sicht sowohl Ansätze aus der Musische Erziehung der 1960er und 1970er Jahre (vgl. Kossolapow 1975; Seidelmann et al. 1965; Seidenfaden 1966) als auch aus dem Ansatz des therapeutischen Kunstunterrichts mit der Herausstellung von Prozesszielen für die Anbahnung von sensomotorischen und semiotischen Funktionen oder die Einübung von kooperativen Verhaltensformen (vgl. Richter 1977, S. 51; 1984) mit einbezogen. Mit den Konzepten der ästhetischen Erziehung und ästhetischen Kommunikation zu Beginn der 1980er Jahre (vgl. Hartwig 1980; Maierhofer & Zacharias 1982) sind zugleich öffentliche Räume und kreative Begegnungsorte thematisiert worden in der Entwicklung kommunikativer Kompetenz und ästhetischer Gestaltungsräume. Dies beinhaltet Aspekte wie Subjekt- und Prozessorientiertheit, Ausdrucksfähigkeit, ästhetische Kommunikation, Problemlösungsverhalten u. a., die zur Initiierung anderer Lernprozesse beitragen sollten. Damit wurden die Grenzen von Lehrräumen gesprengt und Lebensräume außerhalb des schulischen Alltags einbezogen (vgl. Selle 1988). Zum anderen wurde mit der Thematisierung heilpädagogischer Föransätze eine personenenzentrierte, verschiedenste Sinnesmodalitäten umfassende Stimulierung und stabilisierende Herangehensweise vertreten, die ressourcenorientiert und prospektiv Bearbeitungs- und Bewältigungsformen anbietet. Sie ist insbesondere auf Menschen mit Beeinträchtigungen körperlicher und/oder psychischer Art bezogen, d. h. mit Gehör-, Seh-, Körper-, Lern-, Verhaltens- und Sprachbeeinträchtigungen u. Ä. ausgerichtet. Im Hinblick auf die Forderung nach Inklusion und Partizipation bzw. Teilhabe sind heute dagegen neue Konzepte zu entwickeln und in gesellschaftlichen Lebenszusammenhängen zu praktizieren.

In dem Zusammenhang gilt es bezogen auf Förderkonzepte folgende exemplarisch und modellartig aufgeführte Aspekte zu unterstützen (▶ Schema 1).

Mit seinen Veröffentlichungen hat Karl-Heinz Menzen (vgl. 1994; 2009; 2013; 2017) weitere Akzente zur Verbindung von Heilpädagogik und Kunsttherapie gesetzt bzw. Kunsttherapie allgemein bezogen auf einen heilpädagogischen Förderansatz reflektiert. Damit wird eine Beziehung zu psychosozialen und pädagogischen

Schema 1: Modell Heilpädagogischer Kunsttherapie

Arbeitsfeldern deutlich gemacht, die als Berufsbild eine Eigenständigkeit wahren. Die Nähe der Kunsttherapie zur Heilpädagogik eröffnet Arbeitsfelder, für die spezifische Qualifikationen aus der heilpädagogischen Theorie- und Praxisbildung erforderlich sind. Diese Verbindung im Rahmen des Studiums mit zu verankern und berufspolitisch anzuerkennen, ermöglicht eine grundlegende Einbeziehung in beruflich anerkannte Arbeitsfelder der Heilpädagogik. Für diese sich stets erweiternden Arbeitsfelder sind kunsttherapeutische Förderkonzepte zu entwickeln und zu vermitteln. Gerade bezogen auf die Umsetzung der Forderung nach Inklusion und Partizipation bedarf es entsprechend der angestrebten operativen Umsetzung im Index für Inklusion (vgl. Vaugahn 2003) – d. h. inklusive Kulturen schaffen, inklusive Strukturen etablieren und inklusive Praktiken entwickeln – einer Einbeziehung von Angeboten und Tätigkeitsfeldern, die dies unterstützen und Türen öffnen. In dem Zusammenhang sind sowohl spezifische Aspekte, die eine Heilpädagogische Kunsttherapie auszeichnen können, zu erörtern als auch die Darlegung von Arbeitsfeldern.

4 Grundlagen einer Heilpädagogischen Kunsttherapie

Allgemein ist Heilpädagogische Kunsttherapie als ein vielschichtiges Feld der ästhetisch-gestalterischen Praxis zu verstehen und basiert auf Förderaspekten in der ästhetischen Ausdrucksfindung. Es kann unterschieden werden zwischen produktiven und rezeptiven Zugängen, die einander ergänzen oder als eigenständige Verfahren für sich stehen können. Abhängig von der Klientel und den individuellen, psychosozialen als auch physischen Kompetenzen ist eine methodische Kombination von Verfahren möglich. Die ästhetische Praxis lebt aus ihren Tätigkeitsfeldern, dem unmittelbaren Handeln in Erlebenszusammenhängen wie dem Resonanzerleben in Gestaltungsprozessen. Diese Stimulanz basiert auf Eigensinn und ist in ihrem projektiven Gehalt vielfältig, da sie uneindeutig und unabgeschlossen im gefühlsmäßigen Erleben bleibt.

4.1 Parameter des bildnerischen Gestaltens

Im Folgenden soll auf die Aspekte von *Rahmen*, *Zeit*, *Ort*, *Container*, *Material* und *Licht* als wesentliche Parameter des bildnerischen/plastischen Gestaltens exemplarisch Bezug genommen werden. So ist es der *Rahmen*, der der Kunsttherapie in der Heilpädagogik eine verlässliche Grundlage zur gemeinsamen Orientierung gibt. In der Wirtschaft spricht man beispielsweise von Rahmenbedingungen, um die Anliegen beider Seiten zu berücksichtigen und abzusichern. In kunsttherapeutischen sowie in heilpädagogischen Zusammenhängen gilt dies nicht nur hinsichtlich der formalen, sondern auch spezifisch medialer und psychologischer Aspekte. Bei Betrachtung der formalen Ebene wäre zunächst der Kontext des gemeinsamen Arbeitens bezogen auf Ort, Zeit, Dauer, Zielsetzung sowie besonderer personeller, medialer als auch situativer Bedingungen zu klären. Möglicherweise sind kontextbezogen auch schriftliche Schweigepflicht- oder Einverständniserklärungen zu regeln. Wenn diesbezüglich Klarheit geschaffen und der entsprechende formelle Rahmen abgesteckt ist, kann auch der Rahmen für die Begegnung kreiert werden.

4 Grundlagen einer Heilpädagogischen Kunsttherapie

Wir bewegen uns tagtäglich in unterschiedlichsten Bezugsrahmen mit den entsprechenden Bedingungen. Ob Schule, Arbeitsplatz, Verkehrs- und Versorgungseinrichtungen, Gesellschaft und Kultur – alle Bereiche obliegen ihren spezifischen Rahmen, an die wir uns anpassen und die wir fließend wechseln und verinnerlicht haben. Wir reagieren auf einen feierlichen Rahmen sowohl angemessen gekleidet als auch mit passender Stimmung, um im Rahmen zu bleiben und nicht aus dem Rahmen zu fallen (vgl. Dannecker 2015, S. 166). Rahmengebende Fassungen von digitalen Endgeräten, wie Bildschirm, Tablet, Smartphone und Fernseher geben informeller Vielfalt einen Rahmen und begrenzen Informations- und Bilderfluten. Der taktile Kontakt zum Rahmen eines Smartphones ist vielen von uns selbstverständlich geworden, ist handlich und handhabbar. Das iPhone, seit es 2007 auf dem Markt kam, und dessen Rahmenmaße sind seitdem vielfältig variiert worden, um Handhabbarkeit, taktile Organisation und Tragbarkeit zu optimieren. Zollgrößen von Bildschirmen und Oberflächen, sowie genormte Din-Größen von Papieren sind nicht nur Anhaltspunkte für die industrielle Fertigung derselben, sondern bestimmend für den Rahmen sowohl für bildnerische Rezeption als auch bildnerische Produktion.

Eine Ausstellung im Palais Lichtenstein in Wien mit dem Titel »Halt und Zierde. Das Bild und sein Rahmen« von 2009/2010 widmete sich ganz und gar dem Rahmen in der Kunst. Sie umfasste eine Retrospektive vom 15. Jahrhundert bis in die heutige Zeit. Vom vergoldeten, prachtvoll geschnitzten Rahmen bis zum völligen Verzicht auf denselben wurde in diesem Kontext die Frage nach Begrenzung und Grenzenlosigkeit beleuchtet. Rahmen bedeutet Grenze zwischen Architektur und Kunst. Selbst die Bearbeitung von der Außenkante eines Keilrahmens wirft die Frage nach Abstand, Trennung und Berührungspunkt zwischen Kunst und umgebender Architektur auf. Der Rahmen gilt als Trennung, Übergang oder gestaltete Grenze.

Die Geschichte »Palast der Erinnerungen« von Debra Dean (2007) regt dazu an, den Rahmen unter dem Aspekt von Erinnerung und Imagination zu betrachten. Rahmen und Silhouetten real nicht mehr vorhandener Gemälde können hinreichend sein, um diese und aus dem Gedächtnis abrufen zu können. So werden beispielsweise Meisterwerke, die vor dem Krieg an den Wänden der Leningrader Eremitage hingen, vor dem geistigen Auge der Protagonistin Marina, einer jungen Museumsführerin, wieder sichtbar. Im Winter 1944 ist Marina allein, um das inzwischen leere Museum zu beaufsichtigen. Alle Gemälde sind abgehängt und zum Schutz an einem sicheren Ort untergebracht. Das Leben ist geprägt von Angst, Hunger, Not und Verzweiflung. Doch die Protagonistin hat ihren eigenen Weg gefunden, das Elend zu ertragen: Sie geht von Saal zu Saal und erinnert sich, allein durch die durch staub entstandenen Silhouetten, an die Meisterwerke, die vor dem Krieg dort hingen und die sie den Besucher*innen nähergebracht hat. Die minimalistischen, visuellen Strukturen, rahmengebende Hell-Dunkel-Kontraste reichen aus, dass ihr Gedächtnis für das geistige Auge anmutige Gesten, betörende Farben, die Strahlkraft des Lichts reproduzieren kann. So werden in der Geschichte des Romans durch die ›Rahmungen‹ in Marina sowohl die Werke als auch der museale Ort wieder lebendig.

Vergleichbar damit sind die Strukturen an den Wänden eines Ateliers nach dem Konzept von Arno Stern (▶ Abb. 1).

Abb. 1: Atelierwand mit Rahmensilhouetten, Gouachefarbe

»Wenn kein Blatt mehr an der Wand hängt, ist der Raum wieder bereit, eine neue Gruppe aufzunehmen. Leer scheint er nie, denn die schimmernden Farbspuren auf seinen vier Wänden sind der endlose Widerhall des Erlebten in so vielen Gemütern« (Stern 1998, S. 47).

Die Farbspuren an den Wänden repräsentieren die Verdichtung malerischer Rahmen, unzählige Wechselspiele von Hoch- und Querformaten, malerisch bearbeitet von kleinen und großen Malenden. Der Raum ist fünfeinhalb Meter lang, vier Meter breit und drei Meter hoch, vier Wände, in der Mitte des Raumes ein zwei Meter langer Palettentisch mit 18 Farben. Neben jeder Farbe liegen zwei Pinsel einsatzbereit. Es gibt keine Fenster, die den Blick nach außen lenken könnten. Ein mit Kunstlicht beleuchtetes Labor mag der Nicht-Kennende meinen. Es wird auf weißem Offsetpapier gearbeitet, 70 auf 50 Zentimeter groß. Grundsätzlich wird im Stehen gearbeitet in einer altersgemischten Gruppe von 12 bis 15 Malenden, alle tragen Malkittel. Die Malenden werden bei Bedarf mit Wasser versorgt oder beim Anheften des Blattes und beim Versetzten der Reißnägel unterstützt. Die begleitende, im Sinne von Arno Stern »dienende« Person (vgl. Stern 1998, S. 53) rät weder, noch korrigiert oder vergleicht sie. Der Ort ist immer gleich, der Kontext bzw. die Rahmenbedingungen sind schnell klar. Es wird 90 Minuten gearbeitet, einmal die Woche und im Idealfall zeitlebens. Jedes Werk wird verlässlich datiert und in Mappen archiviert und verbleibt am Malort. Die Repräsentanz der Schichtungen malerischer Rahmen auf den Wänden des Ateliers und die gleichbleibenden strukturellen Bedingungen sind gleich einem stabilen Rahmen, der verlässlich Konstanz hat. Dieser kann entweder die nötige Sicherheit bieten, sich auf einen eigenen Malprozess einlassen zu können, oder aber das Bedürfnis nach Weite, Offenheit, Unberührtheit, Unbegrenztheit wach werden zu lassen. Das weiße Blatt auf der mit Malspuren gefüllten Wand kann explizit diese Konfrontation mit diesen Bedürfnissen bedeuten. Vergleichbare rahmenbasierte Konzepte mit den plastischen Materialien Ton und Sand im Kontext der Heilpädagogik sind die Arbeit am Tonfeld von Heinz Deuser (vgl. Deuser 2004; 2016) und die Sandspieltherapie der Schweizer Psychotherapeutin Dora Kalff (1904–1990) (vgl. Kalff 2000). Bei diesen beiden Methoden definiert der Rahmen einen mit Material gefüllten (Spiel-)Raum. Er fungiert dabei nicht nur als Kiste, um das Material aufzunehmen, sondern definiert ein visuell und haptisch wahrnehmbares Innen und Außen. Bei Kalff obliegt dabei die Größe von 72 auf 57 auf 7 oder 9 Zentimeter den Ausmaßen des menschlichen Blickfeldes (vgl. Kalff 2000), während sich bei Deuser das quadratische Maß eher zufällig ergab, da die erste Tonkiste aus einem ausgedienten kleinen Fensterrahmen entstand (Gespräch zwischen Heinz Deuser und Monika Wigger). Die Proportion passt sich hier der ungefähren Körperbreite eines Erwachsenen an, so dass der*die Klient*in am Rahmen Halt finden kann.

In der Kunst stellt sich aktuell die Frage, ob überhaupt ein Rahmen erforderlich ist. Bei einem modernen abstrakten Gemälde oder einer großformatigen Fotografie wird häufig sogar auf einen Rahmen verzichtet. Das mag damit zu tun haben, dass die Werke als autonome Objekte gesehen werden, der Übergang zur Umgebung/Realität direkt gewünscht ist, oder ein skizzenhafter Charakter einer Werkgruppe (Work in Progress) betont werden soll. Ein Rahmen wäre an dieser Stelle kontra-produktiv. Für die Kunsttherapie gilt aber nach wie vor zunächst einen Rahmen zu schaffen, um Autonomie zu ermöglichen und Ressourcen zu stärken. Somit ist der Rahmen als relevanter Parameter in diesem Kontext bedeutungsvoll.

Ein weiterer wichtiger Aspekt ist das Phänomen *Zeit*. Für jedes bildnerische Produkt ist das Phänomen der Zeit, in der es entstanden ist, an Mittel gebundene, also konservierte Zeit. Um ein Bild zu malen oder zu zeichnen, ein plastisches Objekt zu gestalten, ist es notwendig, sich Zeit zu nehmen. Das Zeitmaß, z. B. für ein Bild, im Vorhinein zu bestimmen, kann schwierig sein. Manche Gesten, Kleckse, spontane Spuren lassen sich in minutenschnelle auf das Blatt bannen, sind sozusagen synchron mit der Zeit, während komplexe bildnerische Techniken viele Arbeitsschritte und ein hohes Zeitkontingent erfordern, ehe sie zum Abschluss gebracht werden können. Die Zeit sollte in jedem Fall dem Bild angemessen sein. Der zeitliche Rahmen kann gleichzeitig Teil der kunsttherapeutischen Methode sein, z. B. bei der Methode *Fünf-Minuten-Bilder* oder *Messpainting* (vgl. Schottenloher 1989). Zeit und Rahmen bedingen sich hier gegenseitig. Wie nutze ich den Zeitrahmen z. B. für schnelle, malerische Gesten, eine kleine Spur, Faxen machen, Nichtstun. Es obliegt den individuellen Entscheidungen den Zeitrahmen zu gestalten, der Einladung zu folgen mit der Zeit zu gehen oder die Zeit beobachtend vergehen zu lassen. Der amerikanische Künstler und Komponist John Cage (1912–1992) betitelte beispielsweise seine Kompositionen eigens nach dem dafür gewählten Zeitmaß. Eindrücklich ist die Komposition mit dem Titel 4'33; lediglich ein Zeitrahmen von 4 Minuten und 33 Sekunden – Inhalte offen (Cage 1952). Cage gab den Interpreten am Klavier die Freiheit, diese Zeit individuell zu füllen – durch Stille, Handeln oder Aktion. Es stellen sich die Fragen, ab wann und wie lange währt Kunst, wobei inhaltliche Aspekte hier untergeordnet sind. Im Kontext künstlerische gestalterischer Prozesse bleibt es manchmal nicht aus, ein unvollendetes Bild, ein ›so ist es‹ für den Moment zu akzeptieren, die Balance zu finden zwischen Zeit, Prozess und Werk. Sich noch nicht satt gesehen zu haben, das Bild noch nicht gesättigt zu haben, nicht genug zu bekommen vom gestalterischen Tun kann konflikthaft sein, aber auch ein Übungsfeld sich darin zu üben und ein individuelles Zeitmaß zu finden. Das bildnerische Tun über einen längeren Zeitraum ermöglicht die Erfahrung der Einmaligkeit des Handelns. Das gemalte Bild würde morgen anders gemalt werden durch seine dokumentarische Qualität, und die Möglichkeit der bildnerischen Rückerinnerung lassen Bilder zu einem integrierbaren Teil persönlicher Geschichte bzw. Biografie werden. Dies kann vor allem von besonderer Bedeutung sein bei Menschen, die aus ihren lebensgeschichtlichen Zusammenhängen herausgerissen werden bzw. die durch Krankheit nur noch fragmentarische Erinnerung an ihre Vergangenheit haben, wie z. B. bei psychiatrischen Langzeitpatient*innen.

Bilder können an beliebigen Orten entstehen, sie sind aber immer an einen *Ort* gebunden, beispielsweise die Zeichnung an einer beschlagenen Autoscheibe, das gemalte Bild am Küchentisch oder die aus dem Stand gezeichnete Skizze beim Spaziergang unterwegs. Ein Ort kann dabei verschiedene Funktionen übernehmen, indem er die Inspirationsquelle ist für die Bildidee, z. B. bei einem Landschaftsbild in der Natur gemalt. Er kann zum sicheren Ort werden oder zum ritualisierten Ort des bildnerischen Arbeitens. Ein Ort, der also ausschließlich mit der bildnerischen Tätigkeit assoziiert werden kann, der durch Farbspuren an der Wand oder durch Farbgeruch diese Zuschreibung bekommt, selbst wenn keine Künstler*innen bei der Arbeit sind, kann motivierend sein, gleich mit einem Bild beginnen zu wollen. Die Konstanz eines Raumes, also seine wiederkehrende Verfügbarkeit mit gleichbleibenden Bedingungen bedingt das ungestörte Sich-Einlassen-Können auf eine gestalterische Tätigkeit. Kunsttherapeut*innen können durch die Organisation und

Strukturierung eines Ateliers einen beseelten Möglichkeitsraum, einen Freiraum, einen Schutzraum, einen Ort zur Entfaltung kreativer Schaffenskraft oder aber einen Ort mit einem Klima der Begrenzung erzeugen.

Einen Ort zu kreieren, der Sicherheit und Geborgenheit im therapeutischen Prozess gibt, entspricht auch dem Verständnis zum *Container* bzw. *Containment*. Genormt, stapelbar und weltweit unterwegs verkörpern zwar Container allgemein ein Sinnbild einer globalisierten Welt. Sie sind dabei multifunktional, praktisch, temporär – aufnahmebereit für Güter aller Art und Müll in jeder Form. Sie ermöglichen den Wechsel von persönlichem Hab und Gut an beliebigen Orten der Welt. Aber Container fungieren nicht nur zum Transport und zur Lagerung von Gütern, sie sind vielmehr als Ge-*häuse* – im Sinne von Haus –, eine vorläufige Bleibe, um Menschen in Not aufzunehmen und ihnen ein Zuhause anzubieten, vorübergehend oder für eine lange Zeit. Sie sind dienlich als temporärer Ort für junge oder noch nicht etablierte Kunst, sind Ausstellungsort oder Atelier – feststehend oder auf Rädern. Der Begriff »Container« ist auch im psychoanalytischen Kontext salonfähig geworden, aber nicht in realer Form be-gehbar, be-greifbar, stapelbar. Der Psychoanalytiker Wilfred Bion hat der Psyche die Funktion des Containers zugeschrieben, der Gedanken, Bilder, Phantasien Träumen in sich aufnehmen und verarbeiten kann (vgl. Bion 1987). Die Verwendung dieser Metapher ist unabhängig von psychotherapeutischen Schulen. Vielmehr ermöglicht das Bild eines »Containers« für innerpsychische Prozesse eine leichte sprachliche Verständigung über die Dynamik in unterschiedlichsten Beziehungssituationen. Eine gute oder schlechte »Auffassungsgabe«, etwas nicht »aufnehmen« können, nicht »aushalten« können, bezieht sich auf konkrete Aspekte/Qualitäten eines Gefäßes, wird darüber sinn-bild-haft, kann versprachlicht werden und darüber Verstehen ermöglichen.

> »Das Konkrete bzw. Sinnliche des Container-Begriffs ist zweifelsohne von Vorteil, wenngleich darin auch die Gefahr unzulässiger Vereinfachung liegt, die Bion vorausgesehen hat und derentwegen er sein eigenes Modell selbst mit Vorbehalt betrachtet. Wenn sich Psychotherapeuten heute miteinander unterhalten und den Ausdruck Containing verwenden, sind häufig sehr heterogene Aspekte der Behandlungstechnik angesprochen, zum Beispiel eine tendenziell passive, abwartende und aufnehmende Haltung des Psychotherapeuten oder sein empathisch-anteilnehmendes Wohlwollen sowie verschiedenste supportive Interventionen, die Patienten Halt geben, gegebenenfalls Trost spenden oder deren Ich-Funktionen stützen sollen. Diese nicht völlig falsche, aber verkürzte, diffuse oder vage Verwendungsweise läuft Gefahr den Begriff auszuhöhlen. Der aktive Teil, das kreative und transformative Moment des Containing wird bei der einseitigen Betonung des Mitfühlens allzu oft übersehen. Bion folgt der grundlegenden Annahme, dass primitive mentale Zustände, (noch) nicht symbolisierte oder (noch) nicht bewusstseinsfähige Affektzustände, der gesamte Bereich des vorsprachlichen Erlebens, nicht nur einmal während der Kindheit, sondern immer wieder aufs Neue durch entsprechende psychische Strukturen und Prozeduren verarbeitet bzw. umgewandelt werden müssen, um ganz allgemein gesprochen seelisches Wachstum und Entwicklung zu ermöglichen« (Crepaldi 2015, S. 12).

Container, Kisten, Schachteln, Verpackungen, Gehäuse, Bilder, Skulpturen, sind Artefakte, die in der Kunst und in der Kunsttherapie von Bedeutung sind. Per se beinhaltet, bewahrt ein künstlerisches Werk den Moment, den Prozess, die Situation, die Stimmung oder Phantasie des Schaffenden. »Das Bild ist das das materialisierte Ergebnis des Containing Vorgangs« (Crepaldi 2015, 13). Die Verarbeitung von sinnlichen Eindrücken im künstlerischen Prozess, mit Hilfe von Mitteln und Medien

4.1 Parameter des bildnerischen Gestaltens

zu einem künstlerischen Objekt, ermöglicht »Container-Material« und dessen dynamisches Potenzial zu erfassen, zu begreifen, zu handhaben, zu veranschaulichen, darüber im Austausch zu sein und über dessen Wiederaufnahme und Bewahrung entscheiden zu können.

Das Künstlerduo Christo (1935) und Jean-Claude (1935- 2009) befassten sich 1958 bis 1999 intensiv mit »Containern« in Form von Ölfässern. Die Intention war dabei massige, freistehende Formen zu schaffen oder eine Sperre zu etablieren. Große Zusammenstellungen von Ölfässern, die Christo zu der Zeit im Kölner Hafen errichtete, unterschieden sich zunächst nicht maßgeblich von im Arbeitsalltag logistisch notwendigen Stapeln der tätigen Hafenarbeiter. Dennoch ging es Christo um Komposition, um feine skulpturale Veränderungen. Es folgten weitere, imposante Fassinstallationen, u. a. »*Wall of Oil Barrels – Irion Curtain*«, Rue Visconti, Paris, 1961/ 62 oder »*The Wall*«, 13 000 Ölfässer im Gasometer Oberhausen 1999 (vgl. Bourdon 1999, S. 123). Das Paar befasste sich mit der Hülle und dem Volumen, der Farbigkeit, der Präsenz und den skulpturalen Möglichkeiten einer Hülle. Vergleichbare Untersuchungen unternahmen Kinder im Rahmen eines kunsttherapeutischen Projekts in einem Wohnheim für Geflüchtete mit ausrangierten Pappkartons. Sie untersuchten hier die ästhetischen Materialqualtäten der Kisten auf ihre Möglichkeiten, Grenzen und passenden Größen. Bei der Suche nach Lösungen für aufkommende Bedürfnisse und damit einhergehenden Gestaltungsfragen fungierten die beteiligten Kunsttherapeut*innen in gewisser Weise auch als »Container«, »Ideen- und Erfahrungsspeicher«. Die situative Unbefangenheit nicht mit eigenen Gestaltungsfragen befasst zu sein, öffnete das Reservoir eigener kreativer Strategien und Materialerfahrungen und stellte diese als Möglichkeit zur Disposition, im Sinne einer »Hilfs-Erfahrung«.

»Erinnerung bedarf der konkreten Substanz von vorausgegangener sinnlicher Erfahrung. Diese bildet den Ausgangsstoff, dem im Vorgang des mentalen Speicherns subjektive Bedeutung zugewiesen wird« (Dannecker 2015, 211). In einem publizierten Werkstattgespräch zwischen dem Theologen Volker Harlan und dem Künstler Josef Beuys (vgl. Harlan 2011) betonte Beuys die besondere Relevanz des Mittels und dessen Stofflichkeit als Voraussetzung, sich überhaupt von Mensch zu Mensch mitteilen zu können. Mittel, Stoffe, Materialien, Medien sind eine substanzielle Grundbedingung für menschliche Kommunikation. Ein bildnerisches *Material/Mittel/Medium* kann dabei z. B. benutzt werden, um Spuren zu erzeugen, etwas abzubilden, Zeichen herzustellen. Bei der Wahl der Mittel gilt es dies zu berücksichtigen und an die jeweiligen Spuren und Zeichen anzupassen. Ein Beispiel: Für eine kleinformatige Zeichnung aus zarten feinen Linien eignet sich eher ein gespitzter Bleistift als eines kräftiges Stück Reißkohle. Materialien können aber darüber hinaus genutzt werden, um dessen Eigenschaften, Möglichkeiten und Grenzen an sich zu erkunden und sich dadurch inspirieren zu lassen. Zum Beispiel kann das Anruhren eines leuchtenden Farbpulvers zu einer Kleisterfarbe schon solch großes Vergnügen bereiten, dass es beim lustvollen Anrühren, Mischen und Erproben der Konsistenz und Farbnuancen bleibt und sich darüber hinaus keine weiteren malerischen Bedürfnisse mehr einstellen. Die sinnliche Wahrnehmung des Materials und dessen Produktion können dann pure Erfüllung sein. Oder es geht um das genussvolle Auftragen des Farbmaterials einhergehend mit der Exploration folgen-

25

der Fragestellung »Wie viel Blau passt auf das Blatt?« (Zitat eines Kindes in der Malwerkstatt Münster). Anregend könnte an dieser Stelle ein Diskurs über »Radikale Malerei« sein. Diese hat nicht den Anspruch etwas abbilden zu wollen. Im phänomenologischen Sinne ist sie einfach das, was sie ist: Materie-Material, mit der Transparenz vom Umgang mit derselben. »[D]iese Benennung erfolgt in erster Linie zur Vereinfachung der Verständigung auf eine bestimmte Erscheinungsform von Farbe, auf einen malerischen Ausdruck« (Haase 1987, S. 84 f.). Einer der radikalen Vorreiter war Kasimir Malewitsch, der 1913 das »Schwarze Quadrat« malte.

> »In jedem Fall ist Radikale Malerei ein Angebot an den Menschen, seine Phantasie in Bewegung zu halten. Damit ist sie auch ein Versprechen auf Freiheit. Selbst befreit – von allen Abbild-Verpflichtungen der Kunstgeschichte – befreit sie das schauende Gegenüber für den Weg in imaginierte Welten und eröffnet eine Möglichkeit der Selbstbefreiung. So hat dieses Malen von Farbe mehr mit Raum und Zeit zu tun als mit Bildern im herkömmlichen Sinne. Und folglich erweitert Radikale Malerei die Kontemplation zum Handeln« (Haase 1987, S. 84 ff.).

Auch plastisches Material kann in dieser Weise ursprünglich bzw. radikal oder pur eingesetzt werden. Holz, Erde, Ton, Sand, Stein, Gips, Metall, Kunststoff, Stoff, Wolle, Ton, Recycling-Material, Alltagsgegenstände, Naturmaterial etc. können sowohl als substanzielles Gegenüber wirksam sein oder auf Möglichkeiten und Grenzen untersucht werden oder in spezifischer Weise bearbeitet werden, um Konkretes, Bildhaftes, Dreidimensionales zu formen oder zu bauen. Allein das Material Ton ermöglicht durch unterschiedliche Konsistenzen vielfältige Materialerfahrungen. Beispielhaft sei hier der »Tonkreislauf« (vgl. Strotkötter 2013, S. 13) genannt.

Im Kontext künstlerischen Schaffens darf auch der Parameter *Licht* nicht unerwähnt bleiben. Für das Medium Fotografie, für die analoge als auch für die digitale Fotografie, spielt diese Komponente sogar die wichtigste Rolle. Ohne den Faktor Licht käme überhaupt kein bildnerisches Ergebnis zustande. Hier ist die Lichtmenge entscheidend für das, was schlussendlich auf dem Fotopapier zu sehen ist. Ohne Licht nehmen wir keine Farbe wahr, wenig Licht vermindert nicht nur die Schaffenskraft der Malenden, sondern auch die Leuchtkraft der Werke. Auch für die optimale Formwahrnehmung ist entsprechendes Licht erforderlich. Licht ermöglicht Wahrnehmung von Strukturen und Oberflächen, es ermöglicht räumliche Wahrnehmung und Orientierung. »Wenn in einem völlig verdunkelten Raum nur ein winziger Lichtpunkt zu sehen wäre, so ist dieser Punkt schon als etwas, das dort in der Ferne ist, gegeben« (Hergovich 2018, S. 72). Dieses Phänomen ist nicht nur ein Aspekt visueller Tiefenwahrnehmung, sondern zeigt die außerordentliche Relevanz dieses Phänomens.

Beispielhaft sei hier der Künstler Otto Piene (1928–2014) erwähnt. Er entwarf 1959 das Werk »Lichtballette«. Die Arbeit mit bewegtem Licht und Schatten waren grundlegend für seine Kunst. Die Magie verändernden Lichts findet darüber hinaus im Konzept »Snoezelen« Anwendung. Die Förderung *sensitiver Wahrnehmung* und *Entspannung* stehen hier im Vordergrund. Ein eigens ausgestatteter Raum ist u. a. mit unterschiedlichen Lichtquellen und Projektoren, die verschiedenartige visuelle Effekte erzeugen, und schafft darüber eine anregende und entspannende Atmosphäre in einem geschützten Raum (vgl. Brehmer 1997).

Zusammenfassend ist anzumerken, dass die hier dargestellten Parameter Rahmen, Zeit, Ort, Container, Material und Licht natürlich immer zusammen wirksam sind und sich gegenseitig bedingen. In der Heilpädagogischen Kunsttherapie ist daher die Feinjustierung der Komponenten zu beachten und im Zusammenhang mit der Zielsetzung zu sehen und abzustimmen.

4.2 Die Relevanz von Bindung und Beziehung

Die Künstlerin Marina Abramovic ist bekannt für Performences, in denen sie die Möglichkeiten und Grenzen von Beziehung eruiert und dabei bis an – und sogar über – ihre eigenen Grenzen geht. Im Rahmen ihrer Performance »The Artist is pesent« (2010) saß sie über zweieinhalb Monate 721 Stunden auf einem Stuhl im Museum of Modern Art in New York. Ihr gegenüber konnten Menschen platz nehmen – junge, alte, Männer, Frauen, Kinder. Das Museum erlebte durch die Performance einen regelrechten Besucheransturm. Über eine halbe Million Besucher*innen warteten stundenlang am Eingang des Museums und wollten die Erfahrung, die pure Präsenz der Beziehung erleben. Ein Tisch und zwei Stühle, sonst nichts, kein weiteres objekthaftes künstlerisches Werk/Objekt. Die Performance wird zum unmittelbaren, reinen Beziehungserleben durch Entschleunigung und Reduktion. Marina Abramovic geht in der Erfahrung der essenziellen Frage nach, wer wir sind. Beziehung wird dabei zum energetischen Austausch durch die gegenseitige körperliche Präsens (vgl. Kaufmann 2020).

Kunsttherapie in heilpädagogischen Handlungsfeldern bedarf der Auseinandersetzung mit Konzepten der Beziehungsgestaltung und den damit zusammenhängenden anthropologischen Grundbedingungen. Grundlegend ist davon auszugehen, dass der Mensch ein intrinsisches Bedürfnis nach Zugehörigkeit hat: Wir wollen uns zugehörig fühlen, streben aber gleichzeitig nach Autonomie. So gesehen befinden wir uns in einem stetigen Spannungsfeld von Individuation, Begegnungs- und Beziehungswünschen. In diesem Sinne stellt Martin Buber heraus: »Alles wirkliche Leben ist Begegnung« (Buber 1983, S. 18). Das ›Du‹ steht im Zusammenhang mit einer Beziehung vor ständig neuen Herausforderungen. Es ist gefragt die Grundlage für eine tragfähige, empathische und liebevolle Beziehung zu schaffen:

- Es soll dem Ich dienlich sein hinsichtlich der Erfüllung seiner Träume und Wünsche,
- auf möglichst alle Fragen eine Antwort wissen und damit zusammenhängende Probleme aus dem Weg schaffen,
- ganz nahe sein, aber nicht zu nahetreten,
- vertraut sein, aber auch neu,
- spannend und innovativ bleiben.

Wenn das ›Du‹ diesem Anforderungsprofil genügt und den damit verbundenen Herausforderungen Stand hält, ist die Beziehung von Zuneigung und Sympathie geprägt. Bei Misslingen drohen Abwehr oder gar Abweisung. Es scheint daher wenig Spielraum zu geben, in dem Beziehung überhaupt stattfinden kann, und in jeder Begegnung steht das ›Du‹ aufs Neue vor der Aufgabe der Gestaltung derselben. Bindung und Beziehung sind allerdings grundlegende Primärbedürfnisse und überlebenswichtig. Folglich geht es um Elementares. Selbst Nahrung vermag Liebe und Zuwendung nicht zu ersetzen. Das konnte u. a. durch – allerdings ethisch nicht vertretbare – Versuche des Verhaltensforschers Harry Harlow in den 1960er Jahren nachgewiesen werden. Von ihren Müttern getrennte Affenbabys verhungerten lieber, statt auf Nähe zu verzichten. Die Affenbabys gaben einer fellbezogenen Attrappe, einer Muttermilch spendenden artifiziellen Affenmutter aus Draht den Vorzug – Kuscheln versus Sattwerden (vgl. Montagu 2012, S. 28 ff.). Dieses Verlangen nach einem wärmenden ›Du‹ behält der Mensch von Geburt bis ins hohe Alter.

Die ersten Lebensjahre haben einen besonderen Einfluss darauf, wie und in welchem Maß das Bedürfnis nach Nähe ausgeprägt ist. Die Art und Weise, wie liebevoll, mitfühlend, helfend und direkt Eltern auf ihr Kind reagieren, hat Einfluss auf dessen Bindungsverhalten. Aus Beobachtungen früher Mutter-Kind- bzw. Eltern-Kind-Interaktionen entwickelten der britische Kinderpsychiater John Bowlby und die kanadische Psychologin Mary Ainsworth in den 1950er Jahren diesbezüglich eine grundlegende Theorie. Diese Grundlagen zur Bindungstheorie publizierte Bowlby in seinen Abhandlungen zu »Bindung« (1969/1982), »Trennung« (1976/2018) und »Verlust, Trauer und Depression« (1978). Es lassen sich vier unterschiedliche Kategorien beschreiben, die die Qualität von Bindung unterscheiden:

- Eine *sichere Bindung* beinhaltet, dass sich das Kind vertrauensvoll seine Umgebung exploriert und sich seiner ihm sicheren Bezugsperson bei Bedarf zuwenden kann. Im Erwachsenenalter zeigt sich dies in Form eines sicheren und autonomen Bindungsverhaltens.
- Bei der *unsicher-vermeidende Bindung* zeigt das Kind zwar vermeintlich unauffälliges Explorationsverhalten. Darunter können aber starke Verunsicherungen lie-

gen, verursacht durch mangelnde Zuwendung, oder auch negativer Emotionen der Bezugspersonen wie z. B. Wut oder Ärger. Um den emotionalen Belastungen und den damit einhergehenden negativen Gefühlen auszuweichen, hat das Kind gelernt damit zusammenhängende konflikthafte Situationen zu meiden. Im Erwachsenenalter kann sich dieser Bindungstyp in Form von hoher Ambivalenz hinsichtlich Bindungsthemen ausdrücken.

- Die Kategorie des *unsicher-ambivalenten Bindungsverhaltens* äußert sich in starker Fixierung auf die Bezugsperson. Das Explorationsverhalten ist in Gegenwart der Person stark eingeschränkt und, durch permanente Unberechenbarkeit derselben können sich affektive Wechselbäder aus negativen Emotionen und Annäherungsversuchen nach Zuwendung und Nähe ergeben. Im Erwachsenenalter sind Bindungen häufig prä-okkupiert und neue Bindungen lassen sich von ersten Bindungserfahrungen nur schwer trennen.
- Die Kategorie *unsicher-desorganisiertes Bindungsverhalten* ist gekennzeichnet durch kaum einschätzbare, z. T. widersprüchliche Verhaltensstrategien des Kindes gegenüber dessen Bezugsperson. Markant sind motorische Auffälligkeiten wie beobachtbare erstarrte Bewegungsabläufe (»Freezing«) für die Dauer von einigen Sekunden (vgl. Stegmaier 2006, S. 6). Es lassen sich keine spezifischen Verhaltensstrukturen bezüglich Kontakt, Trennung und emotionaler Kommunikation zur Bezugsperson beobachten. Der Gesamteindruck in Bindungssituationen scheint desolat und unorganisiert. In diesen Zusammenhängen ist ein unbearbeitetes Trauma seitens der Bezugsperson zu vermuten. Diese ist in der Kontaktsituation mit dem Kind zwar körperlich anwesend, aber emotional unerreichbar. Bestrebungen und Versuche nach Kontakt seitens des Kindes münden daher primär in Erfahrungen von Abbrüchen und Blockaden. Im Erwachsenenalter können im Rahmen dieses erlernten Bindungsverhaltens formale Denkstörungen im Zusammenhang mit emotional belastenden Themen wie Tod und Trennung die Folge sein (vgl. Stegmaier 2008, S. 6).

Die Einteilung in die vier Kategorien muten im Kontext des Bindungsverhaltens stereotyp und schematisiert an. Stegemaier merkt an dieser Stelle an,

> »die komplexen Strukturen in der Mutter-Kind-Interaktion durch ein zu hohes Abstraktionsniveau sehr vereinfacht zu betrachten [...]. Darüber hinaus bleibt zu betonen, dass ein Kind zu seinen unterschiedlichen Bezugspersonen unterschiedliche Bindungsstile entwickeln kann. Die Bindungsmuster sind darüber hinaus situations- und kontextgebunden« (Stegmaier 2008, S. 4).

Ein individuelles und differenziertes Beobachten ist demzufolge von Nöten.

Erlerntes Bindungsverhalten ist jedoch noch modifizierbar und veränderbar. Denn auch alle späteren Beziehungen, sogar die zu Geschwistern und zu guten Freunden, prägen den Umgang mit Nähe. Gute Erfahrungen können sich gegenseitig verstärken oder schlechte überlagern – und umgekehrt. In vielen Fällen können auch durch stabile und liebevolle Beziehungserfahrung im Rahmen von Förder- und Therapiemaßnahmen erlernte Beziehungsmuster modifiziert werden oder nachreifen. Im Kontext von Therapie und Pädagogik spielt daher Bindung und Beziehung eine entscheidende Rolle.

Die Bedeutung der Beziehung in Therapie- und Förderkontexten

Ein gutes und fundiertes Spektrum von Konzepten und Verfahren mag das gute und sichere Gefühl zu vermitteln, gut ausgerüstet und vorbereitet zu sein, um in Förderung und Therapie gemeinsam mit den Klient*innen und Patient*innen erfolgversprechend Ziele anvisieren zu können. Die letzten dreißig Forschungsjahre haben diesbezüglich zentrale Entdeckungen mit sich gebracht. So ist für Steven F. Hick und Thomas Bien (2010, S. 17) »die therapeutische Beziehung ganz entscheidend für eine effektive Therapie oder Gruppenarbeit. Mehr noch: Einige Kliniker haben festgestellt, dass sie wichtiger ist als das jeweils zum Einsatz kommende Interventionsmodell«. Eine junge Patientin, die im November 2014 mit einer deutlichen Zunahme von einem »Gefühl der Irrationalität«, verbunden mit einem seltsamen Geschmack im Mund, nach einem MRT mit der Diagnose Hirntumor (Oligodendrogliom II), konfrontiert wurde, rief vor der anstehenden Operation bei ihrer Krankenkasse an: »Ich brauche jemanden zum Reden!« (Zitat Patientin). Die Forschungsergebnisse von Philip M. Murphy, Duncan Cramer und Francis J. Lillie (1984) belegen das Bedürfnis, welches durch diese Fallvignette skizziert wird. Als Forscher ließen sie ambulanten Patient*innen kurative Faktoren auflisten, die für sie mit erfolgreicher, kognitiver Verhaltenstherapie (CBT) einhergingen. Die Faktoren, denen eine signifikante Mehrheit von Patient*innen zustimmte, waren Beratung (79 %), »mit jemandem reden, der sich für meine Probleme interessiert« (75 %), Ermutigung und Bestätigung (67 %), »mit jemandem reden, der einen versteht« (58 %) und Hoffnung vermittelt (58 %). Die zwei Faktoren, die sowohl in der Einschätzung der Therapeut*innen wie auch der Klient*innen am deutlichsten mit dem Therapieerfolg korrelierten, waren »mit jemandem reden, der einen versteht« und »Rat bekommen« (vgl. Hick & Bien 2010, S. 17).

Nicht alle Klient*innen und Patient*innen können so mitteilsam und initiativ hinsichtlich ihres Bedürfnisses nach Beziehung sein. Gerade im Kontext der Heilpädagogik entsteht nicht selten die Situation, in denen non-verbale Kommunikationsformen gefragt sind, um der Bedürfnislage hinsichtlich Beziehungswünschen und Zuwendung zu begegnen. Das Besondere der heilpädagogischen Beziehungsgestaltung besteht vor allen darin, dass sich der*die Heilpädagog*in auf ein sehr unterschiedliches, nicht nur verbal erreichbares Klientel einlässt und sich auf die damit verbundene Herausforderung einstellen muss. Eine methodisch eingeschränkte Herangehensweise wäre an dieser Stelle nicht zielführend. Vielmehr geht es in diesem Zusammenhang um eine Grundeinstellung im Sinne der Achtsamkeit, die auf die eigene innere und äußere Wahrnehmung fokussiert ist. Achtsamkeit hat in vielen philosophischen und spirituellen Traditionen eine Bedeutung. »In der buddhistischen Tradition kann die Achtsamkeit gegenüber anderen durch die Lehre der Brahmaviharas beschrieben werden: Liebe, Mitgefühl, Freude und Gleichmut« (Hick & Bien 2010, S. 61). Ausschlaggebend ist dabei eine offene und innenorientierte sinnliche Wahrnehmung, u. a. schauend, horchend und fühlend. Komplementär dazu ergänzt eine achtsamkeitsorientierte äußere Wahrnehmung, mit der Haltung von Offenheit, eine Orientiertheit nach außen (vgl. Flosdorf 2009, S. 37).

Durch Achtsamkeit wird die »Bewusstseinsinstanz« der Präsenz systematisch sensibilisiert. Statt einer ungefilterten Reiz-Reaktions-Abfolge unterbricht ein Sensor in Form eines »Inne-Haltens« und »Wahrnehmens« die Abfolge. Dies geschieht im Hier und Jetzt. Das bewusste Einhalten dieser »Unterbrechung« impliziert die Möglichkeit zur Klärung und Änderung schematisierter Reizreaktionsabfolgen.

Ein mögliches Variablenkonzept heilpädagogischer Beziehungsgestaltung unter dem Aspekt der Achtsamkeit ist idealerweise vielfältig und reichhaltig und nicht schematisiert. Orientiert an Flosdorf (vgl. 2009, S. 41) lässt sich ein in diesem Sinne ausgestatteter »Instrumentenkoffer« folgendermaßen skizzieren: Echtheit und Akzeptanz im Sinne der Kongruenz nach Carl Ransom Rogers (2016), als Grundlage für die Begegnung von ICH und DU. Daran orientieren sich die gegenseitig bedingende, komplementäre Basisvariablen zwischen ICH und DU, wie das gemeinsame Austarieren von passender Nähe und Distanz, von Mitschwingen und Mitmachen – als dicht dranbleiben und voll da sein –, von Interesse und Wachheit, innerer und äußerer Achtsamkeit und Ruhe, Gelassenheit, Zuversicht, Akzeptanz, Wärme. Darüber hinaus lassen sich sogenannte metakommunikative Variablen beschreiben. Diese beinhalten u. a. das Erkennen und die Beachtung von Beziehungsmustern. Die Erweiterung des Spektrums auf klientenzentrierte Variablen ermöglicht u. a. die Formulierung von – für den*die Klient*in sinnhaften – Zielen, eröffnet Raum für Selbstexploration, ermöglicht das Erkennen und Benennen von Emotionen, das Auffinden von Interessen unter dem Aspekt von Angeboten/Interventionen mit einer non-direktiven Haltung. Die Kenntnis und Anwendung von Modellen und Konzepten erweitert die Möglichkeiten der heilpädagogischen Beziehungsgestaltung hinsichtlich der Thematisierung von systembezogenen Problemlagen und damit verbundenen Zielsetzungen, u. a. Veränderungswünschen hinsichtlich einer akuten belastenden Lebenssituation. Daran anknüpfende, verhaltensmodifikatorische Variablen implizieren die Erfahrung und Reflexion von Konsequenzen im Sinne von Verantwortung für das eigene Tun.

Virtuelle Beziehung – Online Kunsttherapie

Krankheitsbedingte Immobilität, weite Entfernungen, aber auferlegtes Abstandhalten und verordnete »Näheabstinenz« zum gesundheitlichen Schutz im Rahmen einer Pandemie, erschweren und verbietet es manchen Patienten*innen, eine*n Therapeuten*in aufzusuchen, um eine erfolgreich begonnene Therapie oder Förderung fortzusetzen. Mittlerweile existieren einige psychotherapeutische Behandlungsangebote, die diese Lücke zu kompensieren versuchen. An der Universität Leipzig wurde z. B. ein in Australien entwickeltes Online-Programm für stationäre Patient*innen untersucht, das für leichte bis mittelschwere Depressionen entwickelt wurde: Moodgy (Stimmungstraining), basierend auf kognitiver Verhaltenstherapie. Manualisierte Übungen sollen im Rahmen des Programms dabei unterstützen, u. a. negative Denkmuster zu erkennen und zu ändern (Dorow et. al. 2018, S. 256 ff.). Ein vergleichbares Modell wurde an der Universität Heidelberg entwickelt. Die »Internet-Brücke« gehört dort inzwischen zu ergänzenden Online-Angeboten. Patient*innen, die aus psychosomatischen Reha-Kliniken entlassen werden, treffen sich wöchentlich mit einem*einer Therapeut*in zur Gruppentherapie im Chatroom. Das

Risiko, dass die während der stationären Behandlung erreichten Verbesserungen im Alltag verlorengehen, reduziert sich so um ein Drittel. Für 53 % der Patient*innen führt die »Internet-Brücke« allerdings aus dem virtuellen wieder zurück ins reale Setting: in eine ambulante Psychotherapie, die in nächster Nähe und im Rahmen einer sinnlich wahrnehmbaren Beziehung erfolgt (Uhlmann 2011, S. 1 ff.).

Für die kunstbasierte heilpädagogische Begleitung kann hier ein Modellprojekt aus der Uniklinik Münster angeführt werden, das seit 2017 erfolgreich durchgeführt wird (vgl. Wigger & Wiewrodt 2020). Eine Fallvignette mag das an dieser Stelle veranschaulichen:

Nach der Operation im Bereich der Halswirbelsäule mit anschließender Bestrahlung wurde eine junge Tumorpatientin in ihren 130 km weit entfernten Heimatort entlassen. Die junge Frau hatte im Rahmen einer begleitenden Kunsttherapie der Uniklinik ihre Schöpferkräfte als Ressource entdeckt und wollte diese nach ihrer Entlassung nicht wieder missen. Recherchen bezüglich kunsttherapeutischer oder künstlerisch-kreativer Angebote am Heimatort blieben zunächst erfolglos. Bei einem der letzten Behandlungstermine am Uniklinikum Münster wurde schließlich mit dem Krankentransport eine Staffelei, Farben und Pinsel aus dem Kunsttherapie-Atelier zum Heimatort der Patientin mitgegeben. Es konnte also weitergehen mit dem künstlerischen Schaffen. Selbst als weitere Behandlungen mit anstrengender Chemotherapie, erneute Operation und Bestrahlungen die mentalen und körperlichen Kräfte weiter schwinden ließen, blieb die bildnerische Schöpferkraft zu Hause erhalten, gab der jungen Frau Sinnhaftigkeit, Halt und Energie. Phasenweise ist die Patientin körperlich so schwach, dass sie kaum noch die Wohnung verlässt. Die Küche wird zum temporären Atelier. Manchmal liegt Kunst und Kochen eng beieinander, sind gleichermaßen nährend. Fortan beginnt ein reger Schriftwechsel per E-Mail über den Verlauf des künstlerischen Schaffens und den damit einhergehenden Gedanken und Gefühlen mit der Kunsttherapeutin und Psychoonkologin.

Die Passage aus dem folgenden Schriftwechsel zeigt, wie gravierend auch die psychische Belastung durch die Faktoren des Tumors sind; wie nah Freud und Leid, Angst und Zuversicht, bei L. in dem Zeitraum nebeneinander liegen.

> »In den letzten Tagen machen sich Ängste bei mir breit [...]
> Angst mich nicht um mich kümmern zu können
> Angst, dass mich meine Kreativität verlässt
> Angst, dass es meinen Kindern nicht gut gehen könnte ...
>
> O man ich könnte den ganzen Tag so weitermachen. Diese Angst drückt mir so unter meinen Hals und auf den Brustkorb.
>
> In dieser Angstphase bin ich jetzt etwas ruhiger und emotionaler und gestern hatte ich das Bedürfnis dieser Angst Ausdruck zu geben. Sodass ich 3 Karten gemalt habe [..]. Und auch wenn diese von der Angst handeln finde ich diese ganz hübsch.
>
> So ich denke die Angst wird mich nicht vereinnahmen, weil ich das nicht zulassen werde und dabei hilft mir auch meine Kunst und diese E-Mail.« (L. 2019)

Die Inhalte des Schriftwechsels zwischen der jungen Patientin, der Kunsttherapeutin und der Psychoonkologin thematisieren Stimmungsschwankungen und Ängste, psychische Höhen und Tiefen, medizinische Fragen, bildnerische Themen und damit verbundene Fragen. Teilweise stellt L. sich selbst und uns die Frage nach einer künstlerischen Kategorie oder Kunstgattung, um ihr Werk in einen Kontext stellen und einordnen zu können. Der kunstgeschichtlichen Rahmen wird zum Resonanzraum für eigene gestalterische Impulse und Bedürfnisse, bietet Gesprächsstoff für den gemeinsamen Austausch, erweist sich als ideengebende Schatzkiste und ermöglicht der jungen Frau ein Verständnis für das eigene künstlerische Schaffen zu entwickeln. Seit einiger Zeit ist die junge Frau körperlich in der Lage eine psychotherapeutische Face-to-Face-Behandlung am Heimatort wahrzunehmen. Die virtuelle künstlerische Begleitung ist dennoch nach wie vor eine wichtig Brücke und Stütze, die sie weiterhin nutzen möchte.

Das Material und das Objekt in der Heilpädagogischen Kunsttherapie

Der bedeutungsvolle Beziehungsaspekt als Grundbedingung wird im Kontext der Kunsttherapie um das gestaltete und/oder betrachtete Werk zu einer Triade ergänzt (▶ Schema 2) und schafft somit einen erweiterten, gemeinsamen Erfahrungsraum und eine spezifische Dynamik.

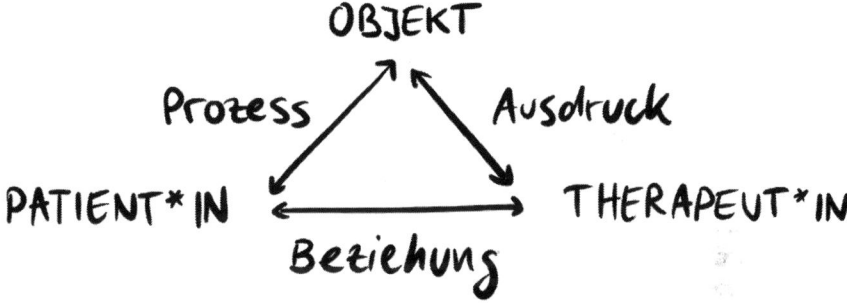

Schema 2: Die Triade in kunsttherapeutischen Prozessen (nach Bolle 2008, S. 197)

»Man sagt, der Mensch erfahre eine Welt. Was heißt das? Der Mensch befährt die Fläche der Dinge und erfährt sie. Er holt aus ihnen ein Wissen um ihre Beschaffenheit, eine Erfahrung. Er erfährt, was an den Dingen ist. Aber nicht nur Erfahrungen allein bringen die Welt dem Menschen zu. Denn sie bringen ihm nur eine Welt zu, die aus Es und Es und Es, aus Er und Er und Sie und Sie und Es besteht. Ich erfahre etwas [...]. Der Erfahrene hat keinen Anteil an der Welt. Die Erfahrung ist ja ›in ihm‹ und nicht zwischen ihm und der Welt. Die Welt hat keinen Anteil an der Erfahrung. Sie läßt sich erfahren, aber es geht sie nichts an, denn sie tut nichts dazu, und ihr widerfährt nichts davon. Die Welt der Erfahrung gehört dem Grundwort Ich-Es zu. Das Grundwort Ich-Du stiftet die Welt der Beziehung« (Buber 1983, S. 11 f.).

Aus der Perspektive Bubers ist erst in dem Dreiklang der objekthaften (Welt-)Erfahrung und Beziehung lebendiges Sein möglich. Verbale Verfahren im Kontext Beratung, Förderung und Therapie arbeiten in dyadischen Settings, d. h., es gibt eigentlich kein reales Objekt. Dennoch geht es um etwas. Dannecker gebraucht hier den Begriff des »imaginären Dritten« (Dannecker 2015, S. 135).

Im Kontext bildnerisch fundierter Kunsttherapie gehört das Dritte von Anfang an zum Bezugsrahmen für Klient*in und Kunsttherapeut*in dazu. Zu Beginn eines kunsttherapeutischen Prozesses handelt es sich dabei entweder um ungestaltetes (Roh-)Material oder ein Kunstwerk, was im Sinne der Kunstrezeption verfügbar ist. An dieser Stelle erweitert sich die Triade (▶ Schema 2) durch die Komponente des Materials zu einer Quadriade (▶ Schema 3).

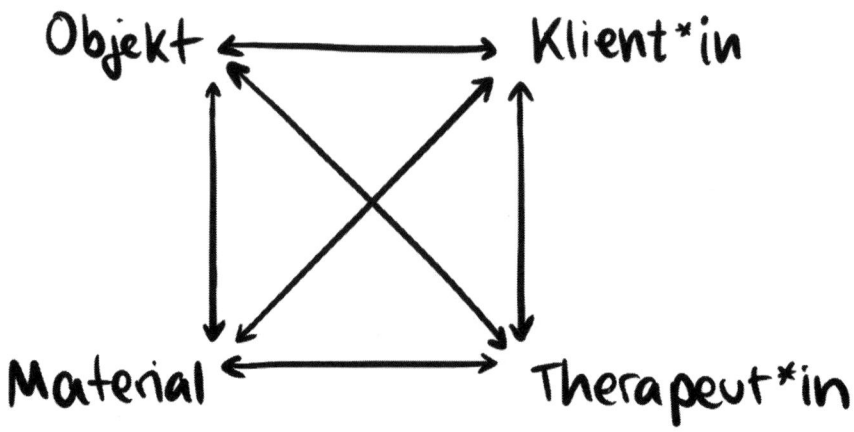

Schema 3: Quadriade von Material/Medium, Objekt, Klient*in und Therapeut*in

Materialien, Mittel oder Medien gehören zu den Basisparametern der (bildnerisch orientierten) Kunsttherapie, und zwar

- als Mittel zum Zweck,
- im Dienste einer Sache,
- um gebraucht oder auf Möglichkeiten und Grenzen überprüft zu werden,
- um zum gestalteten Objekt zu führen oder zerstört werden zu können.

Materialien und Medien wie Papier, Kreide, Pinsel, Ton, Sand, Stein u. a. haben Aufforderungscharakter. Die Materialien verfügen dabei über spezifische Indikationen. Hierbei können Eigenschaften wie konkret, greifbar, überschaubar, rau, glatt, farbig, farblos, flüssig, fest, hart, weich – als eine kleine Auswahl möglicher Materialqualitäten – von Bedeutung und genau das Richtige sein. Paolo Knill führt zum Verständnis in diesem Zusammenhang »die Unterscheidung von *mittelbaren, unmittelbaren und unvermittelbaren Anteilen* der Begegnung« an (Knill 1990, S. 88). Mittelbar umfasst z. B. die Farbe, den Sand, den Ton u. a., während unmittelbar im Sinne von Emotion, Übertragung, Konflikt zu verstehen ist und das Unvermittelbare im Sinne von »wovon ich nicht weiß, wie es wird«, das Überraschende, das Erstaunliche, das Besondere. Das Material, das ›Dritte im Bunde‹, gemeinsam mit Therapeut*in und Klient*in, ist Kommunikationsmöglichkeit, fordert auf oder heraus, regt an oder auf, ist Projektionsfläche, gibt Halt oder befreit. Die Mittel können entweder gestaltet oder ungestaltet, zweckgebunden oder zweckfrei in

Prozesse eingebracht werden. Gerade in heilpädagogischen Maßnahmen können die Mittel mit ihren ureigenen Qualitäten wie Geruch, Textur, Temperatur, Farbigkeit, Form u. a. dienlich sein, sinnlich-ästhetische Erfahrungen zu ermöglichen, beispielsweise in der Förderung mit schwerst-mehrfach beeinträchtigten Menschen oder demenziell erkrankten Menschen.

»Erinnerung bedarf der konkreten Substanz von vorausgegangener sinnlicher Erfahrung. Diese bildet den Ausgangsstoff, dem im Vorgang des mentalen Speicherns subjektive Bedeutung zugewiesen wird« (Dannecker 2015, S. 211). Wenn in Anlehnung an Josef Beuys (vgl. Harlan 2011) von einer besonderen Relevanz des Mittels und dessen Stofflichkeit als Voraussetzung, sich ›von Mensch zu Mensch‹ mitteilen zu können, ausgegangen wird, so bilden diese wie auch Materialien und Medien eine substanzielle Grundbedingung für menschliche Kommunikation. Die Beziehungsdynamik zwischen Therapeut*in, Klient*in, Materialien und gestaltetem Objekt bildet im Hinblick darauf eine zentrale Stellung, auch als eine Art Kumulationspunkt in einer Art gegenseitiger Befruchtung. In ihr kreuzen sich die einzelnen Faktoren und lassen etwas Neues, Unvorhersagbares entstehen, dem eine Eigendynamik zukommt (▶ Schema 4).

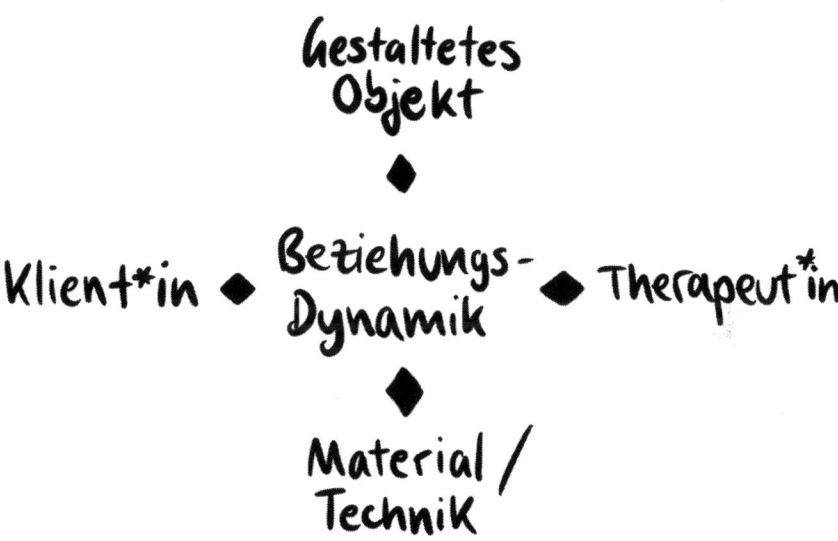

Schema 4: Beziehungsdynamik als Kreuzungspunkt von Material/Medium, Objekt, Klient*in und Therapeut*in

In dem Sinne ist eine *Kunstrezeption, also das Kunstwerk in der kunsttherapeutischen Triade, auch als gemeinsam in eine Richtung schauen zu verstehen.* Kunstrezeption ist die sinnliche Begegnung mit Bildern und Objekten. Die sinnlichen Wahrnehmungsmöglichkeiten beschränken sich im musealen Raum in der Regel auf die visuelle Wahrnehmung. Welche Aspekte sind hinsichtlich visueller Wahrnehmung bzw. Betrachtung von Bedeutung? Stichpunktartig zusammengefasst kann Betrachtung mit Blick auf Material, Technik und Motiv erfolgen, oder auch mit der Frage einhergehen: Habe ich Ähnliches schon einmal gesehen? Oder es drängen sich gleich zu Beginn der Begegnung mit dem Werk eigene innere Bilder und Emotionen auf, die mitgeteilt werden wollen. Da das Bild auf gewisse Weise immer auch die*den Kunstschaffende*en mit repräsentiert, kann sich auch an dieser Stelle ein reflektiver Zugang anbieten. Wie wäre es einen Standpunkt im Bild einzunehmen? Wir können ja so tun als ob. »Diese Fähigkeit zur Fiktion, zum als-ob ist aber nun keineswegs eine rein individuelle Errungenschaft, sondern an sich intersubjektiver Natur. Das erkennen wir bereits am Begriff der Darstellung: Dargestellt wird etwas immer für jemanden anderen« (Fuchs 2000, S. 276 ff.). Thomas Fuchs beschreibt weiterhin die damit im Zusammenhang stehende Entwicklung der Kompetenz der geteilten Aufmerksamkeit (Joint Attention), die in der kindlichen Entwicklung ab dem achten Monat stattfindet. Der Kompetenzerwerb des gemeinsamen Interesses an einem Gegenstand ist die Grundvoraussetzung für die Entwicklung von Sprache und sozialen Kompetenzen (vgl. Benz & Jenni 2015, S. 302). Die präverbale Kompetenz der geteilten Aufmerksamkeit in der frühen Kindheit kann kompensatorisch genutzt werden, z. B. wenn direktem Blickkontakt und damit verbundener Kommunikation nicht standgehalten werden kann, wenn das Sprachvermögen verloren geht, wenn aufgrund von körperlichen Beeinträchtigungen aktives Tun nicht möglich ist. Rezeptive kunsttherapeutische Interventionen können im Rahmen von einer heilpädagogischen Förderung nicht nur visuell, sondern auch auditiv oder taktil erfolgen.

4.3 Vorsprachlicher Dialog

Wenn Ernst Bloch (vgl. 1974) von dem Vorschein-Charakter der Kunst spricht, so betrifft es auch kunsttherapeutische Gestaltungszusammenhänge. Es ist dieser vorsprachliche Dialog, der sich im Gestaltungsprozess zeigt und der mit dem Denken einhergeht. Wenn das Denken in bildlichen Formen und Bewegung gefasst wird, so beinhaltet dies auch eine Annäherung an das Noch-Nicht, das nicht unmittelbar Fassbare, das erst im Erlebensprozess auf Resonanz stößt und diese zum Erklingen bringt. In seiner Schrift zu neuen Wegen der Ästhetik hebt Wolfgang Welsch (2012, S. 252 ff.) den Zufall als wesentliches Moment künstlerischer Kreativität hervor bzw. versteht ihn in Relation zum kreativen Modus der Evolution. Auch Marcel Duchamp führt aus: »Tatsächlich ist die ganze Welt auf Zufall begründet, oder der Zufall ist wenigstens eine Definition für das, was passiert in der Welt, in der wir leben« (Duchamp 1994, S. 97). Im kunsttherapeutischen Prozess ist es die Zufälligkeit des Kleckses, der Linien, der Farbverdichtung und Verdunkelung, der Positionierung, der Proportion etc., und zwar nicht nur des Ungewollten, sondern auch im planerischen Gestalten. Das Unbewusste bildet im Resonanzbezug einen veränderten Zugang bzw. wird stimuliert durch die ästhetische Tätigkeit.

Es ist der Resonanzbezug zum unbewussten Erleben, der im Gestaltungsprozess wirksam wird. Im Hinblick darauf handelt es sich um diesen inneren Dialog zwischen der Stimulanz des Unbewussten im Gestalten und den ästhetischen Ausdrucksgestaltungen im sensomotorischen Handeln. Der vorsprachliche Dialog schafft eine Brücke zur Bewusstwerdung bzw. zur Integration von Verschüttetem und Abgewehrtem. In diesem Kontext bildet die Einbeziehung psychomotorischer Aktivierung und das gestaltete Gegenüber im ästhetischen Objekt eine dynamische Wechselbeziehung. Das Zufällige im Gestaltungsprozess wird zur Herausforderung in der Folgehandlung. Ähnlich haben auch Künstler*innen – wie beispielsweise Max Ernst oder Joan Miró – zufällig entstandene Spurenbildungen wie Kleckse, Frottagen, Abdrucke etc. auf der leeren Leinwand zum Anlass genommen, um damit in Dialog zu treten. Nicht die ungestaltete Fläche als leeres Blatt, sondern das Unbestimmte in der zufälligen Spur diente als Motivationsquelle, um die Barriere des Neuanfangs zu überwinden. In der Hinsicht ist die Einbeziehung des Zufälligen hilfreich, um sich in einen ästhetischen Gestaltungsprozess einzustimmen. Dahingehend können auch Aspekte wie Intuition und Inspiration als kreative Mobilisierungen aufgeführt werden. So heben viele Künstler*innen im Entstehen von Neuschaffungen dieses innere Erleben als etwas Drittes, als von Außen kommende Eingebung hervor – ähnlich einer spirituellen Erfahrung, aber auch als bildliche Verkleidung von Erkenntnisprozessen.

4.4 Spielerisches Handeln

Das Spiel bestimmt vielfach den Handlungsprozess des kreativen Tuns und schafft Bewältigungsstrukturen im scheinbar Zwecklosen. In seinen Briefen über die ästhetische Erziehung des Menschen hebt Friedrich Schiller die Bedeutung des Spielens hervor, und zwar als eine menschliche Leistung, die allein in der Lage ist, die Ganzheitlichkeit der menschlichen Fähigkeiten hervorzubringen bzw. »der Mensch spielt nur, wo er in voller Bedeutung des Worts Mensch ist, und er ist nur da ganz Mensch, wo er spielt« (Schiller 1795. In: Berghan 2000, S. 63). Auch Johan Huizinga (1938/39. In: Flitner 2009) hebt die Funktion des Spiels als kulturbildenden Faktor hervor. Für ihn ist das Spiel

> »eine freiwillige Handlung oder Beschäftigung innerhalb gewisser festgesetzter Grenzen von Zeit und Raum, die nach freiwillig angenommenen, aber unbedingt bindenden Regeln verrichtet wird, ihr Ziel in sich selbst hat und begleitet wird von einem Gefühl der Spannung und Freude und einem Bewusstsein des Andersseins als das gewöhnliche Leben« (Huizinga 1972, S. 34).

Diese spielerischen Verhaltensweisen als sogenannte Selbstorganisation können sich im Laufe der Zeit über Ritualisierungen verfestigen bzw. zu ›eingespielten‹ Regeln werden.

Im Rahmen der heilpädagogischen Förderung kommt dem Spiel eine besondere Bedeutung zu, und zwar im Rahmen der Entwicklungsförderung. Allgemein wird aufeinander aufbauend in der kindlichen Entwicklung unterschieden nach dem

Funktionsspiel, dem Konstruktionsspiel, dem Fiktionsspiel, dem Rollenspiel und dem Regelspiel. Gefördert werden dadurch beispielsweise die Wahrnehmung, Ausdauer und Konzentration, Problemlösungsverhalten, logisches Denken und die Merkfähigkeit, aber auch Kommunikation, soziale Fähigkeiten und das Selbsterleben. Das heilpädagogisch-kunsttherapeutische Setting kann in diesem Zusammenhang viele Möglichkeiten der Anknüpfung an diese Spielaspekte umfassen.

Gleichzeitig kommt dem Spiel im therapeutischen Setting gerade in der Kommunikationsanbahnung und im Aufbau eines vertrauensvollen Miteinanders im Spiel eine besondere Bedeutung zu. In einer Darlegung zur Entwicklung von Übergangsphänomenen und Übergangsobjekten hat Donald Wood Winnicott (vgl. 1973) auf das Schnörkelspiel verwiesen. Im gleichwertigen Miteinander wird ein zufällig gezeichneter Schnörkel im Wechsel zwischen Therapeut*in und Klient*in einander weitergereicht, vervollständigt und in der Projektion des Dargestellten benannt. In der Hinsicht sieht Winnicott auch eine therapeutische Bedeutung im gelungenen Spielprozess zwischen Therapeut*in und Klient*in als Beziehungsverhältnis.

Bereits in den 1950er Jahren hat Hans Scheuerl (vgl. 1979) für das Wesen des Spiels ein ›Entrücktsein vom aktuellen Tagesgeschehen‹ bzw. ein ›völliges Aufgehen in der momentanen Tätigkeit‹ hervorgehoben. Es ist dieses Gefühl eines Einsseins mit sich und der Welt im Spiel, das Mihály Csíkszentmihályi (vgl. 1995; 2010, S. 69) als das Eintreten in ein Flow-Gefühl bezeichnet hat, einhergehend mit voller Konzentration auf das Handeln und dem Gefühl der Kontrolle im Einklang mit den Anforderungen und Fähigkeiten. Im Hinblick darauf fasst Siegbert A. Warwitz das Flow-Gefühl in einer empirischen Untersuchung bei verschiedenen Altersstufen wie folgt zusammen: Das »Urbild des Menschen im Flow ist das spielende Kind, das sich im glückseligen Zustand des Bei-sich-Seins befindet« (Warwitz 2001, S. 206). Das Spiel bietet eine Möglichkeit vollkommen im Tätigkeitsfeld aufzugehen und im positiven Resonanzbezug zum eigenen Handeln zu stehen.

Aus entwicklungspsychologischer Sichtweise hat Winnicott (vgl. 1973) die frühen Ablösungsprozesse des Kindes von der Mutter im Aufbau neuer Objektbeziehungen untersucht. Er hat den Begriff des Übergangsobjektes geprägt, das nicht als Ersatzobjekt fungiert, sondern als Aneignungsobjekt in der synthetisierenden Denkleistung der Übergangsfunktion bzw. in ihrer unbewussten Anwendung. Das Übergangsobjekt wie einen Deckenzipfel u. Ä. kann in der kindlichen Entwicklung ausgehend vom Übergangsphänomen zum Tröster in der Trennung von der Mutter werden und damit zu einem primären Aspekt im Aufbau von Objektbeziehungen. Im therapeutischen Prozess hat Winnicott das Schnörkelspiel als freie Kritzelei in seiner assoziativen Besetzung u. a. benutzt zur Aufdeckung von Objektbeziehungen und Objektverwendungen, insbesondere der Übergangsobjekte. Über dieses abwechselnde Schnörkelspiel wird im therapeutischen Setting ein Übergangsraum als ›intermediärer Erfahrungsbereich‹ geschaffen, der zur Einleitung verbaler oder gestischer Kommunikation führen soll. Bezogen auf den ästhetisch-gestalterischen Ausdrucksprozess kann auch von Übergangssymbolen (vgl. Hampe 1999a, S. 120 ff.) gesprochen werden, und zwar in Bezug auf die Symbolebene in der Vermittlung von Übergängen in Objekt- und Selbst-Repräsentanzen. In ihnen können gleichfalls Erinnerungsbilder des frühen Einigungsprozesses wiederauftauchen. Sie sind narzisstisch besetzt und damit Ausdrucksformen narzisstischer Objektbeziehung. Im Hinblick auf frühe Entwicklungsprozesse ist zu bedenken, inwieweit diesen spielerischen ästhetisch-gestalterischen Prozessen nicht nur eine aufdeckende, sondern auch eine verarbeitende Funktion in der Reorganisation, Differenzierung und Integration von Lebenserfahrung zukommen kann bzw. eine Brückenfunktion in der Schaffung von Übergängen zu Neuanfängen und der Transformation von Vergangenem als zyklischen Prozess. Dies betrifft auch Bindungsproblematiken, die auf frühe Beziehungspersonen zurückverweisen und allgemein ein sicheres, unsicher-vermeidendes, unsicher-ambivalentes oder ein desorientiertes/desorganisiertes Verhalten zur Folge haben können (vgl. Bolwby 1982; Ainsworth et al. 1978; Julius 2001a, S. 176, 2001b.). Wenn unter dem Aspekt von dem Aufbau von Übergangserfahrungen mittels des ästhetischen Spiels und Ausdrucks gesprochen wird, so geht es gleichfalls um den Aufbau von sozialen Fähigkeiten und Fertigkeiten im Rahmen einer tragenden Beziehung.

4.5 Ressourcenorientiertes Handeln

In der Heilpädagogik als auch der Heilpädagogischen Kunsttherapie wird von einem ressourcenorientierten Handeln ausgegangen, d. h. von der Sichtbarmachung innerer Erlebniszusammenhänge in ihrem positiven Kontext. Dazu gehört gleichfalls das koenästhetische Erleben, das Einssein, wie es im pränatalen Zustand besteht (vgl. Grunberger 1982). Es ist bezogen auf primäre Erlebnisstrukturen, die neurowissenschaftlich von Antonio Damasio mit dem Kernselbst umrissen werden (vgl. Damasio

2001; 2004), d. h. mit körperlich verankerten Interaktionsprozessen von dem frühen Wachstum im Mutterleib ausgehend. In Anlehnung an implizite Erinnerungsspuren, wie sie in der körperlichen Erfahrung eingebunden sind, können neue Zugänge in der Bewältigung von Alltagserfahrungen gefunden werden. Unbewusste Erlebnisgehalte des Geborgenheitsgefühls und des Wohlbefindens, die sich mit sekundären Erlebnisstrukturen verbinden, sind mit diesen inneren Bildern früher Erlebnisinhalte vermittelt. Demnach sind elementare Erlebnisprozesse des Wachstums und der möglichen Wachstumsbeeinträchtigung mit der Anlegung eines sogenannten Kernselbsts als implizites Leibgedächtnis, als grundlegendes Interaktionsmuster (vgl. Lorenzer 1972), verbunden. Im Resonanzverhältnis des aufeinander Bezogenseins im Interaktionsprozess sinnlich-unmittelbaren und sinnlich-symbolischen Erlebens formt sich die Neuroplastizität des Gehirns. Die neuronale Grundlage des Selbst ist nach Damasio (vgl. 2004, S. 313 ff.) in der Reaktivierung von zwei Kategorien bestimmt: von der Repräsentation von Schlüsselereignissen in der Autobiografie des Individuums und von Urpräsentationen des Körpers. In Hinblick darauf bildet die kollektive Präsentation des Körpers die Grundlage für einen Begriff des Selbst bzw. ist auf die neuronale Verankerung von Emotionalität und Körper bezogen. Mit dem Körper als Grundreferenz ist Bewusstsein an innere Erlebensprozesse geknüpft, die das ›Körper-Selbst‹ als vorsprachliche Form des ›gefühlten Kernselbst‹ bedingen (vgl. Damasio 2001). Das innere Referenzsystem formt die Repräsentation des Selbsterlebens bzw. auch die Repräsentation innerer Bilder in der Beziehung von Emotionalität und Embodiment (vgl. Storch et al. 2006). Wenn Gerald Hüther (vgl. 2004) von den inneren Bildern als mögliche Ressource unbewusster Muster eines positiven Selbsterlebens spricht, so wird in dem Zusammenhang ein unbewusstes Potential angesprochen, das über ästhetische Gestaltungsprozesse aktivierbar ist.

Im Gestaltungsprozess können unbewusste Wandlungsprozesse als Ressourcenaktivierung wirksam werden, und der ästhetisch-gestalterische Interaktionsprozess kann eine sinnstiftende Stimulanz erlangen. Gleichzeitig geben die Gestaltungsprozesse Auskunft über das Selbsterleben im Kontext von Erfahrungsdimensionen. Positiven Vorstellungsbildern kommt in dem Zusammenhang eine wesentliche Rolle in Wandlungsprozessen zu bzw. sie bieten Orientierung in der Neuausrichtung. Allgemein lassen sich Ressourcen nach intra- und interpersonellen sowie externen Ressourcen unterscheiden (vgl. Willutzki & Teismann 2013, S. 4 ff.). Diese können im Rahmen von ästhetischen Gestaltungsprozessen aktiviert und genutzt werden, um Lebensausrichtungen positiv zu beeinflussen. Das gestaltete ästhetische Objekt kommt in der Hinsicht eine Trägerfunktion zu, d. h., es symbolisiert diese positive Ressource im sinnlich-konkreten Objektbezug und macht sie handhabbar.

4.6 Heilpädagogische Förderung

Der heilpädagogische Ansatz basiert auf der Entwicklung von Förderkonzepten für Klientengruppen in unterschiedlichen Lebenslagen. In Anlehnung an die Heilpädagogik als Handlungswissenschaft umfasst es die Diagnostik, Förderplanerstellung, Umsetzung von Förderkonzepten, aber auch die Beratungsarbeit mit Bezugspersonen sowie die Evaluation des heilpädagogischen Handelns. Es schließt die Erstellung von Fördergutachten und die Untersuchung von Kompetenzen als auch von sozialen Netzwerkbezügen mit ein. Folglich setzt es ein diagnostisches Wissen und die Anwendung von Methoden und Testmaterialien voraus. Im Hinblick auf einen ressourcenorientierten Ansatz beinhaltet es, von bestehenden Kompetenzen ausgehen und individuellen Defiziten über den Förderansatz begegnen zu können. Die Förderung von Entwicklungsmöglichkeiten des*der Einzelnen in den jeweiligen sozialen Kontexten und die Stärkung sowie Unterstützung von Teilhabe soll für Kinder, Jugendliche, Erwachsene und Senior*innen mit entsprechenden Bedarfen im Rahmen gesellschaftlicher Bezugssysteme ermöglicht werden. Unter dem Gesichtspunkt umfasst die Förderung den Aufbau von tragfähigen Beziehungen in der Entwicklung und Ausdifferenzierung von Kompetenzen. Sie beinhaltet auch, Selbstwirksamkeit und die Unterstützung von Selbstwertgefühlen zu erfahren. In die heilpädagogische Förderung sind also Diagnostik und Beratung einzubinden, um im wechselseitigen Prozess der Entfaltung von Kompetenzen und im Bezugsfeld der sozialen Umwelt mittels Bildung, Assistenz und fördernder Begleitung eine Stabilisierung, Integration und Partizipation zu bewirken (vgl. Biewer 2009; Haeberlin 2005; Greving & Ondracek 2005; Schwab & Theunissen 2009). In diesem Kontext geht es u. a. um Wahrnehmungsförderung und sensorisch-integrative Förderung, eine Stärkung und Weiterentwicklung möglicher Kompetenzen.

In der Vernetzung mit dem körperlichen Erleben ist der Aspekt der sensomotorischen Förderung bezogen auf Sinneswahrnehmungen und Bewegungsfähigkeit einzubeziehen. Mit Sensomotorik wird ein Zusammenspiel der Sinneswahrnehmung und Bewegungsfähigkeit bezeichnet. In der sensomotorischen Entwicklung des Kindes kann in den frühen Lebensjahren eine Störung in der Informationsverarbeitung vorliegen. Dies zeigt sich in den frühen Handlungsabläufen sensorischer, emotionaler und motorischer Aktionen, bei denen es zur sensorischen Integration in der Verarbeitung von Sinnesinformation bzw. zu neuronaler Verarbeitung kommt. Bei sensomotorischen Dysfunktionen kann über gezielte Förderung in der Aktivierung spielerischer Handlungs- und Wahrnehmungsabläufe und deren Koordination bereits frühzeitig gegenüber den auftretenden Sekundärfolgen vorgebeugt werden.

Über die Heilpädagogische Kunsttherapie in der multimodalen Verknüpfung mit heilpädagogischen Förderungsansätzen lässt sich folglich über spielerische gestalterische Interventionen eine personenzentrierte Aktivierung ermöglichen. Bedingt durch die Nutzung von sinnlich stimulierenden Materialien einerseits und die Einbeziehung spielerischer Handlungsformen andererseits wird einem gestalterischen Prozessmodell gefolgt, das spurenbildend ist und auf Beziehungsdynamik basiert. Es können die verschiedenen Sinneskanäle angesprochen und einbezogen werden, wobei eine subjektzentrierte Ansprache im Vordergrund steht. Im Hinblick darauf beinhaltet es auch eine Einbeziehung und Weiterführung des Ansatzes von A. Jean Ayres (2013), indem Kinder lernen, individuell dosierte Sinneseindrücke nach ihrem eigenen Tempo aufzunehmen und zu verarbeiten. Ein spielerischer Ansatz in der Förderung und Aktivierung bewirkt eine mehr lustbetonte Einstimmung auf verschiedene Interventionsansätze, ohne als reine Übungshandlung einen geringeren

Aufforderungscharakter zu haben. Aspekte wie Entwicklungsbegleitung, Persönlichkeitsförderung, Verhaltensmodifikationen, psychomotorische Ansätze etc. lassen sich im personenzentrierten Handlungskonzept, das auf ästhetisch-gestalterischen Spielformen basiert, einbinden. In dem Zusammenhang sind die ästhetischen Medien hilfreich, da ein selbstbestimmtes Handeln grundlegend ist.

Auch in der sprachlichen und auf kommunikative Kompetenz ausgerichteten Förderung kann dem Ästhetischen eine Brückenfunktion zukommen. Sie beinhaltet gleichfalls ein interdisziplinäres Arbeiten, indem multimodale Aspekte in die Förderung einbezogen werden können. Neben dem sensomotorischen Handeln ist es das rhythmische, sprachbegleitende und stützende Tun, das auch in einer Netzwerkarbeit mit Eltern und Familienmitgliedern einfließen kann. Diese handlungsorientierte Konzeptbildung ist klienten- bzw. subjektzentriert. In der Evaluation mittels Beobachtungsprotokollen, Testverfahren u. a. zur Wirksamkeit und Qualität der Förderung im Rahmen von abgestimmten Interventionsformen können die durchgeführten Maßnahmen nachverfolgt werden und als praktikable Modelle in organisatorisch-institutionellen Kontexten eine Verankerung finden.

Allgemein ist heilpädagogisches Handeln in Einzel- oder Gruppensettings auf die Einbeziehung unterschiedlicher methodischer Interventionen ausgerichtet, d. h. auf Wahrnehmungsförderung und sensorisch-integrative Förderung, basalpädagogische Aktivierung und Förderpflege, Spielförderung und heilpädagogische Spieltherapie, Elemente aus dem Psychodrama, heilpädagogische Entwicklungsbegleitung, heilpädagogische Übungsbehandlung, heilpädagogische Persönlichkeitsförderung, Verhaltensmodifikation, Psychomotorik und Rhythmik, Werken, Gestalten und Musizieren, Sprach- und Kommunikationsförderung, aber auch tiergestützte Förderung u. a. In dem Zusammenhang ist zu problematisieren, was mittels der Heilpädagogischen Kunsttherapie übergreifend geleistet bzw. was auf der spielerischen Ebene multimodal aktiviert und gefördert werden kann.

4.7 Projektive Verfahren

In der Heilpädagogischen Kunsttherapie dominieren Sinneswahrnehmungen bzw. das Bildnerische als Ausdrucksform. Dieses wird zum Träger von emotionalen Empfindungen, zur Projektionsfläche von Übertragungen und zugleich zum Objekt im Gestaltungsprozess. Als Objekt beinhaltet dies zugleich eine Containerfunktion, in der abgespaltene und abgewehrte Erfahrungen eine transformierte Gestalt erhalten können und damit handhabbar werden. Diese Projektion von Erlebnisinhalten und Unzugänglichem ermöglicht eine Verschiebung von belastenden biografischen Erlebnissen und Deutungen.

Auch in den projektiven Testverfahren wird mit der bildlichen Projektionsfläche und ihrer Deutung gearbeitet. In den Gestaltungsprozessen werden unbewusste Erlebnishorizonte objektiviert und in der bildnerischen Gestalt zu einem Gegenüber, über das Formen der Integration und Bewusstmachung möglich werden. Es ist gleichfalls die spielerische Dimension, mittels der gewandelte Zugänge geschaffen werden. Der bildnerische Ausdruck in der spontanen Zeichnung, im Setting des Figurenspiels wie im Sand- oder Scenokasten, Plämokasten oder Lego-Play kann hilfreich sein zur Entwicklungsdiagnostik, Beratung und Förderung. Diese gestalterischen Verfahren ermöglichen veränderte Zugänge zum Individuum und beinhalten zugleich eine Verarbeitungsform innerer Erlebnisinhalte. Aus der erfahrungsbezogenen Deutung der Gestaltungen als Baum, Haus, Mensch, Tier oder in der figürlichen Aufstellung im gesetzten Rahmen werden Musterbildungen deutlich, mit deren Assoziationen subjektzentriert weitergearbeitet werden kann. Die verschiedenen Zeichentests bilden in der Hinsicht ein projektives Raster, das vielschichtige Zugangsmöglichkeiten und erweiterte Verstehensformen zu Klient*innen bereitstellt.

Die projektiven Verfahren bilden eine ergänzende Herangehensweise der heilpädagogischen Diagnostik, die sowohl Eingangs- als auch Verlaufsdiagnostik umfasst und von einem ressourcenorientierten Förderansatz geprägt ist. Es geht weniger um das Erfassen defizitärer Aspekte als vielmehr um ein Verstehen von möglichen Kompetenzen und Ressourcen in ihren Entwicklungsmöglichkeiten. Von daher steht ein ganzheitliches Erfassen des*der Klient*in bezogen auf biografische und soziale Kontexte im Vordergrund. Neben standardisierten Testverfahren wird mit diagnostischen Verhaltensbeobachtungen gearbeitet, zum einen in der Wahrnehmung und im Verstehen der subjektiven Besonderheit des*der Klient*in in seinem*ihrem Umfeld und zum anderen in der Wirksamkeit der angewandten Methode. Standardisierte und projektive Verfahren können einander ergänzen bzw. erweitern den Subjektzugang. Es geht sowohl um Eingangs- und Verlaufsdiagnostik als Status- und Prozessdiagnostik, aber auch darum Orientierungen in den beruflichen Handlungsprozessen einzuleiten und zu begleiten. Methodische Vorgehensweisen beinhalten beispielsweise die diagnostische Gesprächsführung im Sinne der Anamnese und Exploration, diagnostische Verhaltensbeobachtung und -analyse bezogen auf Verhaltens- und Entwicklungsinventare, psychodiagnostische Verfahren hinsichtlich Leistungs-, Entwicklungs- und Persönlichkeitstests sowie projektive Verfahren. Also umfasst eine heilpädagogische Diagnostik gleichermaßen das Wahrnehmen, Verstehen und Handeln. Sie ist einzelfallbezogen unter Berücksichtigung subjektiver Ziele des*der Klient*in mit den biografischen Prägungen und sozialen Bezügen. In Anlehnung an die Internationale Klassifikation der Funktionsfähigkeit, Behinderung und Gesundheit (ICF), die von der Vollversammlung der Weltgesundheitsorganisation (WHO) verabschiedet worden ist, tritt Behinderung in der diagnostischen Erhebung aus den Kontext einer Stigmatisierung, während die Fähigkeiten des beeinträchtigten Menschen in seinen unterschiedlichen Daseinsdimensionen wahrgenommen werden. Dies führt zu einem Paradigmenwechsel, der die Heilpädagogik bzw. auch die Heilpädagogische Kunsttherapie nachhaltig herausfordert.

4.8 Biografiearbeit

Lebensprozesse im Kontext der Biografie zu verstehen, nimmt eine besondere Bedeutung in der Heilpädagogischen Kunsttherapie ein. Es beinhaltet einen Zugang zum Zustandsbild im Kontext von Wandlungsformen bezogen auf Wachstums- und Reifungsprozesse, d. h. von der vorgeburtlichen zur frühen Kindheitsphase, der Entwicklung vom Kind zum Jugendlichen und jungen Erwachsenen bis hin zu Entwicklung vom Erwachsenen zum*zur Senior*in mit Phasen der Ablösung. Es handelt sich um Übergänge, die Brüche aufweisen können und der Aufarbeitung bzw. Begleitung bedürfen. In dem Zusammenhang wird auch von Übergangsritualen gesprochen (vgl. Gennep 1986), die heutzutage vielfach noch profanisiert wahrnehmbar sind. Dies bezieht sich u. U. auf die Taufe, also auf die Annahme als Familienmitglied, die frühe Kindheitsphase mit dem Eintritt in eine Kita oder Vorschule, die Einschulung in die Primarschule in der Kindheitsphase, den Schulwechsel zur Sekundarstufe I in der Latenzphase, den Schulabschluss in der Adoleszenzphase mit Erhalt des Wahlrechtes, möglicherweise des Führerscheins, die Ausbildungsphase mit Abschluss im jungen Erwachsenenalter, Heirat bzw. Partnerschaft mit gemeinsamer Wohnung bis hin zum Lebensende mit dem Tod. Rituale dienen dazu, die kritischen Phasen des Überganges im Abschiednehmen vom Alten und der Annahme des Neuen zu begleiten.

Heutzutage sind Familienverbände vielfach instabil geworden, Trennungen und Scheidungen bilden keine Seltenheit mehr. Zudem kann es frühzeitig zu Verlusterfahrungen durch Krankheit- und Todesfall kommen, weiterhin zu Migration und Verlassen der Heimat und damit zur Aufgabe von familiären Bindungen sowie zu einem Wechsel von der gewohnten Lebensatmosphäre in eine fremde beispielsweise durch Heimunterbringung, in eine Pflege- oder Adoptionsfamilie oder in eine Seniorenunterkunft, die alle ein Abschiednehmen und eine Akzeptanz des neuen Lebensraums im Durchlaufen von Trauerphasen beinhalten.

Das Genogramm als eine Art Familienstammbaum, die Lebenslinie mit entscheidenden freudigen oder belastenden Erlebnissen, das Familien- und Netzwerksystem, das Tagebuch, das Lebensbuch etc. sind Möglichkeiten biografische Einschnitte aufzuarbeiten. Dazu bedarf es der Begleitung und Unterstützung, wobei unterschiedliche Aspekte einen ressourcenorientierten Rückblick und Ausblick in die Zukunft geben. Der ästhetisch-gestalterischer Ausdruck ermöglicht einen visuellen Träger zu finden, der kreativ bearbeitet werden kann. Aus anderen Studien ist bekannt, dass eine direkte Auseinandersetzung mit Problemfällen in der Kontinuität eine größere Effizienz aufweist als ein problemvermeidendes Bearbeiten. Gerade in der gestalterischen Auseinandersetzung lassen sich kreative Bewältigungsstrategien finden, die auch eine Stärkung des Immunsystems bewirken können. Untersuchungen zum expressiven Schreiben (vgl. Horn et al. 2015, S. 218 ff.) haben auf das Erleben von Selbstwirksamkeit in der Selbstregulation von Emotionen verwiesen mit Erhöhung emotionsregulierender Ressourcen im Rahmen eines schützenden Settings. In der gestalterischen Auseinandersetzung mit belastenden Erlebnissen und emotionalen Anforderungen kann es in der Kontinuität der Aktivierung gestalterischer Ausdrucksformen, d. h. in prozesshaften Zeitintervallen, zu einer Entwicklung von Copingstrategien kommen. Es ist die kreative Begegnung und Konfrontation im ästhetisch-gestalterischen Handlungsprozess, die zu veränderten Verarbeitungsprozessen in einem geschützten Setting führt.

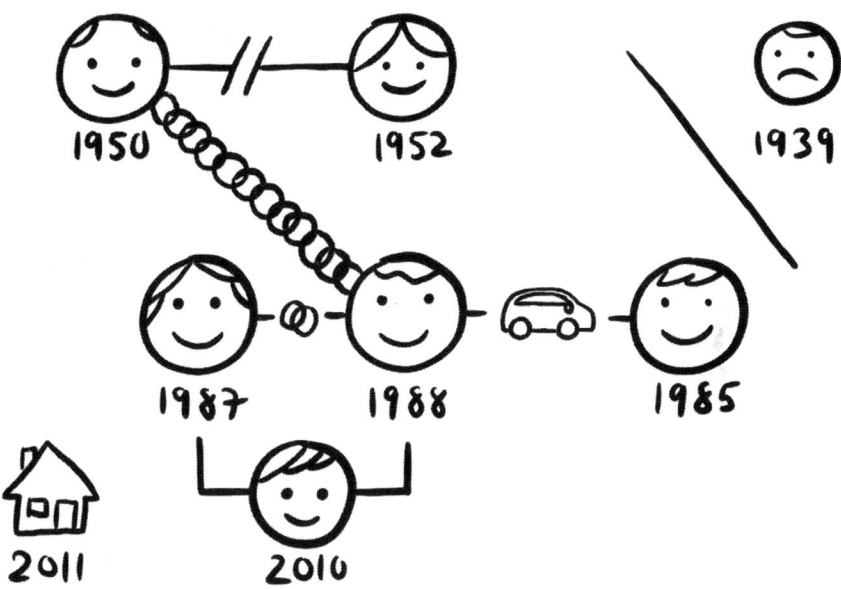

Auch eine sinnliche Anreicherung im Transfer auf ein anderes ästhetisches Medium vermag ein wesentliches Moment einzunehmen, in dem Vorstellungsbilder im Kontext von früher gebildeten sensorischen Repräsentanten als Erinnerungsbilder aktiviert werden. Dabei kommt es zu einer Verdichtung emotionaler Gedächtnisrepräsentanten, wobei der Körper als Grundreferenz im Sinne einer Embodiment-Theorie (vgl. Storch et al. 2007) fungiert. Die ästhetische Transformation ist einem innerpsychischen Verarbeitungsprozess in der Repräsentation innerer Bilder als Ressource und Resilienzfaktor angeschlossen. Darüber kann das Immunsystem gestärkt werden, wie es Studien zum psychischen Immunsystem belegen (vgl. Menning 2014; Schubert 2011). Im Hinblick darauf wäre auch von einem Gesundheitshandel als ästhetischer Kategorie auszugehen, um ein verändertes Verständnis von Lebensgestaltung und Lebenserhaltung zu entwickeln. Sinnlich-unmittelbares und sinnlich-symbolisches Handeln ist auf Sinnüberschuss in der Interaktionspraxis bezogen, was einen symbolischen Tausch von Mensch und Natur, Mensch und Kosmos mittels Aktivierung innerer Bilder und Selbsterlebens unterstützt bzw. Raum gibt für Intuition und Spiritualität.

Weiterhin können mit Karten bzw. auch digital mit dem Programm Talking Mats (vgl. 2018) besondere Präferenzen erarbeitet werden, d. h. im Legen von Symbolkarten zu positiven, negativen als auch unschlüssigen Aspekten, wie bezogen auf den

Freizeitbereich, eigene Kompetenzen, aber auch Wünsche, Ziele etc. Forschungen haben ergeben, dass diese Methode auch für Menschen mit Beeinträchtigungen und unterschiedliche Altersgruppen im nonverbalen Zugang hilfreich ist. Persönliche Anliegen einer Person können damit ermittelt und biografische Ausrichtungen zugänglich werden. Damit kann gleichfalls eine Akte zur betreuten Person in Institutionen gehaltvoller werden, da sie den Mitarbeiter*innen eine vertiefte Einsicht in die jeweilige Person ermöglichen, auch wenn sich diese nicht direkt sprachlich mitzuteilen vermag. Weiterhin dient es der Kommunikation, die ein mehr an Informationen in der Wahlmöglichkeit und ergänzenden Kartenanreicherung zu geben vermag.

4.9 Emotionale Selbstwahrnehmung

Die Kompetenz eines Menschen, seine Stimmungen, sein emotionales Befinden, seine Bedürfnisse zu verstehen, einzuschätzen und zu akzeptieren gehört zu den Aspekten und Merkmalen emotionaler Selbstwahrnehmung (vgl. Goleman 2007).

Emotion und taktile Wahrnehmung

Die Entwicklung der kognitiven Kompetenz Emotionen zu differenzieren und dafür Begriffe bilden zu können, steht in engem Zusammenhang mit der taktilen Wahrnehmung. Der Tastsinn ist entwicklungspsychologisch nach dem Hörsinn einer der frühesten und wichtigsten Bausteine zur Bildung geistiger Begriffe. Die aktive Berührung durch Hände, Finger, Lippen und Zunge ist der primäre Wahrnehmungsmodus des Säuglings in den ersten Lebensmonaten. Ob es die eigenen Extremitäten, die Hände der Mutter oder ihm gereichte Objekte sind, alles wird zunächst oral erforscht.

Auf diese Weise lernt der Säugling partiell den eigenen Körper, aber auch Strukturen und Oberflächenbeschaffenheiten der ihn umgebenden Dingwelt kennen. Bei diesen Erfahrungen interagieren mehrere Sinnesmodalitäten gleichzeitig. Mit wachsender motorischer Kompetenz erweitert der Säugling seine manuellen Kontrollmöglichkeiten. Es ist ihm möglich Dinge zu halten, zu drehen und aus verschiedenen Positionen zu betrachten (Siegler et al. 2011, S. 186).

Durch das enge Zusammenspiel von körperlichem motorischem Agieren und taktilen Erfahrungen findet im weiteren Verlauf der kindlichen Entwicklung die Sprachentwicklung statt. So kann eine Zuordnung von Emotion und geistiger Begrifflichkeit erfolgen. Dieses gilt auch für die Bildung der Begriffe des emotionalen Ausdrucksrepertoires.

Gerade in der ersten Lebensphase, wenn das Kind beginnt, sich bildnerisch auszudrücken, ist das Zusammenspiel der Sinneseindrücke besonders intensiv und der taktile Eindruck von immenser Bedeutung.

»Ihr Auge siehet, wie ihre Hand fühlet. Die Natur geht noch immer, wie sie mit dem ganzen Geschlecht ging, vom Fühlen zum Sehen, von der Plastik zur Piktur« (Herder 1778, S. 100).

Sehen und Fühlen – Kreuzmodale Wahrnehmung

Wenn ein Objekt in die Hand genommen und betrachtet wird, sind während dieses Prozesses Tast- und Sehempfindungen eng miteinander verbunden und ergänzen einander. In vielen aktiven Zusammenhängen, die Erwachsene und Kinder im Alltag erleben, sind gleich mehrere Sinne im Einsatz. Dieser Prozess heißt »intersensorische Koordination« oder »kreuzmodale Wahrnehmung«. Durch das Zusammenspiel der verschiedenen Sinneswahrnehmungen (sehen, hören, tasten etc.) wird es möglich, »Objekte als einheitlich wahrzunehmen und nicht in einer Welt separierter Empfindungen zu leben« (Dornes 2004, S. 43). Die Fähigkeit der Koordination der einzelnen Sinneswahrnehmungen und der Übersetzung von einem Bereich in einen anderen ist bereits von Geburt an vorhanden (Dornes 2004, S. 47). Noch bevor das Kind sprachliche Kompetenzen erworben hat, ist es in der Lage, unterschiedliche formale Qualitäten sinnlich zu erfassen und zu unterscheiden. Der Prozess der sinnlichen Wahrnehmung von formalen Strukturen und Mustern steht in dem Moment, wenn er sich ereignet, in Verbindung mit der Empfindung emotionaler Qualitäten. Daniel Stern bezeichnet diese dynamischen Aspekte des Erlebens als »Vitalitätsaffekte« oder »temporale Gefühlsgestalten« (Stern & Vorspohl 2011, S. 16).

Bedeutung haptischer Materialien, deren Ausdrucksqualitäten sowie ihre Verbindung zur konkreten bildnerischen Form

Auch für den bildnerischen Ausdruck an sich und für die bildnerische Rezeption hat das Phänomen der kreuzmodalen Wahrnehmung große Bedeutung.

> »Das Bindeglied zwischen Kinderzeichnung und Kinderplastik ist die Kinästhesie, die beiden ästhetischen Äußerungsformen gemeinsam ist. Körpergefühl und haptisches Begreifen gehören zusammen. Die begriffliche Verwandtschaft von Be-fühlen und Ge-fühl weist auf den grundlegenden Zusammenhang zwischen haptischem Sinn und dem Gefühlsleben des Menschen. [...] kinästhetische Reaktionen werden ausgelöst durch taktile und haptische, wie auch durch visuelle Empfindungen« (Kläger 1995, S. 131).

Die besondere Qualität der plastischen Form an sich als auch die Möglichkeit, diese sowohl visuell als auch taktil zu erfassen, ermöglicht somit den direkten Kontakt zu emotionalen Empfindungen. Neben den rein formalen Aspekten von Materialqualitäten, wie z. B. Größe oder Gewicht, die als Bedingungsfeld für die endgültige Formfindung gelten, ist zu beachten, inwieweit sich taktile Qualitäten – wie z. B. hart, weich, klein, spitz, eckig, rund, kalt, warm usw. – mit emotionalen Ausdrucksqualitäten in Verbindung bringen lassen. In einer Schule für blinde Kinder in New York untersuchte Netta Dershowitz im Rahmen einer Studie mit blinden und schwer sehbehinderten Kindern das Phänomen der taktilen Rezeption von emotionalen Ausdruckseigenschaften. Dershowitz verwendete hierfür flache und räumliche Figuren mit besonders expressivem Charakter, die sie zusammen mit Kunststudent*innen entwickelte und denen sie bestimmte Ausdruckseigenschaften zuordnete (▶ Abb. 2). Für die Untersuchung ordneten sowohl sehende Kinder mit verbundenen Augen, schwer sehbehinderte Kinder und blinde Kinder die von ihr ausgewählten Objekte durch taktile Erfassung den Ausdruckseigenschaften zu. Bemerkenswert an dem Ergebnis war vor allem, dass auch die von Geburt an blinden Kinder durch die taktile Wahrnehmung die entsprechenden Ausdruckseigenschaften erkennen und zuordnen konnten, obwohl sie nie eine vergleichende visuelle Erfahrung gemacht hatten (Dershowitz 1973, S. 343–355).

„Stolz" „Traurigkeit" „Ärger"

Abb. 2: Ungegenständliche Formen und ihre begriffliche Zuordnung zu Ausdrucksqualitäten, die bei visueller Wahrnehmung durch Sehende wie bei haptischer Wahrnehmung durch Geburtsblinde in analoger Weise geschieht (Dershowitz 1973, S. 343–355)

Ein wichtiges Ergebnis dieser Studien ist die Erkenntnis, dass durch die Einbeziehung einer zweiten Sinnesebene diese beiden Ebenen sich gegenseitig ergänzen und bestärken können.

Messinstrumente zur emotionalen Selbstwahrnehmung

Bei der Auswahl eines geeigneten Instruments zur Einschätzung des emotionalen Befindens ist die Berücksichtigung des Entwicklungsstands der Rezipient*innen wichtig. Ob eine Befragung gelingt, ist abhängig von einer präzisen, einfachen und am Verständnis des Kindes orientierten Fragestellung. Komplexere Fragestellungen können sich Kinder im Vorschulalter jedoch nur teilweise oder möglicherweise gar nicht erschließen. Kinder im Vorschulalter orientieren sich primär an unmittelbar wahrnehmbaren Ereignissen (Lohaus 2006, S. 14). Fragen, die sich auf weiter zurückliegende Zeiträume beziehen, können von den Kindern nicht nachträglich beurteilt werden. Die Fragestellungen sollten daher mit der aktuellen Situation des Kindes verknüpft sein.

Zwischen Sprachverständnis und Sprachproduktion kann bei jüngeren Kindern eine große Diskrepanz vorliegen. Dies bedeutet, dass das Kind die Frage zwar versteht, aber nicht in der Lage ist, sie entsprechend zu beantworten (Lohaus 1989, S. 131). Der Umfang verbaler Ansprüche an das Kind sollte geringgehalten werden. Daher sind bildnerische Antwortskalen ein geeignetes alternatives Antwortmedium.

4.9 Emotionale Selbstwahrnehmung

Im Zusammenhang medizinischer Themenkomplexe, beispielsweise bei der Frage nach subjektiven Schmerzempfinden, sind zur nonverbalen Beantwortung numerische Ratingskalen üblich. Die numerischen Werte erstrecken sich bei den meisten Skalen von 0 bis 10, wobei 0 synonym für »kein Schmerz« steht und 10 gleichbedeutend mit »stärkster vorstellbarer Schmerz« ist.

Um Kindern hier ein vergleichbares Instrument anbieten zu können, sind spezielle zweidimensionale, nonverbale, symbolische Ratingskalen entwickelt worden. Hierbei werden anstelle der numerischen Werte entsprechende Symbole eingesetzt. Am geläufigsten sind Skalen, auf denen die Symbole in Form von stilisierten Gesichtern mit unterschiedlichen Gefühlsqualitäten abgebildet sind. Zur zweidimensionalen Gesichterskala gibt es bislang nur sehr wenige dreidimensionale Alternativen, wie z. B. den »Poker Chip Pool« für Kinder mit kognitiven Beeinträchtigungen (Zernikow 2009, S. 61). Bereits für die erste bundesweite Befragung von Grundschulkindern zur Lebenszufriedenheit im Jahr 1980 wurden im Vorfeld unterschiedlichste zweidimensionale Skalen hinsichtlich ihrer Vor- und Nachteile getestet. Vorbereitend für den Einsatz bei der Befragung wurden unterschiedliche symbolische Abstraktionsgrade, Skalenlängen, verbale und nicht verbale Methoden sowie Befragungen ohne Skalen miteinander verglichen. Für die Altersgruppe Grundschulkinder erwies sich auch hier schon eine bildnerisch ausgerichtete symbolische Gesichterskala (▶ Abb. 3) als besonders geeignet. Hierbei stellten sich sowohl eine 5- als auch eine 7-Punkte-Gesichterskala als besonders gut einsetzbar heraus (Lang 1985). Für den Einsatz beim Kindersurvey gaben die Autoren Frank M. Andrews und Rick Crandall (1976) allerdings der 5-Punkte-Skala den Vorzug, um den Kindern ein leichteres Antworten zu ermöglichen. Bestätigt wurden die Autoren durch eine Untersuchung von R. Knaak und W. Rauer (1979), die ebenfalls eine 5-Punkte-Skala nutzten. Ihre Ergebnisse zeigten, »dass die zweite und vierte Stufe der Skala selten gewählt werden. Die Kinder machen also von den Differenzierungsmöglichkeiten nur wenig Gebrauch« (Lang 1985, S. 77). Die Anordnung der fünf horizontalen Gesichter wurde im Kindersurvey in zwei Varianten verwendet. In der ersten Variante war das traurigste Gesicht ganz links und das fröhlichste Gesicht ganz rechts (▶ Abb. 3). In der zweiten Variante war die Anordnung umgekehrt. Die Anordnung der Kategorien hatte nachweislich keinen signifikanten Einfluss auf die Ergebnisse (Lang 1985, S. 77).

Abb. 3: Gesichterskala nach Andrews und Crandall (1976) (gezeichnet von Gerrit Wigger)

Mit Hilfe einer Smiley-Analog-Skala wurde beispielsweise die Übereinstimmung zwischen der Selbsteinschätzung von definierten Schmerzzuständen bei Kindern und der Fremdbeurteilung dieses Schmerzes durch Eltern, Krankenpfleger*innen und Ärzt*innen untersucht. Zusätzlich wurden die Zusammenhänge zwischen

Stimmungslage des*der Patient*in und der von ihm und Fremdbeurteilern angegebenen Schmerzintensität gemessen. Die Ergebnisse der 111 Patient*innen zeigten eine große Übereinstimmung zwischen den Selbsteinschätzungen von Intensität und Dauer des Schmerzes und der Fremdbeurteilung durch alle drei Gruppen von Beobachter*innen. Sehr gut waren die Korrelationen hinsichtlich der Bewertungen von Kind und Eltern bei großer Schmerzintensität. Insgesamt wurde die Intensität des Schmerzes von allen drei fremdeinschätzenden Gruppen eher über- als unterschätzt, besonders bei den Eltern. Die Selbst- und Fremdbeurteilung von Schmerzen bei Kindern mit Hilfe der Smiley-Analog-Skala stellt ein wertvolles Hilfsmittel für die individuelle Schmerztherapie im klinischen Alltag dar (Jakobs & Rister 1997, S. 387). Die Bedeutung der Selbsteinschätzung versus Fremdbeurteilung wird dadurch bekräftigt. Zweidimensionale bildnerische Antwortskalen zur Einschätzung des emotionalen Befindens gehören ebenfalls zum etablierten Repertoire der Kinder- und Jugendpsychotherapie. Die Einschätzung des akuten Stress- und Spannungsniveaus, zum Beispiel in der Arbeit mit delinquenten Jugendlichen, kann anhand bildnerischer Symbole im Kontext eines therapeutischen Settings hilfreich sein, ein Resonanzobjekt für das eigene innere Befinden bestimmen zu können und darüber einen Gesprächsauftakt zu ermöglichen.

Vorzüge einer taktilen Ratingskala

Für die Entwicklung der Fähigkeit, das eigene Befinden zu bewerten, ist ein Erfahrungsfeld erforderlich, das nicht nur eindimensionale Wahrnehmungskomponenten zur Verfügung stellt. Die Bewertung von emotionalem oder körperlichem Befinden mit Hilfe zweidimensionaler Bilder oder abstrakten dreidimensionalen Objekten, wie z. B. Pokerchips oder unterschiedlich großen Kugeln ist für jüngere Kinder als problematisch anzusehen. »Abstrakt-formale Objekte sind mit dem Nachteil verbunden, dass sie zumindest von jüngeren Kindern möglicherweise nur unvollständig verstanden werden« (Lohaus 1989, S. 156).

Die figürlich-taktile Antwortskala

Eine Inspiration für ein zugängliches taktil-figürliches Instrument ergab sich aus der kunsttherapeutischen Arbeit der Autorinnen mit Kindern und Jugendlichen. Heilpädagogische Kunsttherapie ermöglicht selbstbestimmt zur Verfügung stehende Materialien auszuprobieren. Die hier beschriebenen Beobachtungen resultieren daher nicht aus direktiven Aufgabenstellungen, sondern aus eigenmotivierten Schaffungsprozessen der Kinder und Jugendlichen.

Fallvignette

P., 6 Jahre alt, modellierte im Rahmen eines offenen Kinderateliers eine Figurengruppe in Form einer »Hasenfamilie«. Beeindruckend war hier die Darstellung des körperlich emotionalen Ausdrucks bei jeder Figur (▶ Abb. 4).

Abb. 4: Hasenfamilie (6-jähriges Mädchen, Figuren aus Ton, erstellt im Kinderkurs der Malwerkstatt Münster)

Im Gespräch mit dem Mädchen bestätigte sich, dass ihr der »gute Laune« (Zitat P.) Ausdruck der Figuren wichtig war. Die positive Stimmung drückte das Mädchen in diesem Fall durch die expressive Körperhaltung ihrer Figuren aus. Das Kind modellierte jeder Hasenfigur mit einer aufwärts gerichteten Armhaltung.

Das Bedürfnis eine positive Emotion auszudrücken zeigt sich hier anhand formaler Aspekte der Figuren. Das taktil, visuell wahrnehmbare bildnerische Phänomen mag ein Indiz sein für die enge Verbindung zwischen Körper und Empfinden, welches bei Kindern im Vorschulalter eine Einheit bildet. »Kinder sind ihre Emotion, das, was sie bewegt, was Emotion (vom Lateinischen: emovere – bewegen) ursprünglich bedeutet« (Bucher 2008, S. 84). Der bedeutende Aspekt der Körperlichkeit ist bei einer dreidimensionalen bildnerischen Skala gegeben, ermöglicht somit einen ganzheitlichen Zugang und damit ein breites Spektrum sinnlicher Wahrnehmungs- und Auffassungsmöglichkeiten. Basierend auf den Ergebnissen von Netta Derschowitz (vgl. 1973) lassen sich spezifische formale Aspekte hinsichtlich der visuellen und haptischen Zuordnung von emotionalen Qualitäten nutzen. Im Zusammenhang einer sensorischen Beeinträchtigung ist dies von besonderer Bedeutung. Für eine Studie zur Evaluation der Beeinträchtigung der Lebensqualität von Vorschulkindern mit chronischen Augenerkrankungen wurde von der Autorin unter Berücksichtigung der beschrieben Aspekte eine spezifische dreidimensionale Skala entwickelt und eingesetzt (vgl. Wigger 2013) (▶ Abb. 5).

Zusammenfassend lässt sich festhalten, dass taktil erfassbaren Formen sowohl im Kontext einer Rating-Skala als auch im Rahmen dreidimensionalen bildnerischen Gestaltungen (vgl. Gräßer et al. 2017) ein wichtiger Zugang im non-verbalen Verstehen emotionaler Prozesse zukommt. Sie sind hilfreich, ein Verstehen über emotionale Erlebensprozesse von Kindern, Menschen mit Beeinträchtigungen, aber auch generell von Jugendlichen, Erwachsenen und Senior*innen als Zugangsdaten vor

Abb. 5: MOODMETER – dreidimensionale, fünfstufige Skala zur Einschätzung des Befindens

und nach entsprechenden kunsttherapeutischen Angeboten ergänzend zu sprachlichen Mitteilungen zu erhalten. Im Rahmen von Rating-Skalen wird damit eine allgemeine Zuordnung im Sinne eines Stimmungsparameters ermöglicht. Der Einsatz bildnerisch-haptischer Ratingskalen in heilpädagogischen Kontexten ist im Erstkontakt, in Phasen von Diagnostik und Behandlung und zum Abschluss und zur Evaluation der Behandlung/Förderung und Evaluation möglich. Besonders die dreidimensionale Skala kann als Gesprächsimpuls genutzt werden, wenn es Klient*innen schwerfällt, über Gefühle zu sprechen.

Die Fähigkeit des Menschen die eigenen Gefühle zu verstehen, einzuschätzen und zu akzeptieren ist die wesentliche Grundbedingung für die Fähigkeit zur Selbsteinschätzung und zur Selbstregulation. Es befähigt den Menschen eigene Bedürfnisse zu formulieren und an soziale Kontexte anzupassen.

> »Neuropsychotherapeutische Erkenntnisse unterstützen weiterführende Ansätze insofern, dass durch die Dauer, Wiederholung einer Auseinandersetzung mit Emotionen unter Fokussierung der Herausbildung neuer und positiver Gedanken positive Aktivitätsmuster in der hirnphysiologischen Verarbeitung ›gebahnt‹ werden und unbrauchbare, negative ›gelöscht‹ bzw. verringert werden können« (Ameln-Haffke 2014, S. 32).

Bezüglich der Verknüpfung von Emotion und Körper ist an dieser Stelle die phänomenologische Theorie von der »Verkörperung von Emotionen« nach Thomas Fuchs zu erwähnen. Fuchs weist darauf hin, dass »der fühlende und bewegliche Leib [...] das Medium [ist], durch das wir emotional auf die Welt bezogen sind« (Fuchs 2015, S. 15). Dieser Aspekt ist also nicht nur im ersten Lebensabschnitt von Bedeutung, sondern bleibt zeitlebens erhalten.

> »Durch Affektion und Emotion zeigen uns Gefühle zugleich, welche Bedeutung Personen oder Dinge für uns haben, was für uns wichtig ist und unserem Leben Sinn verleiht. Ohne Gefühl wäre die Welt ein Ort ohne Bedeutsamkeit, nichts würde uns ansprechen, interessieren, anziehen und motivieren« (Fuchs 2015, S. 18).

Die Befähigung zur emotionalen Selbstwahrnehmung ist also ein wesentlicher Baustein ganzheitlicher Förderung.

4.9 Emotionale Selbstwahrnehmung

Der norwegische Maler Edvard Munch malt im Jahr 1892 sein Bild »Der Schrei« (▶ Abb. 6), im gleichen Jahr entsteht ein Gemälde mit dem Titel »Melancholie«, 1896 entsteht das Gemälde »Angst«. Munch widmet seinen Ausstellungen Titel wie »Eine Reihe von Lebensbildern«. Anzumerken ist, dass Edvard Munch ein Maler mit existenziellen Erfahrungen ist wie Liebe, Tod, Verlust, Angst und Einsamkeit. Der Spannungsbogen zwischen Leid und Wonne findet Ausdruck in Werken des Künstlers. Im Vorwort des Kataloges der Ausstellung »Edward Munch: Die Grafik im Berliner Kupferstichkabinett« im Jahre 2003 ist zu lesen:

> »Edward Munch ist aktuell und damit zeitlos, ein Vertreter der Klassischen Moderne im besten Wortsinn, ein Künstler mit einem eigenen Bilderreich, das sich zwischen den Spannungspolen von regen inneren Seelenleben und immer wieder neu variierter, fast möchte man sagen: zyklischer Produktion ausdehnt. Eben ein Reich der Melancholie als Kunstprinzip« (Schulze Altcappenberg 2003, S. 7).

Dass das Kunstprinzip Edvard Munchs inzwischen in der Welt der Emojis und die seiner Nutzer*innen angekommen ist, hätte sich der Maler damals wahrscheinlich nicht träumen lassen. Sein Werk »Der Schrei« ist die Inspiration für das sogenanntes »Face Sreaming in Fear«-Emoji (▶ Abb. 7), das seit 2008 für Mitteilungen eingesetzt wird, um Wut auf etwas, Entsetzen über etwas oder Panik vor etwas auszudrücken (vgl. Ullrich 2019, 66 ff.).

Abb. 6: Der Schrei (Zeichnung Gerrit Wigger nach E. Munch)

Abb. 7: Face Screaming in Fear (emoji-Grafiken: © emoji company GmbH. All rights reserved)

Laut Ulrich wirken die Emojis mittlerweile auf die menschliche Mimik zurück. Es finden weltweite Gesichtskaraoke-Wettbewerbe statt. You-Tuber und Instergram-User verquicken mimische Gefühle, und es »entstehen vielleicht sogar Gefühlsinformationen, die es bisher noch gar nicht gab oder die als solche zumindest nie eigens erfasst worden waren« (Ullrich 2019, 67 ff.). Das Besondere daran ist der Aspekt einer universellen, zeichenhaften und emotionsbetonten Bildsprache, die bisher bahnbrechend ist; außerdem werden weiterhin neue Gefühlqualitäten kreiert. Für den kunsttherapeutischen Aspekt kann diese Entwicklung Fluch oder Segen sein. Zum einen ist der Umgang mit bildnerischem, ›projektivem‹ Material durch die Alltagspräsens der Emojis geläufig geworden, und dies könnte durchaus sinnvoll, individuell, kommunikativ und kreativ genutzt werden. Beispielsweise ließen sich aus dieser formale Bildsprache Impulse aufgreifen, um daraus eigene, emotionale Variationen zu kreieren, solche, die dem individuellen Gefühlsstatus entsprechen. In der Arbeit mit Jugendlichen oder jungen Erwachsenen könnte dies durchaus hilfreich sein. Zum anderen kann der inflationäre Gebrauch von Gefühlsbildchen auch die Gefahr bergen, eine emotionale Beliebigkeit zu erzeugen, die nichts mehr mit dem individuellen Erleben des*der Nutzer*in zu tun hat. Bezüglich des Aspekts der emotionalen Selbsteinschätzung, aber auch hinsichtlich des Verstehens von Bildern und der Kommunikation über Bilder sind diese Trends und Entwicklungen im Blick zu behalten.

4.10 Vom Ich zum Du zum Wir: Dialogische Einzel- und Gruppenarbeit

Das Thema »Ich und Du und Wir« greift sicher Aspekte aus vorangegangen Themen auf oder knüpft daran an. Es ist dennoch wertvoll, diesen Dreiklang im Rahmen nochmals gesondert hervorzuheben. Bezeichnet es doch auch u. a. die Wahl der Konstellation oder genauer des Settings der kunsttherapeutischen Förderung oder Begleitung. In pädagogischen oder therapeutischen Kontexten ist die Wahl, ob Einzel- oder Gruppenarbeit, zu überlegen und individuell abzuwägen. Im klinisch-psychiatrischen Kontext beschreibt das Einzelsetting u. a. den geschützten Rahmen, der notwendig ist, um einem*einer Patient*in mit einer schweren psychischen Belastung/Erkrankung und einem damit einhergehenden fragilen instabilen *Ich* die nötige Sicherheit, Stabilität und Aufmerksamkeit bieten zu können. Im pädagogischen Kontext wie Kindergarten oder Schule können Angebote mit dem Fokus auf das Ich im Rahmen von Einzelarbeit das Erleben von Stärken und Grenzen, von Fähigkeiten und Entdecken eigener, kreativer Lösungswege sowie das Erleben von Kontemplation und Achtsamkeit vermitteln. Die kunsttherapeutische Gruppe erweitert den Beziehungsraum, ermöglicht soziales Lernen und macht dieses sichtbar im gemeinsamen Bild oder Objekt. Gruppenspezifische Gestaltungsthemen ermöglichen die Gestaltung, Veränderung und Sicherung von gelungenen Interaktionsprozessen.

4.11 Lernen am Modell

In kunsttherapeutischen Settings sind Rückkoppelungsaspekte wirksam, die sich zum einen auf das Gestaltete und zum anderen auf die Container-Funktion der therapeutischen Assistenz beziehen. Zugleich ist bezogen auf die Entdeckung der Spiegelneuronen Resonanz- und Imitationslernen (vgl. Bauer 2007) von Bedeutung. Diese Interaktionsprozesse, die Gestaltungen begleiten, aber auch das Mitwirken des*der künstlerischen Therapeut*in in dem Verstärken und Initiieren von bildnerischen Ausdrucksformen, können Intensität und Stabilität hervorrufen. Mit der Entdeckung der Spiegelneuronen in den 1990er Jahren hat Giacomo Rizzolatti (Rizzolatti et al. 1996; 2004; 2008) Reaktionen auf zielmotorische Hand-Objekt-Interaktionen festgestellt, die zu einer Aktivierung von Handlungen mit emotionaler Färbung bei sozial-kognitiven Aspekten sowie zur Wiedererkennung von Handlungen beitragen. Demzufolge basiert emotionale Empathie und Nachempfinden auch auf visceromotorischen Reaktionen.

Im Hinblick darauf ist einerseits das Gestalten im Gegenüber (vgl. Hampe 1988a, S. 35 ff.; 1988b, S. 79 ff.) oder begleitend in größerer Distanz stets mit einem Mitschwingen und einer Kompetenzerfahrung verbunden. Dies betrifft insbesondere Anfangssituationen im Vertraut-Werden mit dem Material und dem Setting. Es geht um die Unterstützung von Kohärenzerfahrung oder, wie Aaron Antonovsky (vgl. 1979) es in seiner Theorie zum Kohärenzsinn *(sense of coherence, SOC)* an drei Komponenten festmacht, um ein Empfinden von Verstehbarkeit *(sense of comprehensibility)*, ein Empfinden von Beeinflussbarkeit *(sense of manageability)* und ein Empfinden von Sinnhaftigkeit oder auch Bedeutsamkeit des eigenen Handelns *(sense of meaningfulness)* als salutogenetischen Zugang. Im gestalterischen Prozess kann es zu einer Aktivierung von Erinnerungsspuren kommen im Sinne einer Aktivierung impliziter Gedächtnisspuren über rezeptive Resonanz. Dies bedingt eine Reaktivierung von Emotionen und Sinneserlebnissen, wobei unbewusste Wandlungsprozesse als Ressourcenaktivierung wirksam werden können. Das ästhetisch-gestalterische Erleben vermag in dem Zusammenhang die Funktion einer sinnstiftenden Stimulanz einzunehmen bzw. Resonanz und Gesundheitshandeln zu bedingen.

In dem gestalterischen Mitschwingen nach einer möglichen Anleitung verbunden mit einer Achtsamkeits- bzw. Körperentspannungsübung wird die heilpädagogisch-kunsttherapeutische Begleitung zum Modell in der Handhabbarkeit der Mittel und der Umsetzung von Ausdrucksformen, ohne diese durch besondere Fertigkeiten zu dominieren. Es geht vielmehr um ein Begleiten, das dem intermediären Geschehen folgt und ein Erleben eines sicheren Ortes stützt. In der Anteilnahme im Prozess der Begleitung kann ein vertiefendes Einlassen auf innere Impulse im Gestalten zugelassen werden. Allgemein erfordert es eine vertraute Umgebung und eine Offenheit in der Begleitung gegenüber aufkommenden Fragestellungen und gestalterischen Impulsen, d. h. im Sich-Einlassen auf innere Bilder und Emotionen um dem Gestalteten als Gegenüber entgegenzutreten.

4.12 Kommunikation und Teilhabe

Der Begriff der Teilhabe wird verstärkt mit der Inklusionsdebatte verknüpft. Es geht um gesellschaftliche Teilhabe auch für Menschen mit Beeinträchtigungen und allgemein bei sozialen Ausgrenzungen. Eine dafür notwendige Stützung kommunikativer Kompetenz zum einen in der Ausdrucksfähigkeit und zum anderen im öffentlichen Raum beinhalten zwei Aspekte, die im Rahnen der heilpädagogischen Förderung von Bedeutung sein können. Es handelt sich um die Vermittlung ästhetisch-gestalterischer Ausdrucksformen im öffentlichen Raum und die Unterstützung einer Akzeptanz allgemein-menschlicher Ausdrucksformen im Künstlerischen. Die Begegnung des Anderen über ästhetisch-gestalterische Objekte lässt eine emotionale Nähe entstehen und kreative Unverbildetheit wahrnehmen. Mit der stilistischen Zuordnung als Art Brut (vgl. Duchamp 1994) oder als Outsider Kunst ist die Teilhabe in der künstlerischen Anerkennung einerseits auf einen Randbereich der etablierten Kunst vorgenommen worden, andererseits ist eine gesellschaftliche Wahrnehmung als Kunstformen entstanden. Der bildnerisch-gestalterische Ausdruck wird auch unabhängig möglicher Beeinträchtigungen als besonderer anerkannt und kann über Ausstellungen ein Verständnis für gesellschaftliche Gruppierungen schaffen.

In dem Zusammenhang wird bereits der Versuch unternommen, Ausstellungen inklusiv anzulegen, so dass Kunst von Menschen ›mit‹ und ›ohne‹ Beeinträchtigung gemeinsam gezeigt wird, ohne im Einzelnen darauf hinzuweisen (vgl. www.blaumeier.de 2018). Beeindruckend ist vielfach, dass dies in den Ausstellungen nicht unmittelbar wahrnehmbar ist bzw. in der möglichen Zuordnung von Beeinträchtigungen Täuschungen auftreten. Damit kann Vorurteilen entgegengewirkt werden. Zudem wird über diese Anerkennung mittels des ästhetischen Ausdrucks Raum geschaffen für kreative Ateliers und Orte der Begegnung. Was in den 1980er Jahren noch etwas Außergewöhnliches gewesen ist, wird immer mehr etabliert in Einrichtungen und staatlichen Trägern.

> Teilhabe über den ästhetischen Ausdruck und eine Erlangung kommunikativer Kompetenz über die Unterstützung der gestalterischen Ausdrucksfindung sind zwei miteinander verbundene Aspekte, die es von der Heilpädagogischen Kunsttherapie bewusst zu unterstützen gilt. Es beinhaltet ein wesentliches Aufgabenfeld, um auch aus dem intimen Raum des Gestaltens herauszutreten, ohne

diesen zugleich offenzulegen. Dagegen lässt sich Verständnis für unterschiedliche Bezugsgruppen schaffen. Dies betrifft sowohl Menschen mit unterschiedlichen Beeinträchtigungen, ob körperlich, geistig oder psychisch, als auch gesellschaftliche Randgruppen und Brennpunktthemen wie die Arbeit mit Geflüchteten, um nur einige Bereiche zu nennen. Die Selbstorganisation, die sich daraus in den letzten Jahren entwickelt hat mit eigenen Publikationen, öffentlichen Auftritten usw., verweist auf ein Potential, das mittels des ästhetisch-gestalterischen Ausdrucks an Bedeutung zugenommen hat. Ein Beispiel ist die Ausstellung selbst gestalteter künstlerischer Arbeiten, die von einer Klientin erst nach einer Krebsdiagnose und Operation erstellt wurden. Über regen E-Mail-Austausch mit der Kunsttherapeutin, der Nutzung von Instagram sowie ein Radio-Interview vermochte sie aus der krankheitsbedingten Isolation herauszutreten (vgl. Wigger & Wiewrodt 2020).

5 Methoden einer Heilpädagogischen Kunsttherapie

In der Vielzahl und Vielschichtigkeit der ästhetisch-gestalterischen Ausdrucksformen ist für die Heilpädagogische Kunsttherapie eine multimodale Einbeziehung unterschiedlicher Medien auffällig. Dies betrifft beispielsweise die verschiedenen Phasen der Förderung in der Einstiegs-, Aktivierungs- und Abschlussphase. Aber auch situative Erfordernisse in der Begleitung von Klient*innen bedingen eine methodische Vielfalt und bewegen sich zwischen rezeptiven Zugängen als auch produktiven Umsetzungsformen in ihren unterschiedlichen Facetten. So kann einerseits das Betrachten von Kunstobjekten zu inneren Bildern führen, um dann in eigenständige Gestaltungsarbeiten zu münden. Andererseits ist das produktive Gestalten eingebunden in eine rezeptive Aneignung. Ob versprachlicht oder transzendiert in andere gestalterische Ausdrucksformen, stets ist es eingebunden in einen Prozess des Austausches und der Teilhabe. Anhand grundlegender Zugänge wird dies im Folgenden kurz umrissen.

5.1 Bildnerisches Gestalten

Das bildnerische Gestalten lässt sich allgemein nach malerischen, zeichnerischen, drucktechnischen Methoden und verschiedenen Mischtechniken unterscheiden. In der Kunstgeschichte sind, was das 20. und 21. Jahrhundert betrifft, zunehmend freie Gestaltungsformen zu finden, die nicht mehr gebunden sind an der originären Wiedergabe des Wahrgenommenen, sondern sich auf innere Bilder, Emotionen, intuitive Zufallsformen und mehr beziehen.

Für die Heilpädagogische Kunsttherapie beinhaltet es ein Feld von Möglichkeiten, die abhängig vom Förderansatz und der Persönlichkeit des*der Klient*in angeboten werden können. Eine Reduktion auf basale Zugänge kann in dem Zusammenhang hilfreich sein, um Überforderung und Überflutung zu vermeiden. Die Verwendung von Materialien kann den Gestaltungsprozess stimulieren, beispielsweise wenn mit flüssigen statt trockenen Materialien gearbeitet wird, also mit Acryl-, Aquarell- oder Gouachefarben statt Bunt-, Graphit-, Ölpastell- oder Pastellstiften. Jedes Material erfordert einen anderen sinnlichen Zugang, auch bezogen auf eine basale Stimulierung. Es ist wie das Halten eines Werkzeuges, das andere Ausdrucksformen stützt bzw. eine Distanz und Nähe zum Material erzeugt. So erbringt das Gestalten mit den Fingern, Händen, Füßen oder dem ganzen Körper einen anderen Zugang zum Bildnerischen – auch als haptisches Erleben, das psychodynamische Aktivierungsprozesse unterstützt. Beim Aquarellmalen ist es beispielsweise auch das Anfeuchten des Papieres mit dem Naturschwamm bei der Nass-in-Nass-Technik, das einen haptischen Zugang stärkt. Das Arbeiten mit Zufallstechniken ist in der Heilpädagogischen Kunsttherapie hilfreich, da es ein innovatives Spiel mit gefundenen Formen ermöglicht und zu freien Projektionen einlädt. Es betrifft beispielsweise die Frottage-Arbeit oder die Monotypie, aber auch das assoziative Weiterarbeiten ausgehend von einem Klecks. Dieses experimentelle Arbeiten kann zu einer eigenständigen Formenvielfalt führen. Jeweils der Anlass bestimmt den Gestaltungsprozess im kunsttherapeutischen Setting, wobei die Vorgabe von strukturellen Orientierungen Halt bieten kann.

5.2 Plastisches Gestalten

Im plastischen Gestalten (▶ Schema 6) fließt eine Dreidimensionalität in die Raumerfahrung mit ein, wobei das verwendete Material vielschichtig verstanden werden kann, d. h. in der Erstellung eines Raumbezuges. Das klassische Verständnis zur Plastik ist auf feste Materialien wie Holz, Stein und Metall und auch weiche Materialien wie Gips, Knete, Wachs und Ton bezogen. In freien, kreativen Umsetzungen kann es beispielsweise auch die Raumgestaltung, den Körper, Alltagsobjekte, die szenische Handlung etc. umfassen. Es ist abhängig von der Wahrnehmung, wie sich Plastizität entfaltet. Dies ergibt eine Form der Rezeption, die einen vielseitigen räumlichen Zugang, ein Erfahren von außen und innen, aber auch eine modellhafte Distanzierung ermöglicht. Wesentlich ist die Materialerfahrung, die den Gestaltungsprozess begleitet. So vermögen feste Materialien wie Holz und Stein Widerstand zu bieten und beinhalten Gestaltungsformen, die durch Wegnehmen bzw. Abschlagen geprägt sind und weniger durch aufbauende Techniken, wie es zum Beispiel Gips, Knete, Ton und Wachs ermöglichen. Sie stellen unterschiedliche Formen der basalen Stimulation durch die Konsistenz des Materials bereit. Dabei ist der Raumbezug vielschichtig vom Relief, zur freistehenden Skulptur, hin zur Raumgestaltung und zum Körpererleben etc. Im Gestalten mit Abfallmaterialien, im Re- und Upcycling von Dingen, im Finden von Naturobjekten sind die Grenzen der Plastik aufgeweicht und werden vielfach von Künstlern durchbrochen. Land Art Bezüge sind ebenso damit verbunden als auch imaginative Minimal-Objekte, die aus der Bedeutungsgebung des Einzelnen entstehen. Für die Heilpädagogische Kunsttherapie erfordert es eine Transparenz und ein Sich-Öffnen für die Bedürfnisse und das Anliegen des*der jeweiligen Klient*in.

5.3 Szenisches Gestalten

Im szenischen Gestalten stehen sowohl der eigene Körper als auch die stellvertretende Gestalt als Puppe, Figur etc. im Raum. Es ist das Spiel mit Stellvertretern oder der eigenen Inszenierung, was veränderte Zugänge im Erleben schafft. So können gestaltete Bilder szenisch inszeniert werden, um eine Anreicherung des Sinngehaltes zu provozieren. Es lassen sich bildnerische Gestaltungen spielerisch beleben wie durch das Einladen eines imaginären Besuchers als Objekt einer Muschel, eines Steines etc., um so das Dargestellte anzusprechen und mit Sinngehalt zu unterlegen. Aber auch das szenische Spiel an sich beinhaltet – wie beim Kinderpsychodrama mit verschiedenen Formen des Verkleidens – eine Form innerpsychischen Erlebens, um Erlebtes und Erfahrenes zu objektivieren sowie im Probehandeln neu zu bewerten. Auch die Dokumentation mittels Foto oder Video ermöglicht im Nachhinein eine Mentalisierung. In der Hinsicht ist das Szenische Gestalten an den Prozessverlauf geknüpft bzw. an die Veränderung im Spielverlauf. Auch das Gestalten am Sand- und Tonkasten folgt einer spielerischen Formfindung, der Inszenierung einer inneren Bühne bzw. dem Erleben von Materialerfahrung im Formen und Gestalten. Im Sinne eines Hilfs-Ichs können beispielsweise szenische Inszenierungen genutzt werden, um Teilbereiche des selbst Gestalteten in Begleitung des*der Therapeut*in zu erforschen und in einen Erlebniskontext zu überführen. Gerade wenn Gestaltetes abgewehrt und bagatellisiert wird, kann mittels eines spielerischen Zugangs in der Stellvertreterfunktion eines Gegenstandes, einer Figur oder einer Puppe ein gewandelter sinnlicher Zugang geschaffen werden. Es ist das auf narrativen und spielerischen Handlungsanlässen basierende Beleben des Bildnerischen, das zur Aktivierung innerpsychischer Prozesse beitragen kann. Dabei geht es um eine ressourcenfördernde und lösungsorientierte Interventionspraxis, in der der Fokus auf dem*der Klient*in liegt. So vermag ein spielerisches Nachempfinden von Gefühlen mit geschlossenen Augen, während der*die Therapeut*in oder ein Gruppenmitglied die Position des Körpers ähnlich von Pathosformeln in eine Haltung bewegend verändert – beispielsweise angelehnt an einen körperlichen Ausdruck historischer Bildgestalten –, Emotionen im Verharren in einer Position vergleichbar eines Embodiments nachempfinden lassen. Darüber kann eine Integration von abgespaltenen Gefühlen gefördert werden bzw. ein Nachempfinden von Emotionen in der kleinsten Körperveränderung. In dem Sinne bildet der spielerische Anlass im Tun eine Dominante, wobei verschiedenste Variationsmöglichkeiten einbezogen werden können.

5.4 Rezeptive Methoden

Die Vielfältigkeit der Wahrnehmung zeigt sich auch in den Anwendungsformen der rezeptiven Methode. Diese umfasst als Ausdruck sinnlicher Aneignung ein Vielfaches der menschlichen Fähigkeiten, Wirklichkeit zu erleben und in der Deutung subjektiv zu belegen. Bezogen auf die Kunstpsychologie unterscheidet Max J. Kobbert (vgl. 1986, S. 87 ff.) in der Reflexion der ›Gestalt‹ beispielsweise Qualitäten von Anmut, Ausdruck, Formdynamik, Tektonik, Farbe und Material. Diese Qualitäten

der Gestalt bestimmen sowohl die Wahrnehmung als auch die Rezeption von Bildphänomenen. Bildformationen werden immer durch Aspekte wie Form, Komposition, Szene und Symbol definiert. Bildgestalt und Wirklichkeit unterliegen demnach vielfachen Transformationen (vgl. Kobbert 1986, S. 144 ff.) in Beziehung zur Theorie der ›Gestalt‹. Die Komplexität der Rezeption wird durch Aspekte der Subjektivität wie Geschlecht, Alter, Vorlieben, emotionale Stimmung, szenische Situation, Wahrnehmungsverhalten usw. bezogen auf psychodynamische, soziale und kulturelle Faktoren gebildet. Wahrnehmung und Verstehen werden determiniert durch Faktoren, die auch hinsichtlich von Formqualitäten als ›Gestalt‹ durch Täuschungen der Wahrnehmung beeinflusst sind, also formale Aspekte der Formation wie Punkt – Linie, Farbe – Licht, Körper – Raum, Proportion – Komposition, Statik – Dynamik. Täuschungen der Wahrnehmung folgen Gesetzen der ›Gestalt‹, wie z. B. dem Gesetz von Prägnanz, Ähnlichkeit, Kontinuität, Symmetrie (Figur-Grund-Beziehungen) u. a. Im Hinblick auf Synästhesien ist beeindruckend, dass bei einem Test mit zwei verschiedenen Blot-Formen 98 % der Befragten antworteten, dass die linke Form mit dem Wort ›Buba‹ und die rechte Form mit ›Kiki‹ zusammenhängt (▶ Abb. 8). Gleichfalls ist das Wahrnehmungsverhalten durch Kontexte in den symbolischen Repräsentationen sowie den historischen Stilformen gekennzeichnet. Infolgedessen sind Bild und Figurativität als kontextabhängig wahrzunehmen und tragen vielschichtige Zugriffe im Sinne der Ikonologie (vgl. Belting 2001, S. 14 ff.).

5.4 Rezeptive Methoden

Abb. 8: Blot-Formen mit der Wortzuordnung »Buba« und »Kiki« (aus: Ramachandran, V. S. & Hubbard E. M. (2004). Blauer Dienstag, duftende Fünf. In: Gehirn & Geist 5. 58–65)

Menschen reagieren auf das Wahrnehmungserleben, was sich z. B. auch in der Messung des Hautwiderstandes mittels eines Tachistoskops zeigt. Das Wahrnehmungserleben geht mit einer emotionalen Aktivierung einher, die auch in das Langzeitgedächtnis eingeht. Unter dem Aspekt wird es im Rahmen der Werbeindustrie zur Manipulation und Meinungsbildung genutz und in Laboruntersuchungen zur Auswirkung auf das Kaufverhalten belegt. Aber auch über projektive Testverfahren kann das Wahrnehmungsverhalten Auskunft über psychische Erlebnisqualitäten geben. Bei dem Test Adult Attachment Projective (AAP) (vgl. George et al. 1999) bestehend aus acht Bildkarten, die einen szenischen Bildinhalt in Umrisszeichnungen vortäuschen, geht es um den Erhalt von Informationen über emotionale Bindungen. Die Bildkarten enthalten einen neutralen Stimulus, und sieben Bildmotive verweisen auf emotionale Bindungserlebnisse wie Motive zu einer Szene mit einem Kind am Fenster, Abschied, Bank, Bett, Notarzt, Friedhof und zum Kind in der Ecke. Bei neurowissenschaftlichen Untersuchungen durch funktionelle Magnetresonanztomographie (MRT) werden ebenfalls projektive Bilddarstellungen gezeigt, um Reaktionen in der Gehirnaktivität abzulesen. Weiterhin dienen die Anwendung von Rohrschach-Karten zur Aktivierung der Sprachproduktion (vgl. Kircher et al. 2001), oder es werden geliebte und unbekannte Gesichter anhand von Fotodarstellungen für neuronale Reaktionen eingesetzt (vgl. Bartels & Zeki 2004). Andere neurobiologische Untersuchungen beinhalten die Aktivierung von miteinander verbundenen Bindungssystemen, indem die spezifischen AAP-Bilder mit Sprachkommentaren gezeigt werden (vgl. Buchheim et al. 2007; 2010). Die Affektreaktion auf Bildreize wird in der neurobiologischen Untersuchung zunehmend genutzt, um Gehirnaktivitäten sowie weitere Aspekte im Zusammenhang mit imaginativen Handlungsvorstellungen oder szenischen Ereignissen zu analysieren. Es gibt Hinweise darauf, dass Hirnregionen wie die Amygdala und der orbit-/präfrontale Kortex an der Verarbeitung von mit Bindungen verbundenen Stimuli beteiligt sind.

In kunsthistorischen Kontexten sind Bild- und Klangobjekte Träger von Stimmungsqualitäten bzw. können das Wohlgefühl positiv oder negativ beeinflussen. Der russische Künstler Ilya Kabakov (geb. 1933) (vgl. Rosenthal 2010) hat mit »Healing with Painting« (1996) in der Hamburger Kunsthalle eine Installation geschaffen, die zwei Behandlungsräume mit je einem Krankenbett und einem Landschaftsbild zeigt (▶ Abb. 9). Ruhige klassische Musik klingt dazu aus dem Hintergrund. In der Lobby finden die Besucher*innen zwei Erklärungen zu den Behandlungsbereichen. Diese beziehen sich auf die besondere Anordnung der Räume als Kurbereiche und auf die Verwendung der Behandlung in Bezug auf einen Professor Lunkov, der im Jahr 1984 einen

Preis für dieses Konzept einer beruhigenden Behandlung für nervöse und neurasthenische Patient*innen erhalten haben soll. Die Anleitung zum Wirkungszusammenhang liegt in der Gestaltung des Raumes unter Berücksichtigung besonderer Lichtverhältnisse zur Ausleuchtung des gezeigten Bildes als Heilmethode. Der Künstler Kabakov gibt mit dieser Installation eine Heilungsabsicht vor, indem er Kunst und Musik verwendet, um den*die Patient*in über diese Art einer Synästhesie psychologisch zu harmonisieren, ähnlich einem tagträumerischen kontemplativen Erleben von Landschaft und Musik in der spezifischen Auswahl des Bildes und der Hintergrundmusik.

Abb. 9: Ilya Kabakov »Healing with Painting« (1996) in der Hamburger Kunsthalle (Foto: Hampe)

Die emotionale Wirkung von Bildern wird auch in Konzepten der Kunsttherapie bezogen auf unterschiedliche Kontexte angewandt (vgl. Ameln-Haffke 2014; Pöppel 2015; Franzen 2017), aber auch zur Musikrezeption (vgl. Imandescu 2009; Spitzer 2002) bzw. zum Malen nach Musik. Die Einbeziehung von Naturerleben als auch Raum- und Zeiterleben, die Einbeziehung Wort-, Text-, Klang- bzw. musikalischer Stimuli als synästhetische Aspekte erweitert das Spektrum des rezeptiven Erlebens in der Aktivierung innerer Bilder und therapeutischer Wirkungszusammenhänge. Dabei geht es sowohl um elementare als auch komplexe Sinneseindrücke wie bei Farben, Formen, Strukturen in der Aktivierung von Erinnerungsbildern. Gleichzeitig kann es zu Umkehrformen in der Wahrnehmung kommen wie bei dem Phänomen von U-Turn-Bildern, wie junges oder altes Gesicht einer Frau, Vase oder zwei Personen oder Wolkenbilder in ihrer vielschichtigen Deutung des subjektiven Erlebens. In der Hinsicht kann mit Bildvorlagen wie Postkarten oder ausgeschnittenen Illustriertenbilder in Klarsichthüllen mit weißem Grundblatt, mit Kunstobjekten in musealen Orten, aber auch in öffentlichen szenischen Lebensbereichen gearbeitet werden. Es ist stets abhängig von dem Anlass, den Möglichkeiten, aber auch Sinnträgern und bedarf einer spezifischen Auswahl. Der rezeptive Einsatz von Bilderfahrungen kann in Bezug auf bestimmte Lebensereignisse und die Persönlichkeitsentwicklung sinnvoll sein (vgl. Hampe 2011).

Darüber erfolgt einer Aktivierung innerer Bilder auch im Sinne einer szenischen Erinnerung. Durch die Aktivierung innerer Bilder lässt sich die Qualität von Lebenserfahrungen in ihrer Bedeutung verändern. Resonanz und Empathie sind in diesem Zusammenhang zwei wesentliche Aspekte, insbesondere unter salutogenetischen Voraussetzungen. Dies bezieht sich auch auf Stress und Emotionsregulation durch die Verwendung von Bildmustern im therapeutischen Bereich in verschiedenen Wirkungszusammenhängen. Allein ein Spaziergang durch die Natur ruft ein multimodales Sinneserleben hervor durch die Farbigkeit, das Licht- und Schattenverhältnis, die Größenverhältnisse, die Geräuschkulisse, Sonnen- und Winderfahrung, Trockenheit und Feuchtigkeit bzw. das Atmosphärische und vermag innere Bilder aus der biografischen Erinnerung zu aktivieren sowie Neuanfänge zu schaffen. Selbst im Anschauen von Bildern, dem Hören von musikalischer Untermalung oder Worten eines Gedichtes, von Erzählungen wie dem Märchen u. Ä. werden Erinnerungsmuster wiederbelebt, und neue Erfahrungen lassen sich integrieren. Im Hinblick darauf kommt dem Rezeptiven ein wesentlicher Aspekt in der Heilpädagogischen Kunsttherapie in seinen unterschiedlichsten Facetten und kreativen Einbindungen zu.

5.5 Neue Medien im Kontext traditioneller Medien

In der Heilpädagogischen Kunsttherapie sind neben traditionellen Verfahren auch neue visuelle Medien einzubeziehen, die im Rahmen des digitalen Zeitalters für jüngere Menschen immer bedeutungsvoller werden. Fotografie, Film- und Printmedien sind seit Mitte des 19. Jahrhundert in der Alltagswelt gut verankert, werden aber mit Beginn des 20. Jahrhunderts von der rasanten Entwicklung digitaler Medienträger zunehmend dominiert. Es ist die Verbindung traditioneller und moderner Medien, die eine sinnvolle Erweiterung des Ausdrucksspektrums umfasst. Sei es bezogen auf die Dokumentation und eine spätere Mentalisierung des Gestalteten oder auch bezogen auf den direkten Gestaltungsprozess wie bei der Einbindung von Bildvorlagen, der Collagearbeit, der Fototherapie (vgl. Craig 2009) oder auch Formen des Trickfilms als ›Digital Storytelling‹ (vgl. Dorn 2015; Hampe 2015; 2018a) – die neuen Medien bilden ein erweitertes Spektrum in Bereichen der Kunsttherapie. In dem Zusammenhang ist es abhängig von der Klientel und der Möglichkeiten hinsichtlich des Anlasses oder auch der Kompetenzen und Interessen der Klientel, inwieweit diese Medien einfließen können. Allgemein werden unter dem Begriff neue Medien heutzutage elektronische Geräte verstanden wie Computer, Smartphone, Tablets u. a. bezogen auf einen Zugang ins Internet und in der Ermöglichung von Interaktivität. Neue Medien gelten als Sammelbezeichnung für elektronische, digitale und interaktive Medien. Sie werden mit drei Aspekten belegt: Interaktivität, Hypertext und Virtualität. Weiterhin sind an sie fünf Merkmale geknüpft wie Selbstaktivität, Interaktivität, Orts- und Zeitlosigkeit in der Übertragbarkeit von digitalen Daten, Vernetzung von Informationsträgern und Multimodalität in den Darstellungsformen. Ereignisse und Alltagssituationen mit mobilen digitalen Endgeräten wie Smartphones und Tablet-Computer festzuhalten gehört seit einigen Jahren zum Alltag. Fotografierende Menschen fallen nicht mehr als ungewöhnlich auf.

> In seiner neuen Lebenssituation mit der Hirntumorerkrankung übernimmt das Smartphone beispielsweise für Herrn M. lebenstüchtige Funktionen und ermöglicht ihm Teilhabe, Orientierung, Ordnung und Strukturierung. »Ich nehm' alles auf! Für die Zeit, wenn ich nicht kann, dann kann ich sortieren,« sagt Herr M. Die Fotografie bedeutet für Herrn M. die Möglichkeit der Kontrolle und des Bewahrens (vgl. Wigger & Wiewrodt 2019).

Wir Menschen wollen unsere Erinnerungen nicht verlieren, wollen sie ordnen und ein-ordnen, um uns auf diese Weise einer Chronologie des eigenen Lebens vergewissern zu können. Fotografie kann an dieser Stelle, neben dem Aspekt der Orientierung und Selbstvergewisserung, eine Möglichkeit des Selbstwirksamkeitserlebens und der Stärkung des Selbstwertgefühls beinhalten.

Ein fotografisch gefülltes Archiv im Speicher des Smartphones kann durchaus das Gefühl vermitteln, etwas erlebt und geleistet zu haben. Vergleichbar mit anderen kreativen Aktivitäten sind auch selbst produzierte, fotografische Bilder in der Lage das Selbstwertgefühl der Akteure*innen zu stärken. »So kann das Gefühl, eine Leistung vollbracht zu haben, mit der Qualität des abschließenden Bildes zusammenhängen oder mit der Freude darüber, etwas Neues gelernt zu haben« (Craig 2009, S. 30).

In der Hinsicht bilden zwar traditionelle Medien auch ein Darstellungsmittel, aber sie verfügen nur über einen Weg der Informationsvermittlung und sind als Speicher- oder Übertragungsmedium an die Zeit gebunden wie Radio, Satellitenfernsehen und Printmedien. So sind z. B. bei den traditionellen Medien – wie Journalen, Postkarten u. a. – die Auswahl von Bildern als stellvertretende Stimmungsbilder, mit denen weitergearbeitet werden kann, im heilpädagogisch-kunsttherapeutischen Setting genauso von Bedeutung wie das Arbeiten mit Bildausschnitten in der Collagenerstellung. Auch die Vorlage eines Kunstbildes zur bildnerischen Weiterführung auf einer unbemalten Vorlage wird vielfach genutzt in der Arbeit mit Senior*innen (vgl. Menzen 2004). Bei einer kreativen Kombination von Verfahren, die immer abgestimmt auf die Klientel zu einer assoziativen Aktivierung und gestalterischen Mobilisierung beitragen soll, können auch neue Medien einbezogen werden. Eine multimediale Verknüpfung erscheint in dem Zusammenhang als hilfreich, weil unterschiedliche Sinneskanäle angesprochen werden. Weiterhin sind die Arbeit mit Bildkarten bzw. – in der digitalen Verwendung – mit Talking Mats (vgl. Cameron et al. 2013; Murphy at al. 2013; Lauer 2018) und die Verwendung des Computers in der Förderung von Menschen mit Beeinträchtigung (vgl. Miesenberger et al. 2016) wichtig. Bei aller Kritik an den Schattenseiten der neuen Medien, z. B. in der Verletzung von Persönlichkeitsrechten, unzensierter Datenvermittlung – auch sexistischer Art – oder der Aktivierung von Hirnarealen bei Computerspielen u. a., sind therapeutische Möglichkeiten zu eruieren, die auch Menschen mit Beeinträchtigungen eine Teilhabe und mehr ermöglichen.

5.6 Kreative Übungsprogramme

In der Entwicklung heilpädagogisch-kunsttherapeutischer Förderangebote gilt es auch abgestimmte Gestaltungsangebote zu entwickeln, die ähnlich einem Trainingsprogramm in Einzel- oder Gruppensettings eingesetzt werden können. Dies betrifft insbesondere Interventionsprogramme über einen begrenzten Zeitraum wie bei Stressabbau, Trauerarbeit, Kommunikationsförderung, basaler Stimulation und sensorischer Integration, um nur einige Möglichkeiten zu nennen. Dabei handelt es sich um offene Programme, die der jeweiligen Persönlichkeit Raum in der Gestaltung geben bzw. einen orientierenden Rahmen vorgeben. Es sind resilienzfördernde, ressourcenstärkende und aufeinander aufbauende Angebote, die bezogen auf die Klientel unterschiedlich gestaltet sein können. So kann beispielsweise bei Stressabbau für Pflegekräfte mit imaginativen Entspannungstechniken und gestalterischen Umsetzungsformen gearbeitet werden. Es können Bildmotive wie Landschaften, Tiere, Stillleben, Fensterbilder usw. zur rezeptiven Aneignung vorgegeben werden, um ausgehend davon mit unterschiedlichen Medien zu gestalten. Wesentlich ist der Verarbeitungsprozess innerer Bilder in der Stimulierung von Außenwahrnehmungen bzw. die Förderung von Kompetenzen bezogen auf die jeweilige Klientel. Im Vergleich zu freien Angeboten liegt eine Strukturgebung der Sitzungen vor in einzelnen Modulen, die aufeinander aufbauen. Dabei folgt der Ansatz vielfach multimodalen Angebotsformen, auch im Sinne eines Enrichments.

5.7 Multimodalität im kunsttherapeutischen Setting

Heilpädagogische Kunsttherapie basiert in ihren Förderansätzen auf Vermittlung verschiedener Medien in der Gestaltung eines Settings. So kann eine Einleitungsphase ritualisiert von Entspannungsübungen, Kritzelspielen mit Märchendialog, Körperpercussion, Singen eines Liedes u. a. bestimmt sein, während in der folgenden Gestaltungs- bzw. Aktivierungsphase mit verschiedenartigen ästhetischen Medien gearbeitet wird. In der Abschlussphase mit Betrachten und Reflektion des Erlebten auf der emotionalen Ebene kann es zu einem Transfer in ein anderes Medium wie beispielsweise das Spiel kommen, einhergehend mit einem Ritual zum Ende der Sitzung. In der Hinsicht prägt ein multimodaler Zugang das jeweilige Setting bezogen auf die jeweilige Altersgruppe, die Beeinträchtigung oder psychische Auffälligkeit, aber auch bezogen auf den kommunikativen Bedarf. Dieser ist eingebettet in einen Förderansatz, um unterschiedlichen Aktivierungsanlässen zu entsprechen.

Gerade mittels eines multimodalen Ansatzes ist in der Aktivierung eines anderen Mediums ein gewandelter Zugang im Sinne des Enrichments möglich. Beispielsweise kann zu einem selbst gemalten Bild mit Nachfragen zu ansprechenden und nicht ansprechenden bzw. abgelehnten Feldern ein Spiel inszeniert werden. Es ist das Spiel mit einem Gast, der die Funktion des Hilfs-Ichs übernimmt in Form eines kleinen Gegenstandes, z. B. eine Muschel, ein Stein, ein Blatt oder etwas Beliebiges (vgl. Hampe 1999b). Dieser Gast wird im Hinblick auf eine ressourcenorientierte Arbeit eingeladen, ausgewählte Orte zu erkunden. Dabei geht es um eine emotionale Einfühlung in das Bildgeschehen, das über die Einfügung des Gastes belebt werden kann, indem unterschiedliche Sinneswahrnehmungen angesprochen werden. Ein Einstiegssatz wäre z. B.: »Wo könnte sich der Gast im Bild wohl fühlen?« Dabei kann das zweidimensionale Bild räumlich erlebt werden bzw. eine veränderte Intensität bezogen auf den anderen Blickwinkel des Gastes entstehen, der in das Bild mit seinen unterschiedlichen Facetten eintauchen kann. Teilweise ist erstaunlich, dass vorher nicht bevorzugte Bereiche im Bildgeschehen sich als Orte erweisen, wo der Gast am Schluss verbleibt, nachdem erfühlt worden ist, dass dies situativ ein passender Platz ist. Es vermag ein sicherer Ort, ein Wohlfühlort, von dem alles überblickt werden kann, ein spannender Ort etc. zu sein. Eindrücklich ist, wie die Bildebenen sich tiefenräumlich öffnen und emotional neue Zugänge gefunden werden können.

5.8 Partizipation und Inklusion

Zum Ansatz der Heilpädagogik gehört die Förderung von Partizipation und Inklusion. Dies ist jeweils abhängig von den Bedürfnissen und Kompetenzen der Klientel als auch von den Bedingungen der Institutionen, wo Angebote stattfinden können. Mit der UN-Behindertenrechtskonvention (vgl. 2007; Beauftragte der Bundesregierung für die Belange behinderter Menschen 2014) ist Inklusion zum Menschenrecht erklärt worden, um Partizipation auch im Arbeitsleben, in der Mobilität und Bildung zu ermöglichen. Sie beinhaltet, dass Menschen mit und ohne Behinderung gleichberechtigt am gesellschaftlichen Leben teilnehmen können. Diese Konvention wurde zwar 2009 für Deutschland unterzeichnet und zur Umsetzung der Vorgaben wurde ein Nationaler Aktionsplan 2011 beschlossen. Dennoch besteht immer noch eine Spanne zwischen Exklusion, Integration und Inklusion, die es zu überwinden gilt, und zwar bezogen auf alle Bevölkerungsgruppen. Die Konvention führt aber zu einem allgemeinen Bewusstseinswandel, über den im Alltagsleben sich entsprechende Normen und Werte neu verankern lassen.

Heilpädagogische Kunsttherapie kann dazu einen Beitrag leisten, indem zum einen Angebote unter dem Ansatz der Inklusion durchgeführt werden und zum anderen eine Akzeptanz von Menschen mit und ohne Beeinträchtigung bzw. Verschiedenartigkeit unterstützt wird (vgl. Hampe 2017). Dies trifft sowohl für Geflüchtete als auch für psychosoziale und physische Differenzen bzw. für jegliche Randgruppen zu. Partizipation und Inklusion betreffen eine thematische Ausrichtung in der Arbeit, aber auch die Entwicklung von Angebotsformen, die eine Brückenfunktion einnehmen können. Öffentliche Darbietungen wie über Ausstellungen, Film, Musik, Tanz, Theater u. a. können dies positiv unterstützen. Gemeinsames Zusammenkommen über das ästhetische Gestalten kann weiterhin zum Abbau von Vorurteilen beitragen. Dies betrifft beispielsweise öffentliche Orte wie Museen, in denen ein breites Angebot für unterschiedliche Bevölkerungsgruppen berücksichtigt werden sollte. Im Hinblick darauf bedarf es grundlegender Kenntnis zu Gestaltung von Angebotsformen, die diesen Menschen gerecht werden und ein kreatives Potential fördern können. Beispiele im kulturellen Raum lassen sich bereits in vielen Bereichen finden (vgl. Kunst- und Ausstellungshalle der Bundesrepublik Deutschland, Bonn 2016). Dennoch bedarf es einer Verankerung, um kreative Medien bezogen auf allgemein-menschliche Ausdrucksformen verstärkt zu nutzen. In dem Zusammenhang ist teilweise auch eine Assistenz im Rahmen der Heilpädagogischen Kunsttherapie zu berücksichtigen.

6 Heilpädagogische Kunsttherapie als Förderung und Begleitung über die Lebensspanne

Betrachten wir einen Abschnitt auf einer analogen Zeitskala, so bestimmt sich diese durch einen definierten Anfang und einen Endpunkt. Geläufig sind uns Spannungsbögen zwischen Sonnenaufgang und Sonnenuntergang, Frühling, Sommer, Herbst und Winter, Ebbe und Flut und alles pflanzliche, tierische und menschliche Leben. Zwischen Anfang und Endpunkt ereignen sich wie Perlen auf einer Kette Momente und Augenblicke. Letztere erleben wir subjektiv als gegenwärtiges ›Hier und Jetzt‹.

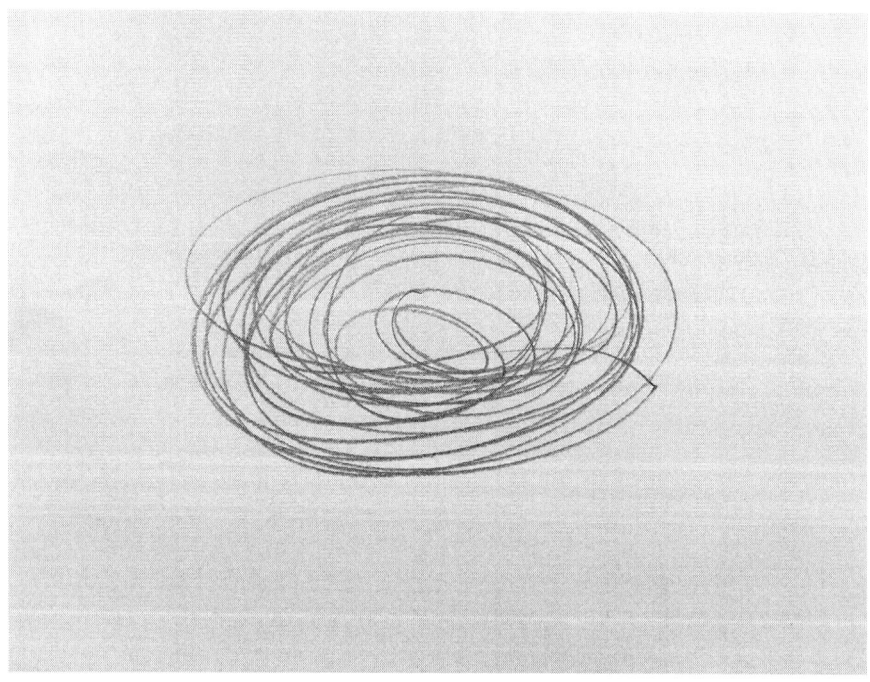

Abb. 10: Gezeichneter Augenblick (10 Sekunden, Bleistift auf Papier, M. Wigger 2019)

Dennoch sind wir im Kontakt mit Vergangenheit und Zukunft, was sich in Form von Erinnerungen und Träumen, Vorstellungen und Wünschen zeigen kann. Dieser Dynamik unterliegt auch der Spannungsbogen menschlichen Daseins. Wie einzelne Farbaufträge eines Gemäldes ist jede Lebensphase im Gesamtwerk enthalten und von substanzieller und tragender Bedeutung für die jeweils nächstfolgende Schicht. Im Kontext von Bindung und Beziehung wurde bereits auf die Relevanz des Säuglingsalters als erste weichenstellende Lebensphase eingegangen. In dieser ersten Lebensphase steht der Säugling bereits vor der ›Aufgabe‹ seine Bedürfnisse auszutarieren und in Einklang mit sich und seiner sozialen Umwelt zu bringen.

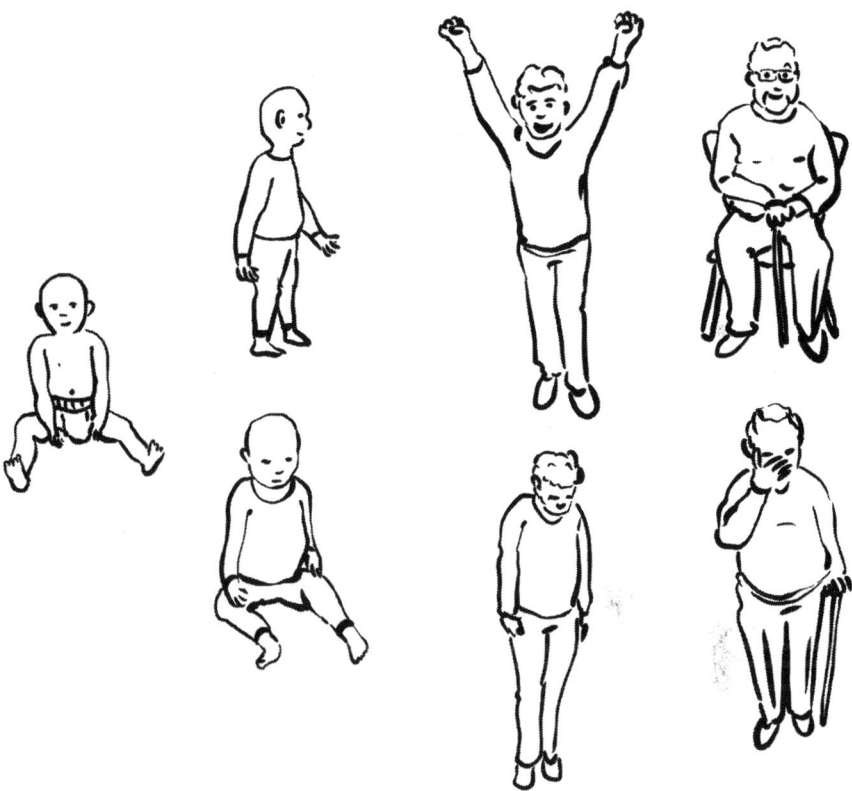

Der US-amerikanische Psychoanalytiker Erik H. Erikson (1902–1994) hat in dieser Hinsicht die gesamte Lebensspanne betrachtet, dekliniert und die komplementäre Färbung jeder Stufe mit dem damit zusammenhängenden psychosoziale Anforderungsprofil eingehend untersucht. Auf der Grundlage des 4-Phasenmodells der psychosexuellen Entwicklung (vgl. Comer 2001, S. 47) seines Kollegen und des Begründers der Psychoanalyse Sigmund Freud (1856–1939) differenzierte Erikson vier weitere Lebensphasen mit einem entsprechenden Anforderungsprofil des einzelnen Lebensabschnitts. In seinem 8-Stufenmodell stehen die zu bewältigenden Anforderungen der möglichen psychosozialen Krise bei Nichtbewältigung gegenüber.

Phase 1:	Säuglingsalter; Vertrauen – Misstrauen
Phase 2:	Kleinkindalter; Autonomie – Scham und Zweifel
Phase 3:	Spielalter; Initiative – Schuldgefühle
Phase 4:	Schulalter; Kompetenz (Überlegenheit) – Minderwertigkeit (Unterlegenheit)
Phase 5:	Adoleszenz; Identität – Verwirrung
Phase 6:	frühes Erwachsenenalter; Intimität – Isolation
Phase 7:	Erwachsenenalter; Produktivität – Stagnation
Phase 8:	Alter; Integrität – Verzweiflung

Schema 5: Modell entwicklungspsychologische Phasen nach Erik H. Erikson

Bleiben die Anforderungen oder, wie Erikson sagt, »psychosozialen Krisen« unbewältigt, d. h., es werden keine Lösungsstrategien gebildet, können sich in den jeweiligen Lebensphasen grundlegende alltagshemmende Verhaltensweisen entwickeln, die die Bewältigung der anstehenden neuen Lebensaufgaben behindern oder erschweren.

Im Kontext der Heilpädagogischen Kunsttherapie können diese komplementären Themen in gestalterischen Prozessen offensichtlich werden und Thema sein. Gerade im Rahmen ressourcenorientierter Gestaltungsprozesse können hier Bedürfnisse nachreifen, nachgeholt und ausgeglichen werden.

6.1 Die Bedeutung der Entwicklungsaufgaben in den Lebensphasen für die Förderung

Die Entwicklung einer gut ausgestatteten ›lebenstauglichen‹ Persönlichkeit ist das Ziel eines jeden Menschen von Geburt bis zum Tod, ähnlich einem*einer Akrobat*in, stetig bestrebt Balance auf dem Spannungsbogen des Lebens zu halten. Die ›Hausaufgaben‹ der jeweiligen Lebensphase nach Erikson können einen hilfreichen Rahmen für individuelles Handeln bei der Begleitung in der Heilpädagogischen Kunsttherapie anbieten. Denn die heilpädagogischen und kunsttherapeutischen Zielsetzungen stehen immer in einem entsprechenden Kontext. Zum Beispiel ist Frau P. nicht nur Akut-Patientin mit Depression auf Station A, sie ist auch 20 oder 47 oder 72 Jahre alt, Ehefrau oder alleinstehend oder verwitwet, frisch verliebt oder aktuell in Trennung, hat mehrere Kinder und Enkel oder auch keine, ist Zahntechnikerin, Lehrerein oder Hausfrau oder langzeitarbeitslos. Demzufolge ist sie als Person von einer bestimmten Struktur geprägt – auch ohne psychische Erkrankung. Diese Probleme, Aufgaben, Verantwortungen und Pläne gibt Frau P. nicht mit der Aufnahme in die Klinik an der Pforte ab. Frau P. bringt sie mit auf die Station, und sie können einen eklatant positiven als auch negativen Anteil am Genesungsprozess der Patientin haben. Das Wissen um die Komplexität der von Erikson (vgl. 1966) beschriebenen psychosozialen Krisen, aber auch der Grundstärken der jeweiligen Lebensphasen, können Orientierungshilfe sein, um Entwicklungspotenziale zu unterstützen

6.2 Die Vielfalt der Sinne

Informationen und Reize aus der Umwelt nehmen wir über unsere Sinnesorgane auf. Fünf Hauptsinne sind nach außen offensichtlich: Ohren, Augen, Nase, Mund und die Hände bzw. die Haut. Ergänzend zu den Hauptsinnen sind noch vier weitere Sinne von Relevanz: die Wahrnehmung von Temperatur, Schmerz und Tiefensensibilität sowie der Gleichgewichts- oder Drehsinn für die Fortbewegung und die Stabilität beim aufrechten Gang. So ausgestattet können wir unterwegs sein und mit Sinn und Verstand selbst die Welt begreifen.

Vielleicht ist das der Grund, dass eine Sinneswahrnehmung gerne eine weitere oder manchmal auch das gesamte ›Team der Sinne‹ zu Rate zieht, um eingehende Sinnesreize zu überprüfen. Die ›Teamarbeit der Sinne‹ ist eine wesentliche Grundlage ganzheitlicher Wahrnehmungs- und Ausdrucksförderung. Die Heilpädagogische Kunsttherapie mit ihren umfassenden Medien und Methoden ist auf diese Vielfalt sinnlicher Wahrnehmung ausgerichtet.

Der Hörsinn

Für das Hören von Klängen, Geräuschen, Tönen ist in erster Linie das Ohr als Organ zuständig. Es gelingt uns aber auch Schwingungen, die von einem Klang ausgehen, mit dem gesamten Körper aufzunehmen. Das Ohr ist darüber hinaus noch für den Gleichgewichtssinn zuständig, auf den später noch eingegangen wird. Schon in der Schwangerschaft reagiert der Fötus auf Geräusche, oder im Musikjargon gesagt, auf die »Mutterleibsmusik«. Der Herzschlag und die Stimme der Mutter, Geräusche anderer innerer Organe während der Zeit im Mutterleib, bestimmen den ersten Rhythmus. Auch die Emotionen der Mutter, also Aufgeregtheit, Freude oder Angst, bekommt der Fötus durch den dadurch veränderten Rhythmus mit. Zu der Mutterleibsmusik kommen noch Geräusche aus der Umwelt, die Stimme des Vaters oder der Geschwister, die durch das Fruchtwasser übertragen werden, so dass der Säugling bei der Geburt ein breitgefächertes symphonisches Repertoire mit sich bringt.

Das Gehör ist nach der Geburt mit Ende des vierten Lebensmonats ausgereift, und die Stimme der Mutter erkennt der Säugling in diesem Lebensmonat bereits. Hören verbindet die Menschen untereinander, ermöglicht Verständigung, Kommunikation, emotionalen Austausch und soziale Teilhabe.

Veränderungen des Hörsinns durch Ohrgeräusche (Tinnitus) können die Lebensqualität negativ verändern, und der Verlust des Hörsinns geht oft mit Misstrauen oder sogar Vereinsamung einher. Die Kombination von Hörsinn und bildnerisch-plastischem Gestalten regt ein umfassendes Spektrum von Sinnesarealen im Gehirn an.

Der Tastsinn

Der Tastsinn ist ein sogenannter Nahsinn. Das Besondere der taktilen Sinneswahrnehmung ist die Gleichzeitigkeit der Selbst- und Fremdwahrnehmung. Die Tastsinneswahrnehmungen gehören neben dem Hörsinn zu den ersten Sinneserfahrungen des Säuglings. Der Tastsinn ist entwicklungspsychologisch nach dem Hörsinn auch einer der frühesten Bausteine zur Bildung geistiger Begriffe. Die aktive Berührung durch Hände, Finger, Lippen und Zunge ist der primäre Wahrnehmungsmodus des Säuglings in den ersten Lebensmonaten. Ob es die eigenen Extremitäten, die Hände der Mutter oder ihm gereichte Objekte sind, alles wird zunächst oral erforscht. Auf diese Weise lernt der Säugling partiell seinen eigenen Körper, die Strukturen und Oberflächenbeschaffenheiten der ihn umgebenden Dingwelt kennen.

Das Betasten mit dem Mund wird oft noch bis zum dritten Lebensjahr beibehalten. Bei taktilen Erfahrungen interagieren im Übrigen immer mehrere Sinnesmodalitäten gleichzeitig. Taktile Erfahrung steht dabei u. a. in engem Zusammenspiel mit dem Bewegungssinn.

Durch den Tastsinn lernen wir aber nicht nur die Umwelt kennen, sondern spüren auch die eigenen Körpergrenzen und die Eigentemperatur. Diese Kooperative ist von besonderer Bedeutung für die Sprachentwicklung des Kindes. Bei einer Beeinträchtigung des Sprachvermögens kann die Interaktion taktiler und motorischer Wahrnehmung dabei helfen, das Sprachzentrum zu aktivieren. Darüber hinaus wird das emotionale Erleben und die Selbst- und Fremdwahrnehmung aktiviert.

Der Gesichts- oder Sehsinn

In unserer heutigen Kultur ist unsere Wahrnehmung stark seh-dominiert. Informationsaustausch findet in erster Linie visuell statt. Daher kommt dem Sehsinn eine übergeordnete Rolle zu. Der Sehsinn ist ausgesprochen kommunikativ, wir nehmen über die Augen Kontakt auf, können jemandem folgen und uns verschließen. Mein Gegenüber kann erkennen, wohin ich schaue und ob Kontakt gesucht, gehalten oder vermieden wird.

Das Sehen ist der markanteste Sinn von allen Wahrnehmungsorganen. Diese Stellung manifestiert sich in unserem Kulturraum sogar sprachlich im Wort »Gesicht«, dem charakteristischsten unserer Körperteile, da wir Farbe, Helligkeit, Entfernung, Bewegung mit den Augen wahrnehmen. Die Vielzahl der Bilder, die wir täglich wahrnehmen, machen es allerdings fast unmöglich alle zu speichern und uns damit auseinanderzusetzten. Hier ist der Vorteil der Kunst zu nennen, auf Bilder noch einmal zurückzukommen und diese ein zweites Mal anschauen zu können.

Bereits der Fötus kann im Mutterleib Hell-Dunkel-Kontraste wahrnehmen. In den ersten Lebensmonaten ist das Sehen nur im Nahbereich scharf und das ganze Gehirn am Sehen beteiligt. Erst durch die Koordination von Seh-, Tast- und Hörerfahrungen, also dem Einsatz aller Sinneswahrnehmungen und des ganzen Gehirns, wird es dem Säugling ermöglicht, Objekte als »ganz« und »einheitlich« wahrzunehmen und nicht in einer Welt separater Empfindungen zu leben (vgl. Dornes 2004, S. 47). Im Kontext der hier vorgestellten heilpädagogisch-kunsttherapeutischen Methoden wird diesem Aspekt besondere Aufmerksamkeit geschenkt und als Ressource genutzt.

Der Geschmackssinn

Die Sinnesorgane für Geschmack liegen uns quasi auf der Zunge. Kollektiv lassen sich objektive Geschmacksrichtungen wie salzig, süß, sauer, bitter differenzieren und benennen. Erstaunlicher Weise ist der Geschmackssinn schon in der zweiten Lebenswoche des Säuglings vollständig entwickelt. Wir sind gewissermaßen schon in unserer ersten Lebensphase ausgesprochene Feinschmecker. Der Geschmackssinn ist sowohl kulturell und subjektiv geprägt.

Für die Heilpädagogische Kunsttherapie bieten Übungen, die den Geschmackssinn integrieren, die Möglichkeit zur anregenden Kommunikation hinsichtlich Ernährung, individuellen Vorlieben und Genüssen. Taktile, visuelle und olfaktorischer Wahrnehmung ist im Zusammenhang der Geschmackserfahrung ebenfalls mit angesprochen.

Der Geruchssinn

Riechen ist eine Wahrnehmung des näheren Umfeldes; es ist ein sogenannter Distanzsinn, da eine Berührung für einen Geruchseindruck nicht notwendig ist. Einem Geruch können wir kaum ausweichen. Wir können nicht ›wegriechen‹, es allerdings verduften lassen.

Wir sind nur in der Lage, gerade auftretende Gerüche wahrzunehmen. Dieser Aspekt kann uns vor Gefahren schützen, beispielsweise bei Brandgeruch durch ein sich entwickelndes Feuer. Die extrem kurzen Nerven unserer Riechschleimhäute zur Riechrinde sind ein gutes Bild für den ›kurzen Weg‹ des Riechens.

Der Geruch ist eng mit biografischen Ereignissen und damit erlebten Emotionen verbunden. An Gerüche können wir uns Zeit unseres Lebens erinnern, und sie können positive, aber auch negative Gefühle auslösen. Riechen geschieht mit dem Atmen, es ist also eng mit unsrer Vitalität verbunden. Der Geruchssinn ist beim Säugling ab der Geburt entwickelt.

Die Einbeziehung des Riechens komplettiert die Möglichkeiten der sinnlichen Wahrnehmungen in der Heilpädagogischen Kunsttherapie. Durch das Zusammenspiel mit dem Atmen wird dadurch einerseits Entspannung möglich, aber andererseits auch Raum für Empfindungen und Erinnerungen eröffnet.

Der Gleichgewichtssinn

Dieser nicht-sichtbare, im Innenohr verortete Sinn, ist uns kaum bewusst, daher wird er nicht unmittelbar zu den fünf Hauptsinnen gezählt. Der Gleichgewichtssinn sorgt für die Fähigkeit der Rechts-Links-Koordination, ein Aufrechtstehen im Gleichgewicht von rechts-links, oben-unten, vorne-hinten. Durch diesen Sinn wird, nach einer Übungsphase im Kindesalter, das Stehen auf zwei Beinen und der aufrechte Gang erst möglich.

Das Organ ist schon ab dem sechsten Schwangerschaftsmonat voll entwickelt, dennoch entfaltet sich dieser Wahrnehmungssinn erst, wenn das Kleinkind beginnt auf zwei Beinen zu stehen und zu laufen.

Der äußere Gleichgewichtssinn und die innere Ausgeglichenheit beeinflussen sich gegenseitig. Durch Erkrankungen des Gehirns kann dieser Sinn massiven Beeinträchtigungen unterliegen.

Die Heilpädagogische Kunsttherapie kann durch gezielte Methoden rechts-links-fokussierte oder komplexe Wahrnehmungsübungen mit Erweiterung auf andere Sinne bieten.

Der Eigenbewegungssinn oder Kinästhesie

Dieser Sinn ist in den Muskeln und Gelenken verortet und ist Zeit unseres Lebens in Entwicklung und Veränderung. Schon im Mutterleib folgt der Fötus dem Drang nach Bewegung. Nach der Geburt entwickelt sich aus noch nicht zielorientiertem, aber schon engagiertem Strampeln unter gesunden Bedingungen ein koordinierter und bewusster werdender Bewegungssinn. Werden die eigenen Bewegungen wahrgenommen, so zeigt sich hier der Bewegungssinn.

Der Säugling ist darauf angewiesen, dass die Mutter seine Bewegungen, Mimik und Gestik spiegelt, und auch das Kleinkind bedarf der spielerischen Wiederholung und dem Ausdruck dieser Bewegungsdynamik, um sich selbst, aber auch die Körpersprache seines Gegenübers zu verstehen.

Unsere Bewegungsfähigkeit kann einhergehen mit der psychischen Beweglichkeit und der Stimmung. Im Rahmen einer Einschränkung der Beweglichkeit durch körperliche Erkrankungen oder altersbedingt kann es zu mentalen Einbrüchen kommen.

Die Medien der Heilpädagogischen Kunsttherapie sind auf die Eigenbewegung der Schaffenden angelegt. Ohne Bewegung entsteht keine Spur im Material, unabhängig von der Größe einer Spur. Die Eigenbewegung kann durch schöpferische Prozesse spielerisch angeregt und erweitert werden.

6.3 Exemplarische Übungsaufgaben zur Förderung von Sinnesmodalitäten

Ein Kapitel mit ›Rezepten‹ zur kreativen und vielfältigen Sinnesförderung zu schreiben ist eigentlich sinnlos und gleicht einem eingezäunten Garten mit strukturierten Beeten und einer Beschilderung der Pflanzengattungen. Das Wesen sinnlichen Erlebens – z. B. der Duft von Blüten und Erde, der Geschmack von Früchten, der visueller Eindruck bunter Blüten, der akustische Eindruck vom Zwitschern der Vögel oder der taktile Eindruck des Windes auf der Haut – wird hier im Grunde nicht erfasst. Wenn wir die Sinne ›demontieren‹, d. h. versuchen separat zu betrachten, zu analysieren, um diese zu fördern, entfernen wir uns eigentlich vom Kern der Sache. Dennoch mag das Gerüst eine Hilfe sein zur Veranschaulichung, welche Sinneserfahrung im Fokus stehen kann, mit der Möglichkeit individueller Variationsmöglichkeiten. Wesentlich ist eine Haltung, die davon ausgeht, dass Kinder und Erwachsene per se sinnesorientiert sind und dies mehr oder weniger in jeder Alltagssituation. Gisela Schmeer sieht Sinnlichkeit in einer vielmehr umfassenden Bedeutung: »sinnlich im Sinne von sinnbildhaft, sensuell, sinnig, besinnlich« (Schmeer 1975, S. 11). Zeit, Frei-Raum und Anregungen für vielfältige sinnliche Erfahrungen sind daher notwendig, um bedürfnisorientiert die Wahrnehmungsfähigkeiten von Kindern und Erwachsenen zu stärken und zu erweitern (vgl. Zimmer 2012, S. 11).

Tab. 1: Exemplarische Übungsaufgaben zur Förderung von Sinnesmodalitäten

Nr.	Sinnlicher Fokus	Material	Aufgabe	Ziel
1	visuell	• schwarzer Filzstift (mittlere Stärke) • Zeichenpapier Din A2 • Filzstift/Buntstift	Auf dem Blatt werden mit einem schwarzen Filzstift einfache, ungegenständliche Formen verteilt. Diese dürfen sich berühren, überschneiden oder auch solitär stehen. Ein Formenbild entsteht. Die Formen-Zwischenräume werden farbig mit Filzstiften/Buntstiften ausgemalt.	• Sehgewohnheiten ändern • Proportionen/Abstände wahrnehmen • neue Räume/Formen entdecken • vermeintliche Grenzen aufbrechen

Tab. 1: Exemplarische Übungsaufgaben zur Förderung von Sinnesmodalitäten – Fortsetzung

Nr.	Sinnlicher Fokus	Material	Aufgabe	Ziel
2	taktil, motorisch	• stärkeres Papier (Din A2, 200 g) • Tuch zum Verbinden der Augen • harter Graphit-Stift	Mit verbundenen Augen werden kleine und große Bewegungen mit dem Graphit-Stift auf das Papier gezeichnet. Die entstehenden Linien können taktil nachempfunden werden.	• Fokus auf Bewegung, visuelle Kontrolle abgeben • Grenzen erfahren • Abstand zwischen einem selbst und der Arbeit wird kleiner, die Verbindung zum Tun größer
3	auditiv	• Tonträger • Pastellkreide • Buntstifte • Bleistifte	Die Gruppe hört gemeinsam eine Musik. Jeder setzt die gehörte Melodie/den Rhythmus zeichnerisch individuell um. Der zeichnerische Ausdruck kann ungegenständlich oder konkret sein. Dabei gibt es zwei Arbeitsweisen: a) synchron, d. h. zeitgleich hören und zeichnen, oder b) erst hören, dann zeichnen	• Melodie und Rhythmus in körperliche Bewegung und zeichnerische Formen umsetzen • Gehör und Konzentration schulen, Musik als Verbindung zum emotionalen Ausdruck nutzen • durch die Arbeit mit Pastellkreide (wischen) bekommt die Wahrnehmung auch haptischen und vor allem unmittelbaren Ausdruck
4	taktil, motorisch, visuell	• Ton (ohne Schamotte), • Ziehdraht zum Abschneiden des Materials	Für die Klient*innen sind die eigenen Hände bei dieser Übung die idealen ›Werkzeuge‹. Eine Portion Ton, die bequem in beide Hände passt, wird abgeteilt. Daraus wird zunächst eine Kugel modelliert. Die Form ergibt sich aus der eigenen Handmulde ganz natürlich. Der Ton wird dabei nicht aus den Händen gegeben. Diese Kugel ist das erste Objekt. Aus dem zweiten Stück Ton wird eine weitere Kugel geformt und mit dem Daumen geöffnet. Dabei stützen die anderen Finger den Ton von außen: Eine Schale wird modelliert.	• Selbst- und Fremdwahrnehmung • Veränderungsprozesse fühlbar machen: Aus einem undefinierten Klumpen wird eine gestaltete Form (Selbstwirksamkeit) • Sensibilität für sich selbst (Hände) entwickeln

6.3 Exemplarische Übungsaufgaben zur Förderung von Sinnesmodalitäten

Tab. 1: Exemplarische Übungsaufgaben zur Förderung von Sinnesmodalitäten
– Fortsetzung

Nr.	Sinnlicher Fokus	Material	Aufgabe	Ziel
5	visuell, olfaktorisch, motorisch	• intensiv-farbiger Fruchtsaft (z. B. Holundersaft) • Zeichenfeder aus Holunderholz • Pinsel • Tee/Kaffee • Glas mit Wasser	Mit Natursäften wird ein freies Bild gemalt. Dabei werden die visuellen wie auch haptischen Feinheiten entdeckt, die der Saft im Arbeitsprozess auf dem Papier entwickelt. Wenn den Klient*innen danach ist, kann man sich ein Schlückchen frischen Saft/Tee/Kaffee kredenzen, bevor der Rest zeichnerisch verarbeitet wird.	• Erfahrung: Organische Substanzen haben eine ursprüngliche Qualität, sind Ursubstanzen des Malerischen, aber unterliegen auch natürlichen Veränderungsprozessen (Farbe, Form, Geruch) • Wahrnehmung • differenziertes Sehen • Riechen von visuellen Feinheiten
6	visuell, olfaktorisch	• Früchte, Gemüse, Kräuter, Gewürze • Bunt- und Bleistifte	Man sucht sich eine Frucht, ein Kraut, Gemüse oder Gewürz aus dem Stillleben zum Zeichnen aus. Was lässt sich daran entdecken (Strukturen, Farben, Formen, Kontraste: hell- dunkel, plastisch etc.)? Wie duftet es? Woran erinnert der Duft? Lassen sich die Geruchserinnerungen auch zeichnerisch umsetzen? Wenn man will, kann man ein Häppchen probieren und seine Geschmackseindrücke zeichnen.	• Perspektivwechsel (Vielfalt und Einzigartigkeit, Mikro- und Makrobetrachtungen) • Aufmerksamkeits- und Achtsamkeitsübung • im Kontext riechen, schmecken, sehen, fühlen
7	visuell, auditiv	• Buntstifte • Deckfarben • Zeitschriften für Collage • Klebestifte	Gemütlichkeit steht an! Die Arme werden verschränkt auf dem Tisch abgelegt, so dass eine Kuhle für den Kopf entsteht. Eine Geschichte wird erzählt und der Phantasie wird freien Lauf gelassen. Anschließend werden die inneren Bilder/Vorstellungen/das Gehörte in ein Bild/eine Collage umgesetzt.	Auch eine bildliche Vorstellung (Phantasie) kann der Ausgangspunkt für ein Bild sein. Durch den kreativen Prozess werden die inneren Bilder/Vorstellungen für uns und andere sichtbar.

Anregend ist in diesem Zusammenhang ein Ausstellungszyklus im Museum Tinguely in Basel/Schweiz (2019/2020), der sich verschiedenen Sinnesmodalitäten widmet. Das betrifft z. B. Kunst im Kontext von taktilen, haptischen, olfaktorischen und gustatorischen Sinneserfahrungen.

7 Anwendungsfelder Heilpädagogischer Kunsttherapie

Das Spektrum der Heilpädagogischen Kunsttherapie in Ergänzung zu anderen kunsttherapeutischen Ansätzen (vgl. Dannecker & Herrmann 2017; Rickert 2009; Rössler & Matter 2013; Spreti et al. 2018) ist breit gefächert und umfasst die ganze Lebensspanne mit ihren Übergängen und Übergangssituationen. Über die non- bzw. transverbalen Zugangsformen werden Raum- und Zeiterfahrungen geschaffen, die helfen, Vermittlungsebenen zu erschließen. Im Hinblick darauf soll exemplarisch auf drei Bereiche, d. h. Heilpädagogische Kunsttherapie in pädagogischen und sozialen Feldern, in klinischen Kontexten und als besondere Unterstützung in Lebenssituationen, Bezug genommen werden, und zwar mit möglichen Differenzierungen in den Umsetzungsformen. Es geht um einen Einblick in die Vielschichtigkeit dieser Felder, ohne etwaigen Eingrenzungen vorzunehmen. In dem Sinne handelt es sich um offene Konzepte im Rahmen von Anwendungsfeldern, die gesellschaftshistorisch einen Stellenwert für die Heilpädagogische Kunsttherapie erlangt haben.

7.1 Heilpädagogische Kunsttherapie in pädagogischen und sozialen Feldern

Die Verankerung von Heilpädagogischer Kunsttherapie in verschiedensten sozialen Feldern als auch im schulischen Bereich bezogen auf Assistenz und Förderung hat in den letzten Jahren angesichts der Inklusionsdebatte an Bedeutung zugenommen. Im Folgenden sollen einige Aspekte, die die schulische, ambulante als auch soziale Förderung im öffentlichen Raum betreffen unter dem Gesichtspunkt von Inklusion und Teilhabe vorgestellt werden.

Heilpädagogische Kunsttherapie in der Frühförderung

Allgemein liegt der heilpädagogischen Frühförderung ein ganzheitlicher Ansatz zugrunde, und zwar in dem Zusammenwirken von interdisziplinären Maßnahmen unter Einbeziehung der Familie und nächsten Umgebung des Kindes. Es handelt sich folglich um eine Bündelung von passenden Angeboten aus medizinischer, psychologischer, sozialer und pädagogischer Sicht. Dem geht eine Diagnostik mit Förderangeboten sowie Beratung, Anleitung und Unterstützung der Eltern bzw. des näheren Umfeldes voraus. In diesem Sinne sind Angebote der Frühförderung auf eine entwicklungsdiagnostische Abklärung wie beispielsweise die Untersuchung der allgemeinen Entwicklung und der Intelligenz, der körperlichen und neurologischen Verfassung, auf den psychischen Befund, die Einschätzung zum sozialen Verhalten und zur emotionalen Entwicklung des Kindes sowie zu Entwicklungsbedingungen mit den Stärken und Ressourcen der Familie und auf eine Abklärung der Entstehung und des Verlaufs der Störung ausgerichtet.

Dem heilpädagogisch-kunsttherapeutischen Förderansatz kommt in dem Zusammenhang eine spielerisch fundierte Förderung im Bereich der Wahrnehmung des Kindes, seiner Bewegung, Interaktion, Kommunikation und Sprachentwicklung zu. In den spielerischen Gestaltungsprozessen können verschiedene Förderaspekte miteinander verbunden werden. Einen Aspekt nimmt die Spurenbildung ein, da das Kind wie beispielsweise im Schmieren mit Farben seine Selbstwirksamkeit in dem Hinterlassen einer Spur wahrnehmen kann. Gestaltungsprozesse sind vielfach an Objektträgern orientiert und können in den unterschiedlichen Bereichen der Wahrnehmungsförderung eingesetzt werden. Dies basiert auf einem Zusammenspiel von Sinneswahrnehmungen und Bewegungsfähigkeiten bzw. auf einer gezielten Förderung in der Wahrnehmungs- und Handlungskoordination.

Wenn davon ausgegangen wird, dass Kinder leiblich lernen (vgl. Wolf 2016), ist diesen Reifungsschritten besonders zu begegnen. Ein ganzheitlicher Aktivierungsansatz kann im Gestalten wirksam werden. Dabei sind es auch das Gesehen-Werden und die empathisch gegebene Unterstützung im Handlungsablauf, die das Erleben einer Selbstwirksamkeit unterstützen. Bereits die frühe Kinderzeichnung in ihrer Entwicklung vom Spurenschmieren zur Kritzelphase mit der Erstellung von Hieb-, Schwing- und Kreiskritzeln hin zum Konzeptkritzeln (▶ Abb. 11) entspricht motorischen Bewegungsformen, die einer zunehmenden Lenkung folgen und einhergehen mit der Sprachentwicklung im Benennen des Gestalteten. Dies folgt einer Selbst- und Welterkenntnis in der Entwicklung von Grundformen des Gestaltens, auf denen Bildformen hin zur Schemaphase mit den Vorformen aufbauen. Gleichzeitig beinhaltet der interaktive Prozess beim Gestalten einen Aufbau der Kommunikation mit anderen und eine Verstärkung der Selbstmitteilung bzw. des Selbsterlebens im spielerischen Tun. Diesem Wechselprozess im Geben und Nehmen kann eine tragende Funktion in der Bindungsarbeit zukommen.

In der Frühförderung geht es insbesondere darum, eine drohende oder bereits eingetretene Behinderung bzw. Entwicklungsverzögerung frühzeitig zu erkennen und entsprechende Förder- und Behandlungsmaßnahmen gezielt bezogen auf körperliche und psychosoziale Aspekte zu unterstützen. Sie betrifft in der Anwendung gestalterischer Medien die Förderung der Wahrnehmung des Kindes – auch bezogen auf seine Bewegung, Interaktion, Kommunikation und sprachliche Äußerung. Weiterhin geht es sowohl um die Einbeziehung lebenspraktischer Fähigkeiten in einem spielerischen Kontext als auch um die Unterstützung der sozialen und emotionalen Entwicklung in einem ausgewählten Setting (vgl. Berufs- und Fachverband Heilpädagogik – BHP, 2015a). Einhergehend mit einer umfassenden Diagnostik und entsprechenden Vorgaben gilt es Ressourcen und Auffälligkeiten bzw. Defiziten positiv zu begegnen und fördernd zu intervenieren. Eine Zusammenarbeit als Team ist erforderlich unter Einbeziehung von Bezugspersonen und Eltern. Im Hinblick auf

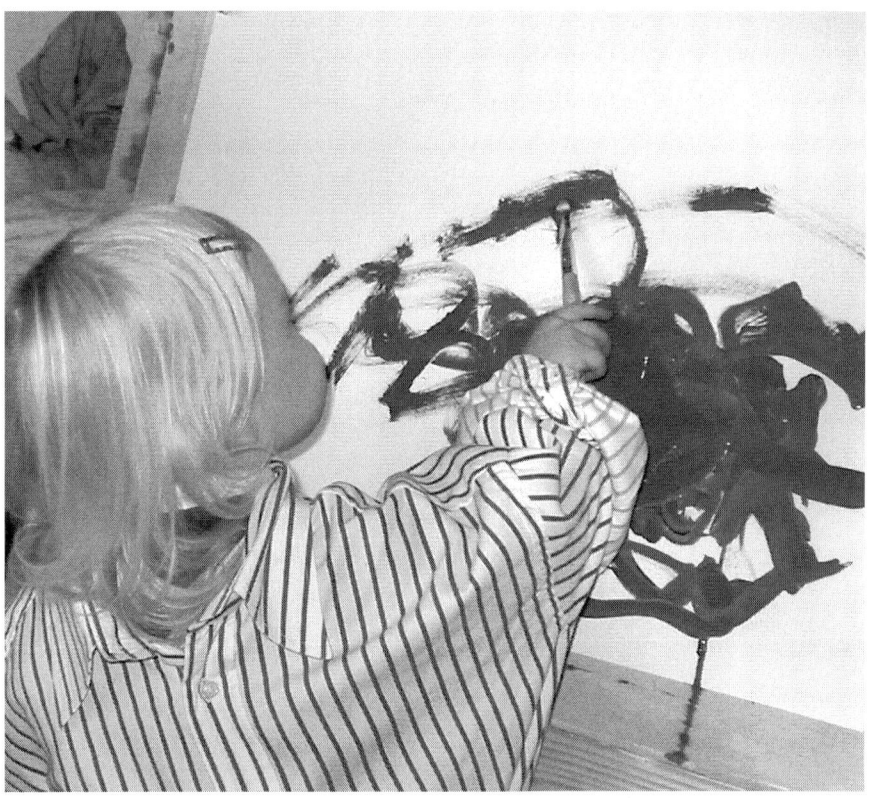

Abb. 11: 3-jähriges Mädchen malend (repräsentativ für die Erstellung von Hieb- Schwing und Kreiskritzeln)

das heilpädagogische Konzept können besondere Gestaltungsmittel und Settings einbezogen werden, um einen Zugang zum Kind unter Berücksichtigung seiner Ressourcen sowie bezogen auf den Ausbau seiner Kompetenzen, seines Selbsterlebens und Selbstwertgefühls zu unterstützen. Demzufolge steht die Heilpädagogische Kunsttherapie in direkter Vermittlung mit dem heilpädagogischen Ansatz und Aufgabenfeld.

Im Hinblick auf das Bindungsverhalten und die Bindungsfähigkeit (vgl. Brisch et al. 2010) kann der heilpädagogisch-kunsttherapeutischen Intervention eine besondere Bedeutung zukommen. In der frühkindlichen Entwicklung werden grundlegende Verhaltensmuster angelegt, die Auswirkungen auf die weiteren Lebensphasen haben. Frühzeitig Unterstützung und Begleitung zukommen zu lassen, kann über den ganzheitlichen Ansatz ermöglicht werden, was Bindungsentwicklungen und -qualitäten (vgl. Bowlby 1982; Ainsworth et al. 1978) betrifft. Über die sichere Begleitung in Gestaltungsprozessen kann das Kleinkind experimentell Materialien und seine Umgebung erkunden. Es vermag sich selbst in der Erweiterung seiner Ausdrucksmöglichkeiten im Gestalterischen zu erleben. Das Bereitstellen von sinnlich-haptischen Materialien und eine feinfühlige begleitende Interaktion erschafft einen intermediären Raum, wie ihn z. B. Donald Wood Winnicott (1973) als wesentlich für den therapeutischen Spielprozess herausgestellt hat. Zugleich bildet es ein präventives Medium für die weitere kindliche Entwicklung, wobei eine positiv unterstützende Interaktion stärkend wirkt.

Oft teilen bereits Kleinkinder mit, wenn sie eine Kompetenz erlangt haben, also dass sie etwas alleine machen möchten. Das Erleben von Selbstwirksamkeit spielt eine bedeutsame Funktion – wie z. B. im Halten des Pinsels, der Auswahl von Farben, der Selbstbestimmung des Gestaltungsmediums usw. Es ist überraschend, wie schnell Kinder in ihrer Handhabung eine größere Eigenleistung erreichen, aber dennoch die wahrnehmende und sprachlich verstärkende Begleitung benötigen. Hinsichtlich der Förderung eines sicheren Bindungsverhaltens hebt z. B. Karl Heinz Brisch das Präventionsprogramm ›Babywatching‹ (B.A.S.E.) und den Abbau von Stress hervor, d. h. das Lernen im psychosozialen Erleben gelungener Interaktionspraxis (vgl. Brisch 2010). Dies basiert auf feinfühligen Interventionen in der Begleitung des Kindes und der Wahrnehmung seiner intendierten Handlungsmuster. Gerade im spielerischen Handeln des ästhetischen Gestaltens lässt sich dieses unterstützen, wie das folgende Beispiel eines vierjährigen geflüchteten Kindes im Rahmen eines Offenen Ateliers im Flüchtlingsheim belegt.

Fallbeispiel: Heilpädagogische Kunsttherapie mit einem vierjährigen geflüchteten Kind

Über eine direkte Begleitung der Gestaltungsprozesse mit Unterstützung eigenständiger Motivationsanlässe konnte sich das Ausdrucksvermögen von vorläufigem unkontrolliertem Schmieren mit Farben, Handabdrucken u. a. zu komplexen Bildgestaltungen erweitern mit zunehmender Entwicklung von Formbildungen in der Kleinkindzeichnung (▶ Abb. 12, ▶ Abb. 13). Von der assistierenden Begleitung forderte das Kind z. B. die Gestalt einer Sonne einzufügen, in deren Zentrum ein Punkt gesetzt werden sollte. Ihr persönlicher Malstil dominierte mit einer farbigen Rahmensetzung am Schluss, was auf einen sicheren Ort verweisen mag.

7.1 Heilpädagogische Kunsttherapie in pädagogischen und sozialen Feldern

Abb. 12: Bild eines 4-jährigen Flüchtlingskindes, Gouachefarbe auf Din A2-Papier I

Abb. 13: Bild eines 4-jährigen Flüchtlingskindes, Gouachefarbe auf Din A2-Papier II

Heilpädagogische Kunsttherapie in der Schule

Im multikulturellen Raum ist Schule nicht mehr Ort eines einverständlichen Umgangs mit Normen und Werten, sondern ist durchdrungen von vielschichtigen Zugängen. Schulen im sozialen Brennpunkt, wie konfliktreiche Einzugsgebiete benannt werden, sind in der städtischen Kultur kein Einzelfall mehr. Bedingt durch die Zunahme ökonomischer und sozialer Konfliktlagen ist Schule zum Schmelzpunkt psychosozialer Beziehungsprobleme geworden. Das Lehrpersonal – selbst nicht frei von psychischer Überbelastung – hat neben dem Bildungsauftrag verstärkt eine persönlichkeitsfördernde Aufgabe zur Erlangung sozialer Kompetenz zu übernehmen. Dies ist im Rahmen des schulischen Alltags nur eingeschränkt möglich, um allen Schüler*innen in ihren Problemlagen gerecht zu werden. Arbeitslosigkeit der Eltern, Trennungs- oder Scheidungsfall, Krankheit und Todesfall in der Familie, Alleinerziehung, Vernachlässigung, Gewalterfahrung und sexueller Übergriff, um nur einige Aspekte aufzuführen, berühren das Lernverhalten von Schüler*innen. Psychische Belastungssituationen münden in verschiedenste Formen von Verhaltensauffälligkeiten, die nur begrenzt im schulischen Unterricht aufgefangen werden können. In dem Bereich bedarf es gesonderter Angebote, um in Einzel- oder Kleingruppen der besonderen Problemlagen von Schüler*innen zu begegnen.

Die Verankerung von heilpädagogisch-kunsttherapeutischen Angeboten an Schulen für Gruppen, aber auch als Einzelinterventionen, ermöglicht ein präventives Verfahren für problembelastete Schüler*innen an Schulen einzubinden (vgl. Berufs- und Fachverband Heilpädagogik – BHP, 2015b). Solche Verfahren sind auf einen die Persönlichkeit fördernden Ansatz ausgerichtet und entsprechen demzufolge dem Auftrag von Schulen. Projektarbeiten belegen, dass derartige Angebotsformen zu einer Verbesserung von schulischen Leistungen, des Wohlbefindens von Schüler*innen als auch zum Abbau von Konfliktlagen beitragen können (vgl. Hampe 2015; 2018a–c; 2019a). Über die örtliche Verankerung an Schulen kann eine Stigmatisierung und Ausgrenzung unterlaufen bzw. im Vorfeld auf belastende Situationen Bezug genommen werden.

Der Aufbau des Settings folgt allgemein einer Einstiegs-, Aktivierungs- und Abschlussphase als rituelle Rahmensetzung. In der Gestaltung kann dies unterschiedlich sein; zum Einstieg ist beispielsweise eine Befindlichkeitsrunde mit Smileys zur subjektiven Selbstwahrnehmung, eine Achtsamkeitsübung, eine Tagtraumimagination, eine Erzählung oder anderes einsetzbar. Dagegen sind in der Aktivierungsphase unterschiedliche Gestaltungsformen als freies Ausdrucksangebot oder als thematisch orientiertes Angebot möglich. Dies ist jeweils abhängig von der Gruppenzusammensetzung und von den situativen psychosozialen Anforderungen. Es geht allgemein um die Schaffung eines geschützten Raumes, um in der Aktivierung von Körper- und Selbstwahrnehmungen innere Bilder zu beleben. Die Abschlussphase betrifft die gemeinsame Wahrnehmung des Gestalteten, die Kommentierung des Erlebten und eine mögliche Anreicherung durch Geschichtenerzählen sowie durch eine mögliche Smiley-Runde zum aktuellen Befinden. Eine Deutung des Gestalteten wird vermieden. Generell lässt sich der Aufbau wie folgt schematisch gliedern.

Tab. 2: Methodisches Setting der Einzel- oder Gruppenarbeit

Einstiegsphase	aktuelle Befindlichkeit mit Smiley, Tagtraumimagination, Märchen/Erzählung, Körperpercussion als Achtsamkeitsübung etc.
Aktivierungsphase	dialogisches oder freies Gestalten mit unterschiedlichen bildnerischen Medien etc., meist auf Din A2-Formaten u. a.
Abschlussphase	gemeinsames Betrachten und inneres Erleben, Märchendialog zu gestalteten Motiven, Befindlichkeit mit Smiley etc.

Im Folgenden soll exemplarisch auf Fallbeispiele bezogen auf die Bedeutung von heilpädagogisch-kunsttherapeutischen Angeboten an Schulen eingegangen werden. In diesem Zusammenhang geht es um die Interventionspraxis mit einem elektiv mutistischen Jungen, einem Mädchen mit Vernachlässigungstendenzen und der Gefahr von sexuellem Missbrauch, einem Jungen mit einem konfliktreichen Elternhaus und einem Mädchen mit verdeckter Trauerarbeit (vgl. Hampe & Hegeler 2008; Hampe 2011; 2018b; 2018c). Es werden Interventions- und Verlaufsformen aufgezeigt, ohne auf den jeweiligen Fall vertiefend in der Beschreibung einzugehen.

Fallbeispiel A: Interventionspraxis mit einem elektiv mutistischen Jungen

Vor dem Hintergrund von Migration und Spracherlernung ist ein elektiv mutistischer türkischer Junge bis zur 4. Klasse im Unterricht sprachlos integriert worden, ohne dass die Eltern eine Bereitschaft zum Angebot einer externen Schulpsychologin wahrgenommen haben. Erst mit Beginn des schulischen Angebotes einer Heilpädagogischen Kunsttherapie und dem Vertrauensaufbau des Jungen haben die Eltern über einen begrenzten Zeitraum dieses Angebot angenommen. Weiterhin hat eine Zurückversetzung in der Klassenstufe dem Jungen mehr Zeit gegeben, den Übergang in die 5. Klasse an eine andere Schule erfolgreich zu bewältigen und dort als sprechender Junge zu beginnen. Durchgehend hat er das Angebot der heilpädagogischen-kunsttherapeutischen Förderung als Einzelangebot während der Unterrichtszeit genutzt und unbewusst familiäre Bindungsaspekte in der Loyalität zur damals nur türkisch sprechenden Mutter sowie seine Schüchternheit überwunden. Im Angebot ging es um ein ressourcenorientiertes Arbeiten mit Aktivierung innerer Bilder über eine Tagtraumimagination im Sinne des katathymen Bilderlebens (vgl. Leuner 1985), eine kommunikative Dialogsituation über eine mimische Mitteilung des Erlebten und das freie Gestalten mit unterschiedlichen Malmitteln. Hilfreich war nach einer Einführungszeit ergänzend eine Geschichte zum gestalteten Bild zu erstellen, und zwar im Sinne von »es war einmal...«, indem abwechselnd unter dem Bild ein Satz geschrieben wurde. Zuerst erfolgte ein Vorlesen der Geschichte durch die Kunsttherapeutin, dann ein abwechselndes Lesen bis hin zum selbständigen Vorlesen mit zunehmender Stimmhaftigkeit. Über die Tragtraumimagination wurden innere Bilder zur Bewältigung der Lebenssituation angeregt, in denen der

Junge zunehmend eine handlungsbezogene Rolle einnahm. Der Anteil des Schreibens und Lesens hat im Ablauf einen größeren Raum einnehmen können (▶ Abb. 14, ▶ Abb. 15).

Abb. 14: Bild eines türkischen, elektiv mutistischen Jungen der 4. Klasse, Ölpastellkreide und Bleistift auf Din A2-Papier

7.1 Heilpädagogische Kunsttherapie in pädagogischen und sozialen Feldern

Abb. 15: Bild eines türkischen, elektiv mutistischen Jungen der 4. Klasse, Bunt- und Bleistift auf Din A2-Papier

Fallbeispiel B: Interventionspraxis bei einem Mädchen mit Vernachlässigungstendenzen und der Gefahr von sexuellem Missbrauch

Ein Mädchen der 1. Klasse mit Vernachlässigungstendenzen und der Gefahr sexuellen Missbrauchs fiel der Lehrerin durch fehlendes Pausenbrot, Betteln bei Mitschüler*innen um mitgebrachte Nahrungsmitteln sowie der Verbalisierung provokanter sexueller Ausdrücke auf. Sie nahm gemeinsam mit drei Mitschülern der 1. Klasse an dem kunsttherapeutischen Angebot teil. Im Verlauf des Angebotes äußerte sie spielerisch verstärkt sexuelle Ausdrücke, um die teilnehmenden Jungen zu provozieren, auch fiel eine zunehmende Verdunkelung ihrer Bildgestaltungen durch Übermalen auf. Nach den Ferien hatte sie verstärkt angstbezogene und belastende Inhalte gemalt, so dass ein Gespräch mit der Mutter zustande kam, um sie als kooperierende Partnerin zu gewinnen. Dies bewirkte, dass die Mutter sich erstmalig als Elternteil in der Klassenverwaltung einbrachte, einen Hortplatz für die Tochter organisierte und für das Pausenbrot sorgte. Zudem wurden mögliche Belastungsaspekte des Kindes thematisiert, was den Ferienaufenthalt bei den Großeltern in einem anderen Bundesland betraf, und dabei das etwas freizügigere Benehmen des Großvaters offenlegte. Dahingehend wurden präventiv Veränderungen in Absprache mit der Großmutter getroffen, da das Kind sehr an ihr hing. Auffällig war, dass das Mädchen zwischenzeitlich immer mehr anale Aspekte zum Ausdruck brachte wie Koten, ins Regressive über das Schmieren auf der Bildfläche ging sowie expressiver und dynamischer in den Gestaltungsprozessen wurde. Einerseits schien sie ihre Einsamkeit und Traurigkeit auszudrücken, andererseits versuchte sie mit ihren Ausdrücken die anwesenden Jungen zu beeindrucken und die Gruppe zu dominieren. Zudem verwiesen ihre Bilder auf eine konflikthafte Familiensituation. In ihren späteren Gestaltungsarbeiten bevorzugte sie verstärkt Ton und zeigte Symbolisierungen einer familiären Identität und Formen einer Selbstfindung (▶ Abb. 16, ▶ Abb. 17).

7.1 Heilpädagogische Kunsttherapie in pädagogischen und sozialen Feldern

Abb. 16: Bild eines 8-jähriges Mädchens mit Vernachlässigungstendenzen, Deckfarben auf Din A2-Papier I

Abb. 17: Bild eines 8-jähriges Mädchens mit Vernachlässigungstendenzen, Deckfarben auf Din A2-Papier II

Fallbeispiel C: Interventionspraxis bei einem Jungen mit einem konfliktreichen Elternhaus

Ein weiteres Fallbeispiel betrifft einen Jungen mit einer Bindungsproblematik (vgl. Julius 2001a, b) in der 1. und dann 2. Klasse. Als zweiter Sohn eines beidseitig berufstätigen Elternpaares wurde er mit seinem Bruder nachmittags in einem Hort betreut. Im Unterricht eher verspielt und im Vergleich zu Mitschüler*innen verlangsamt im Mitmachen, verträumt, mit eigenen Dingen beschäftigt und durch Vermeidungsverhalten eigenem Versagen ausweichend, wurde in seinen Bildern wiederholt das Haus – unabhängig von der jeweiligen Einführungsphase – zum Sujet. Anfangs malte er es vielfach als zweigeteiltes Haus, ein Haus im Regen, selbst wenn die Sonne schien, und bearbeitete so unbewusst einen bestehenden Elternkonflikt (▶ Abb. 18). Bildgestaltungen zur Auseinandersetzung mit der eigenen Sexualität folgten sowie eine Thematisierung von Rückzugs- und Schutzgestaltungen als Höhle oder Iglu in Ton geformt, aber auch der Vulkan als Ausdruck emotionaler Gestimmtheit nach einer Geschwisterstreitigkeit. Mit Bau einer Brücke und Wegstrecke als vermittelnde Symbole zwischen zwei Teilen nahm er die Thematik gewandelt wieder auf. Im Laufe der Arbeit mit phasenweisen Unterbrechungen – erst in einer Gruppe, dann in einer Zweierkonstellation – erhielten seine Hausgestaltungen eine farbenfrohere Gestaltung mit Hervortreten der Sonne an, veränderten sich von kleinen, z. T. winzigen Hausmotiven in der Landschaft zu hochhausartigen Gebilden, fast phallusartig (▶ Abb. 19), wobei die letzten Motive blattausfüllende Hotelgebäude geworden waren. Sie können auch als Ausdruck einer gewandelten Selbstwahrnehmung gedeutet werden, einhergehend mit dem Wunsch eines Versorgt-Werdens oder – wie Edith Kramer (1975) hervorhebt – als Ausdruck einer gelungenen Sublimierung. Die Zurückversetzung in einen kleineren Klassenverband wurde den Eltern aufgrund seines ambivalenten Lernverhaltens empfohlen, um seinem Lernrhythmus folgend eine bessere Förderung zu erhalten. Ohne kooperative Mitarbeit der Eltern kann z. T. mit Schüler*innen nur eingeschränkt gearbeitet werden, wobei auch belastende Lebensumstände mit hineinwirken. Der Junge schien im Laufe der Zeit eine größere psychische Stabilität und Sicherheit erlangt zu haben, vermochte sich aber noch nicht leistungsmäßig voll einzubringen.

7.1 Heilpädagogische Kunsttherapie in pädagogischen und sozialen Feldern

Abb. 18: Bild eines 7-jährigen Jungen mit einem konflikthaften Elternhaus, Deckfarben auf Din A2-Papier

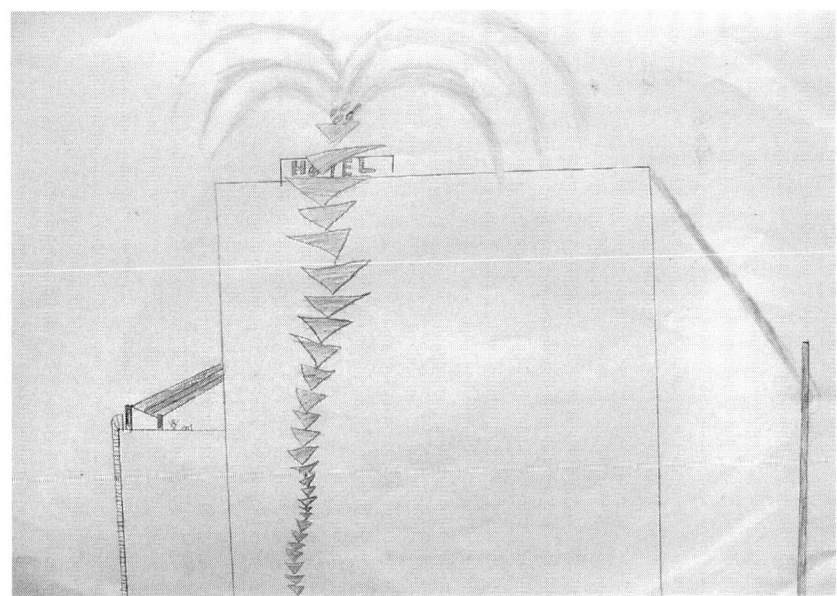

Abb. 19: Bilder eines 7-jährigen Jungen mit einem konflikthaften Elternhaus, Buntstift auf Din A2-Papier

Fallbeispiel D: Interventionspraxis bei einem Mädchen mit verdeckter Trauerarbeit

Ein anderes Mädchen aus einer 1. Klasse war ein Einzelkind, dass der Klassenlehrerin durch grundloses Weinen und Klagen über Bauchschmerzen auffiel, was auch bereits im Kindergarten aufgetreten war. In der ersten kunsttherapeutischen Sitzung wurde als Imagination das Motiv »Blume« vorgegeben. Auffällig war, dass Sie mit Buntstiften ein schwarzes Haus malte, nachdem sie als inneres Bild zuerst eine rote Blume gesehen hatte, die sich zu einer gelben verwandelte, als sie ihr Wasser gab. In vielen ihrer Bilder wurde unabhängig von der Motivvorgabe in der Tagtraumimagination das Haus gemalt. Sie war phantasievoll in der Erzählung ihrer Tagträume, wo u. a. ein Elefant auftauchte, der sie umrannte, eine Fledermaus sie beschützte und weitere wilde Tiere erschienen, die sie zu kraulen vermochte. Stets war etwas Schwarzes in ihren Bildern sichtbar, was die Hausgestaltungen mitprägte (▶ Abb. 20, ▶ Abb. 21). Nach dem Malen entstanden meist ergänzend Lernspiele an der Tafel, die das Mädchen selbst initiierte, wobei sie eigene Motive zeichnete und Worte anschrieb bzw. wieder wegwischte. Bei einem späteren Elterngespräch mit Verweis auf mögliche Belastungsaspektes des Kindes teilten beide Elternteile mit, dass in kurzer Folge zwei Todesfälle in der Familie eingetreten waren: der unerwartete Tod der Großmutter väterlicherseits, an der sie sehr hing, durch ein Rezidiv der überwunden gehofften Krebserkrankung, und einige Wochen später der Tod des Lebensgefährten der Großmutter mütterlicherseits an Herzstillstand. Mittels der gemalten Bilder konnte auf den Erlebenshorizont der Tochter verwiesen werden, d. h. auf eine traurige Grundstimmung und Angstphänomene, so dass eine gemeinsame Absprache gefunden und eine Kooperationsebene mit der Mutter aufgebaut werden konnte. Einerseits schien in den Bildern etwas Bedrückendes und Bedrohliches mitzuschwingen, andererseits eine gewandelte Selbstwahrnehmung stattzufinden. Es dauerte circa ein halbes Jahr, bis die Symptome des scheinbar grundlosen Weinens in der Klasse aufhörten. Zudem begann sie verstärkt Freundschaften zu ihren Mitschüler*innen aufzubauen, was auch in den Übergang vom Einzelsetting in ein Gruppenangebot mündete. Die Schule wurde für sie zu einem Ort, wo sie sich wohl fühlte. Die verdeckte Trauer um die verlorene Großmutter, die Bearbeitung eines z. T. konfliktbeladenen Elternhauses und die Wahrnehmung ihrer Stärken und Fähigkeiten bestimmten ihre Gestaltungen, wobei der Malraum auch zu einer Art Schutzraum für sie wurde.

7.1 Heilpädagogische Kunsttherapie in pädagogischen und sozialen Feldern

Abb. 20: Bild eines 7-jährigen Mädchens mit psychosomatischen Beschwerden, Buntstift auf Din A2-Papier

Abb. 21: Bild eines 7-jährigen Mädchens mit psychosomatischen Beschwerden, Deckfarben auf Din A2-Papier

Heilpädagogische Kunsttherapie mit Kindern und Jugendlichen im ambulanten Bereich

Schulsozialarbeit und heilpädagogische Förderung können im Hinblick auf Inklusion zwei wesentliche Bereiche im Handlungsfeld schulischer und sozialer Arbeit darstellen. Sie sind auf zukunftsrelevante Handlungsfelder an der Schnittstelle zwischen Jugendhilfe und Schule bezogen. Im Hinblick darauf hat die Schulsozialarbeit seit Mitte der 1990er Jahre mehr an Gewicht gewonnen (vgl. Spies & Pötter 2011), während die heilpädagogische Förderung und Sonderpädagogik mit dem Ansatz der Inklusion an Schulen ein interdisziplinäres Aufgabenfeld erhalten hat. Dabei geht es um die Wahrnehmung ihrer jeweiligen eigenständigen Bedeutung an Schulen als auch um Formen ihrer Überschneidung und Durchdringung. In dem Zusammenhang soll nicht auf die Debatte der begrifflichen Fassung gesondert Bezug genommen werden, sondern vielmehr auf Handlungsfelder im Rahmen der Inklusionsdebatte. Im Rahmen der Frühförderung und Jugendhilfe kann die Heilpädagogische Kunsttherapie eine besondere Funktion einnehmen und als Eingliederungshilfe von Sozial- und Jugendämtern erstattet werden (Dufern et al. 2014). Dies betrifft die folgenden Paragrafen für ambulante Heilpädagogische Praxen oder interdisziplinäre Frühförderstellen:

- § 35a, SGB VIII, Leistungen der *Eingliederungshilfe* bei (drohender) seelischer Behinderung,
- § 53, 54, SGB XII, Sozialhilfe, Leistungen der *Frühförderung* bei (drohender) Behinderung,
- § 27 ff., Abs. 3, SGB VIII, therapeutische Leistungen der ambulanten *Hilfen zur Erziehung* der Kinder- und Jugendhilfe (vgl. Dufern 2018, S. 96).

Zudem bedarf es der Anerkennung der Heilpädagogischen Praxen von den Sozial- und Jugendämtern der Städte und Landkreise, damit ambulante Leistungen der Heilpädagogischen Kunsttherapien im Rahmen der Frühförderung oder der Jugendhilfe von den Behörden übernommen werden. Weiterhin ist eine grundständige Ausbildung für heilpädagogisch tätige Kunsttherapeut*innen notwendig. Eine alternative Finanzierung der Maßnahmen ist auch durch freie Kostenträger, d. h. durch Stiftungen, Fördervereine, regionale Solidargemeinschaften oder auch durch Privatzahlungen, möglich. Im Rahmen von Einzelfallentscheidungen können gesetzliche Krankenkassen als Kostenträger fungieren (vgl. Dufern 2018, S. 96). Das Aufgabenfeld der Heilpädagogischen Kunsttherapie mit Kindern und Jugendlichen im ambulanten Bereich stellt berufspolitisch ein bedeutsames Arbeitsfeld dar: Hier erhält die Heilpädagogische Kunsttherapie eine Verankerung in der psychosozialen Versorgung. Dieses Arbeitsfeld erfordert weiterhin ergänzende Studien, um fördernde Wirkungszusammenhänge zu belegen und auszubauen.

Beispielhaft sei das Konzept des Offen Ateliers als Konzept zur Förderung von Kindern, Jugendlichen und Erwachsenen beschrieben. Die Idee des offenen Ateliers mag eine der Wurzeln sein, auf der die Entwicklung vielfältiger kunsttherapeutischer Methoden beruht (vgl. Wigger & Wrede 1994, S. 50 ff.). In der weiteren Entwicklung der Kunst- und Kreativtherapien, vor allem in klinischen Kontexten, sind mittlerweile strukturierte Verfahren z. B. auf der Basis lösungsorientierter Beratung (vgl. Bamberger 2015, S. 167) etabliert. Möglicherweise ist dies darin begründet, dass diese Verfahren planbarer, problemzentrierter und bezüglich nachweislicher Effekte effizienter zu erfassen sind. Dennoch haben Offene Ateliers ihre Vorzüge längst unter Beweis gestellt und behalten hoffentlich einen festen Platz im ambulanten und klinischen Bereich. Beispielhaft sei das Konzept der 2005 gegründeten Malwerkstatt Münster genannt. Es entstand u. a. aus der Nachfrage stationärer psychiatrischer Patient*innen nach einem vergleichbaren poststationären Offenen Atelier, wie sie es während der stationären Zeit kennengelernt hatten. Das Konzept erweiterte sich schnell auf Angebote für Kinder und Jugendliche. Im Hinblick darauf wurde seitdem in kleinen Gruppen gearbeitet, und dabei stehen zeichnerische, malerische und plastische Medien zur individuellen Auswahl zur Verfügung. Ein großzügiger Raum, Licht und ein Blick in die Natur sind neben der Vielfalt an Materialien von Bedeutung. Im Rahmen einer Masterthesis (vgl. Gawandtka 2010) ist diesen Effekten des Offenen Ateliers hinsichtlich der Ressourcenaktivierung bei Kindern und Jugendlichen nachgegangen worden. Es wird u. a. belegt, welcher Sinnbezug dem gemeinsamen Gestalten zugekommen ist. Die Jugendlichen haben im Rahmen der Projektarbeit teilweise mehr als ein Jahr an dem Angebot teilgenommen und an sich selbst positive Entwicklungsprozesse feststellen können. Im Rahmen der ambulanten Kunsttherapie in einem Atelier können Jugendliche vom freien Ausprobieren und Explorieren mit künstlerischen Medien profitieren. Der Zusammenhang zwischen positivem Selbsterleben und Frustrationen wird kohärent erlebt, und diese Lernprozesse entwickeln sich im kreativen Prozess stetig weiter (d. h. Erweiterung der Handlungskompetenz und Copingstrategien). Besonders das subjektive Erleben in der Gruppe und der unterstützenden Gemeinschaft sind in der Hinsicht als stützend in der qualitativen Studie hervorgehoben worden (vgl. Gawandtka 2010, S. 80).

Heilpädagogische Kunsttherapie und Inklusion mit beeinträchtigten Menschen

In der Entwicklung der neuen digitalen Medien mit Tablets und Software-Programmen – auch in der Ablesung von kleinsten Bewegungsformen wie Lidschlag, Mimik, gedanklicher Konzentration – sind für narrative Bildgestaltungen neue Möglichkeiten der Förderung und Kommunikation entstanden. Sie bieten selbst Menschen mit größeren körperlichen Beeinträchtigungen Zugangsformen zur kommunikativen Kompetenz und zu kreativen Gestaltungen. Allgemein bekannt ist ein collageartiges Gestalten mit Bildmaterialien aus Illustrierten u. Ä., um diese in Kombination mit bzw. als Stellvertreter für eigene Gestaltungen zu verwenden. Es ist das Arrangement auf dem Blatt, das einen haptischen Zugang gewährt. Anders verhält es sich bei der digitalen Verarbeitung, bei der heutzutage selbst mit dem Stift als Schreib-, Mal- und Zeichenutensil auf dem Tablet – erweitert hin zu Photoshop – und mit verschiedensten collageartigen Kombinationen Bildentwürfe gestaltet werden können. Im Hinblick auf die digitale Bearbeitung von gestalteten Objekten oder szenische Inszenierungen kann es auch zu einer Kombination von traditionellen Techniken in ihrer sinnlich-sensorischen Präsenz mit diesen modernen Medien kommen. Zudem bietet die narrative Verknüpfung, wie sie der Trickfilm oder das szenische Spiel in der Dokumentation beinhaltet, Verarbeitungsformen, die multimedial sensorische Erlebnisformen miteinander verbinden.

Fallbeispiel: Projektarbeit Trickfilm im Offenen Atelier der »Villa Artis«

Anhand von Projektarbeiten im Offenen Atelier der »Villa Artis« «, einer inklusiven Kulturstiftung in Heitersheim (www.caritas-freiburg.de), gemeinsam mit Studierenden der Katholischen Hochschule Freiburg im Rahmen des Vertiefungsfachs Heilpädagogische Kunsttherapie kann der Ansatz exemplarisch vorgestellt werden. Die Teilnehmer*innen betreuter Werkstätten konnten das Angebot selbstbestimmt auswählen. Für manche war es ein langersehnter Wunsch, der in Erfüllung ging, um einmal einen eigenen Trickfilm zu erstellen. Auffällig in den Gestaltungsprozessen mit den Teilnehmer*innen war, dass der szenische und narrative Aufbau genutzt wurde, um emotionale Erfahrungen und Gestimmtheiten zu bearbeiten. Dabei waren die Studierenden partnerschaftlich am ästhetischen Gestaltungsprozess beteiligt bzw. als Assistenzen in der Erstellung und abschließenden Formatierung der filmischen Darstellung zur Förderung von Selbstkompetenz der Teilnehmer*innen. Mit einem einfachen Computer-Programm lassen sich Bilder als Film leicht bearbeiten und zusammenstellen. In Gruppenarbeiten haben sich die Teilnehmer*innen jeweils selber ihr Thema gewählt und ausgehend von niedrigschwelligen Zugängen ihre persönlichen Themengestaltungen vorgenommen. So ging es beispielsweise bei den erwachsenen Teilnehmer*innen mit geistiger Beeinträchtigung um Themen wie Verlusterfahrung (»Friedrich, der seinen Hut im Wasser verlor«; ▶ Abb. 22), um die Beschützerrolle (»Hund jagt Monster«, »Trixi beschützt das Schaf«), um Tanzen und Kennenlernen, Versteckspiel (»Fridolin, der Osterhase«) u. a. Auch das Spiel mit Naturmaterialien, der mimische Ausdruck bei Porträtzeichnungen, das Schattentheater in der Erzählung einer Geschichte oder das Märchenspiel wie der »Froschkönig« wurden experimentell erprobt, wobei sich altersübergreifende Inszenierungen im szenischen Spiel umsetzen ließen. Weiterhin war ein prozesshaftes Gestalten bei laufender Kamera eindrucksvoll, wobei eine Geschichte zum Zoo (»Unser Zoo«, ▶ Abb. 23, 24) entstand und sich die Szenen phasenweise aufbauen ließen und spielerische Momente von schützender Barriere und freier Begegnung symbolisiert wurden. Im mimischen Erleben von Gefühlen einhergehend mit der körperlichen Haltung wurden ergänzend unterschiedliche Ausdrucksformen miteinander erprobt und zeichnerisch festgehalten. Die Zusammenstellung der Bilder eines*einer jeden Einzelnen vermochte diese Erlebens- und Verarbeitungsprozesse zu verstärken.

Abb. 22: Trickfilm-Still: »Friedrich, der seinen Hut im Wasser verlor«, farbige Knete und Ölpastellkreide auf Papier

 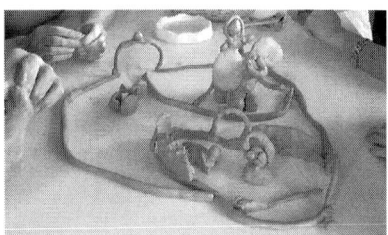

Abb. 23: Trickfilm-Still: »Unser Zoo«, Ton auf Tischplatte I

Abb. 24: Trickfilm-Still: »Unser Zoo«, Ton auf Tischplatte II

Die gemeinsame Vorstellung aller Arbeiten am Schluss der Workshops schuf einen kommunikativen Austausch, den alle als bestärkend erlebten. Es handelte sich bei den Teilnehmer*innen hauptsächlich um eine Gruppe von 30- bis 60-Jährigen, die unterschiedliche geistige wie auch körperliche Beeinträchtigungen hatten und in betreuten Einrichtungen tätig waren. Es konnte wahrgenommen werden, dass auch komplexe Aufgabenfolgen wie die des Trickfilms gut machbar waren und sich großer Beliebtheit erfreuten, auch wenn gestalterische Umsetzungsformen unterschiedliche Kompetenzen zeigten.

Da digitale Medien die Möglichkeit der Veränderung und Weiterführung von traditionellen Gestaltungsformen bieten, können sie eine besondere Motivation für

Teilnehmer*innen bereitstellen. Das künstlerische Gestalten in seinen vielschichtigen Zugangsformen kann zudem eine Funktion in der Förderung von beruflichen Kompetenzen von Menschen mit Behinderung erhalten bzw. bildet ein Angebot zu arbeitsbegleitenden Tätigkeiten wie auch zu persönlichkeitsfördernden Maßnahmen im Lebensalltag. In der Hinsicht trägt es dazu bei, ein Empowerment-Konzept zu stützen im Sinne von Selbstbestimmung, Autonomie oder Selbstverwirklichung. In der Arbeit mit den modernen digitalen Medien sind z. B. folgende Aspekte zu beachten:

- Übernahme von Verantwortung und Entwicklung eigener Ideen in der Umsetzung;
- Inszenierung narrativer Verarbeitungsformen, wobei digitale Medien als modernes Hilfsmittel eine Kompetenzerweiterung ermöglichen;
- Aktivierung von Ressourcen im Selbstwert-Erleben über die Produktion von Trickfilm, Film-Collage, Foto-Buch etc.;
- Erlangung gewandelter Resonanz-Bezüge über unterschiedliche Erfahrungen des sinnlichen Ausdrucks;
- Unterstützung von Ausdrucksformen für eigene Ideen und ein Kommunizieren mit Anderen im Rahmen der sozialen Gemeinschaft;
- Teilhabe über Schaffung einer Kommunikationsbrücke mit den gestalteten Objekten im Rahmen des öffentlichen Raums;
- Selbstwahrnehmung von Lebensperspektiven, von eigenen Kompetenzen im Medium der Kunst und von Autonomieerleben;
- Entwicklung eigener Fähigkeiten als modellhaftes Lernfeld im ästhetischen Gestalten für die Vermittlung in das Arbeitsleben;
- Einbeziehung heilpädagogischer Assistenz im Rahmen besonderer Ausbildungsangebote, um vermehrt rezeptive und aktive Aktivitäten in öffentlichen Institutionen wie Museen, Theater, Institutionen zu ermöglichen.

Inklusion im Sinne der Teilhabe lässt sich folglich über den ästhetischen Ausdruck besonders fördern. Dem Ästhetische kommt eine Brückenfunktion im Verstehen des Anderen und im Miteinander eines gegenseitigen Austausches zu. Es unterliegt einem salutogenetischen Ansatz, der mit Ressourcenorientiertheit, Selbsterleben und kommunikativen Handlungseinheiten einhergeht. Die Einbeziehung neuerer digitaler Medien eröffnet eine erweiterte Form der Aktivierung in der Verbindung von Traditionellem und modernen technischen Medien. Dies wirkt besonders motivierend, um innovative Projekteinheiten entstehen zu lassen, die zukunftsträchtig sind und Menschen mit Beeinträchtigungen neue Zugangsformen in gesellschaftlichen Lebensräumen bereitstellen.

Heilpädagogische Kunsttherapie im Museum

Das Museum als Bildungsort hat im 19. Jahrhundert eine besondere Bedeutung erlangt. Über die visuelle Präsenz des Gegenständlichen soll ein anderer Zugang zum Verstehen von Kultur gegeben werden. Dies hat beispielsweise Georg Kerschensteiner (vgl. Fernau-Kerschensteiner 1954) als Vertreter der Reformpädagogik und als

Mitwirkender im Vorstand des Deutschen Museums mittels eines neuen Ansatzes zur besucherorientierten Vermittlungsarbeit wegweisend für die moderne Museumspädagogik schon früh erkannt und sich auch mit der Sammlung von Kinderzeichnungen auseinandergesetzt. In ihrem Buch »Das Jahrhundert des Kindes« (1900/02) hat Ellen Kay (vgl. 2016) das bestehende Schul- und Bildungswesen radikal abgelehnt, und zwar mit der Forderung, dass alles vom Kind her umgestaltet werden müsse. In diesem Sinne hat Alfred Lichtwark eine Ausstellung von Kinderzeichnungen im Hamburger Museum Anfang des 20. Jahrhunderts durchgeführt. Seit der Nachkriegszeit und einer Neubesinnung in der Mitte der 1960er Jahre zur Museumpädagogik sind Tendenzen hinsichtlich des Bildungsauftrages der Museen in der Erweiterung von Zielgruppen wahrzunehmen (vgl. Deutsche UNESCO-Kommission 1974; Klausewitz 1975; Rohmeder 1977; Freymann & Grünewald-Steiger 1988 u. a.). In der Vermittlungsarbeit der Museumspädagogik werden verstärkt Erlebens- und Erfahrungsräume mit einbezogen, wobei das Handeln der Besucher*innen auf die Aneignung von Ausstellungsobjekten ausgerichtet ist. Im Hinblick auf die Zielgruppen ist die Museumspädagogik über Schülergruppen hinausgewachsen und erfasst breite Bereiche der Erwachsenenbildung. Hinzugekommen ist in den 1980er Jahren, das Museum als Bildungsinstitution im Sinne einer interkulturellen Museumspädagogik auch für Randgruppen verstärkt zugänglich zu machen (vgl. Jacobs 1989). Einer Erweiterung des Konzepts für Menschen mit Beeinträchtigung betraf zunächst die Präsentation von Repliken für blinde Menschen, und erst in den 1980er bzw. 1990er Jahren erfuhren auch Menschen mit geistiger Beeinträchtigung eine besondere Berücksichtigung.

Projektarbeiten haben in diesen Bereichen eine Vorreiterstellung eingenommen und verstärkt zur Partizipation von Menschen mit Beeinträchtigung in der Museumslandschaft beigetragen.

Fallbeispiel: Projektarbeit im Übersee-Museum Bremen

Dies betraf auch eine inklusive Projektarbeit am Übersee-Museum Bremen – einem Museum mit einer natur- und völkerkundlichen Sammlung (vgl. Döhner & Hampe 1992), in dem es um die Thematik »Vom Ich – zum Du – zum Fremden« in den themenorientierten Gestaltungsanlässen ging, gefördert von EUCREA-Deutschland. Das Projektkonzept war in der Abfolge einzelner Phasen prozessorientiert ausgerichtet, wobei die Mitwirkenden die Gestaltung, ihrem eigenen Rhythmus folgend, mitbestimmen konnten. Durchgeführt wurde es mit zwei Vergleichsgruppen, zum einen mit ehemaligen Patient*innen der aufgelösten Anstalt Blankenburg, die in offenen Nachfolgeeinrichtungen lebten und starke Einschränkungen aufgrund von Hospitalismus hatten, und Studierende aus dem Studiengang Behindertenpädagogik der Universität Bremen sowie zum anderen mit Schüler*innen einer Förderschule für geistige Behinderung und Schüler*innen eines Gymnasiums. Die unterschiedlichen gestalterischen Angebote umfassten beispielsweise Themenbereiche wie »Zum Ich«, »Farbe und Musik«, »Vom Ich zum Du«, »Ich und Du und Menschen in fremden Ländern«, »Afrikanische Textilien«, »Ein Schutzschatz oder ein Glücksschatz« und zum Abschluss einen einwöchigen »Workshop – Maske, Musik und Spielobjekte« im völkerkundlichen Ausstellungsbereich des Museums mit gesponserten Teamleitern aus dem europäischen Ausland (vgl. Döhner & Hampe 1995, S. 443).

Insgesamt sind über diese Projektarbeit – auch neben anderen Aspekten – einerseits Menschen mit geistiger Beeinträchtigung im Museum öffentlich eingebunden worden mit der Entwicklung weiterer Angebotsformen wie dem Museumskoffer, andererseits ließen sich ästhetische Ausdrucksformen entwickeln – auch im Erfassen einer anderen Kultur – und weiterhin wurden freundschaftliche Austauschprozesse unterstützt, die zu einer bleibenden Veränderung im Miteinander beitragen konnten. Damit wurde ein Aufgabenfeld der Heilpädagogik im Zusammenarbeit mit der Museumspädagogik begründet.

Mit dem neuen Jahrhundert sind auch Menschen mit demenziellen Erkrankungen und ihre Angehörigen in verschiedenen museumspädagogische Projektarbeiten involviert worden.

Fallbeispiel: Projektarbeit »Aufgeweckte Kunst-Geschichten«

In dem Projekt »Aufgeweckte Kunst-Geschichten« (vgl. Oppikofer, Nieke & Wilkening 2015) geht es um die Anwendung der sogenannten Time-Slip-Methode als »Storytelling«. Im Gruppenprozess mit den Senior*innen wird assoziativ bezogen auf sinnliche Erlebnishorizonte gemeinsam eine Geschichte zum ausgewählten Bild entwickelt, diese im Prozessverlauf protokolliert und später als Geschichte zum Bild festgehalten. Nicht das kunsthistorische Verständnis zählt dabei, sondern das sinnliche Berührt-Sein im Kontext biografischer Erfahrungen. Der Museumsbesuch hat ein gemeinsames Beisammensein zum Abschluss mit Kaffee, Tee oder Kaltgetränken sowie Beilagen. In der Evaluation des Züricher Projektes haben sich für die Teilnehmer*innen z. B. eine Verbesserung von Stimmung und Konzentrationsfähigkeit als auch des Selbstwertgefühls ergeben. Langfristig haben sich positive Emotionen verankern können, und in den Tagen nach den Sitzungen hat sich die Interaktion mit den Angehörigen verbessert. Weiterhin ist eine positive Einstellungsveränderung zur Demenz von außen und eine nachhaltige Verankerung als Angebot am Museum zustande gekommen.

Auch an anderen Museen, wie dem Staedel in Frankfurt, haben sich Förderprojekte etablieren können, um für Menschen mit demenzieller Beeinträchtigung in der Begleitung von Angehörigen rezeptiv sowie aktiv gestalterisch einen Ort im Museum erfolgreich zu öffnen. Im Hinblick darauf lassen sich diese Ansätze auf andere Umsetzungsformen mit kunsttherapeutischen Methoden übertragen. Es geht in dem Zusammenhang um Förderung der kommunikativen Kompetenz und die Stärkung des Selbstwertgefühls im kreativen gestalterischen Prozess, wobei dem musealen Ort eine wichtige Funktion in der Begegnung und im Resonanzbezug zukommen kann (vgl. Hampe, Schwarz & Wigger 2018). Dahingehend hat sich auch die Heilpädagogische Kunsttherapie auf diese gesellschaftlich öffentlichen Bereiche als Ort der Partizipation und Inklusion zu beziehen. Es gilt für unterschiedliche Bevölkerungsgruppen diese Orte und ihre besonderen Möglichkeiten kultureller Begegnungen zu nutzen.

Fallbeispiel: Heilpädagogische Kunsttherapie mit Hirntumorpatient*innen I

Ausgehend von der Annahme, dass sich das Museum als geschützter Ort und als Raum der Begegnung und kulturellen Teilhabe zur psychoonkologischen Begleitung von Hirntumorpatient*innen besonders eignet, haben das Kunstmuseum Pablo Picasso Münster (Leiter: Prof. Dr. Markus Müller) und die Klinik für Neurochirurgie des Universitätsklinikum Münster (Direktor: Univ.-Prof. Dr. Walter Stummer) unter dem Titel »Kunst als Lebens-Mittel« ein Programm zur Kunstvermittlung für Hirntumorpatient*innen entwickelt.

Das Programm besteht aus zwei Teilen: Die Teilnehmer*innen nehmen zunächst an einer Führung durch das Museum teil und können dann in einem sich anschließenden Workshop ihre Eindrücke künstlerisch verarbeiten. Um die Effekte dieses Programms zu beschreiben und das Programm zu verstetigen wird es derzeit wissenschaftlich evaluiert.

Mit ca. 7000 Neuerkrankungen pro Jahr in Deutschland gehören die primären Hirntumore zu den eher seltenen Tumorerkrankungen. Obwohl die relativen Fünf-Jahres-Überlebensraten für Patient*innen mit Krebs des Zentralnervensystems sich leicht gebessert haben und aktuell bei 22 % liegen, weist das Glioblastom als häufigster bösartiger Hirntumor des Erwachsenenalters mit Werten um 8 % eine deutlich schlechtere Prognose auf (Robert Koch Institut 2013). Die neuroonkologische Forschung sieht ihren Mittelpunkt bislang in der somatischen Therapie bestehend aus möglichst weitgehender Resektion und wenn erforderlich, einer nachfolgenden Strahlen- und/oder Chemotherapie. Aufgrund der Lokalisation des Tumors im Gehirn, das für viele Menschen nicht nur Zentrum des Denkens und Handelns, sondern auch als Sitz der Persönlichkeit gilt, führt diese Erkrankung jedoch bei den Betroffenen häufig zu einem schweren Einschnitt in die körperliche und seelische Integrität. In der Klinik für Neurochirurgie am Universitätsklinikum Münster (UKM) besteht das psychoonkologische Begleitangebot für Hirntumorpatient*innen aus Gesprächstherapie, Kunsttherapie und einem persönlichen Trainingsprogramm. Zusätzlich gibt es für die gesamte Familie die Möglichkeit, an Museumsbesuchen im Kunstmuseum Pablo Picasso Münster teilzunehmen; denn die Diagnose eines Hirntumors verändert nicht nur das Leben der betroffenen Patient*innen, sondern auch das der Familien und Freunde. Die lebensbedrohliche Erkrankung ist häufig verbunden mit existenziellen Fragen, Ängsten und Sorgen, aber auch mit Wünschen und Hoffnungen. Die Krankheit beeinflusst den bisherigen Lebensrhythmus. Dem neuen Alltag zwischen Diagnostik und Therapie, Krankenhausaufenthalt und Zuhause-Sein fehlt jede Normalität und bisherige Lebensplanungen sind plötzlich nicht mehr sicher. Da die Hirntumorerkrankung häufig mit unterschiedlichsten Veränderungen der körperlichen, sinnlichen und geistigen Funktionen verbunden ist, erfordert es von den Betroffenen und ihren Familien eine aktive Auseinandersetzung mit den fortschreitenden Beeinträchtigungen und eine Entwicklung neuer Perspektiven und Horizonte. Bei diesen Herausforderungen kann die Kunst eine Begleitung und Orientierung sein. Museumsbesuche können die individuelle sinnliche Wahrnehmung von Kunst anregen, und der gemeinsame Austausch über die

Werke und Eindrücke schafft eine Möglichkeit zur Selbstwahrnehmung und emotionaler Verbundenheit. Im Museumskontext bietet sich ein Raum, Emotionen erleben und teilen zu können. Die aktive Betätigung, wie z. B. Zeichnen, Malen und plastisches Gestalten in der Werkstatt, können dabei helfen, funktionale Störungen zu verbessern. Und die Freude am Gestalten kann sich auch positiv auf das emotionale Befinden auswirken. Darüber hinaus kann das Schaffen bildnerischer Phänomene den Betroffenen dabei helfen, neues Vertrauen in die eigenen Fähigkeiten zu entwickeln und etwas Bleibendes zu schaffen (vgl. Wiewrodt 2018, 49 f.).

7.2 Heilpädagogische Kunsttherapie in klinischen Kontexten

Heilpädagogische Kunsttherapie in der Psychiatrie

Als Angebot in der Kinder- und Jugendpsychiatrie können gestalterische Ausdrucksformen einen Zugang zu inneren Erlebensprozessen der Betroffenen vermitteln. In den bildnerischen Ausdrucksformen von Kindern und Jugendlichen lassen sich Symbolisierungen wahrnehmen, wie sie mit ihrer Umwelt interagieren und wie sie ihre Eigenständigkeit entwickeln. Im sinnlich stimulierten Akt des ästhetischen Ausdrucks kommen Kinder und Jugendliche in Kontakt mit ihren inneren Gefühlen und können mehr Vertrauen zu sich selbst finden. Zudem wird ein Probehandeln aktiviert als Möglichkeit Probleme anders zu überwinden. Ausdrucksformen in Bildern können wie eine Brücke zwischen Traum und Wirklichkeit fungieren, und zwar als Darstellung innerer Gefühle und einer Selbstwahrnehmung, indem sie Hinweise auf traumatische Erlebnisse geben. So dienen sie mit den projizierten Gestaltungsformen teilweise als Mittel zur weiterführenden Diagnose in der Kinder- und Jugendpsychiatrie (vgl. Hampe 2018b, S. 189 ff.). In der Hinsicht lässt sich festhalten, dass der bildnerische Ausdruck eine Möglichkeit eröffnet, innere Gefühle in einer transformierten symbolischen Bedeutungsgebung zu bearbeiten. Wie Ernst Bloch zum ›Vor-Schein‹ (vgl. Bloch 1974) ausführt, der ein Halo von etwas beinhaltet, das zum Dasein gelangt, stellt auch eine ästhetische Spielsituation Hinweise auf eine Transformation der Wirklichkeit bereit, in der Dinge gestaltet werden, die normalerweise nicht in der Realität ausgelebt werden können. Solange das Kind den Raum erhält, um innere Gefühle in einer sicheren Umgebung als ästhetische Transformation auszudrücken, lassen sich Dinge auf einer weniger beängstigenden Art und Weise erkunden. Über den ästhetischen Prozess tritt das Kind in Kontakt mit seinen inneren Gefühlen und kann diese in einer Art symbolischen Transformation zum Ausdruck bringen bzw. sich darüber selbst stabilisieren. Es ist ein Mittel zur Kommunikation und Kenntnisgewinnung über innere Gefühle des Kindes, was sich im ästhetischen Prozess mitzuteilen vermag. Traumatische Erlebnisse können sich in den Gestaltungen in unterschiedlichen Strukturgebungen von Zeichen zeigen, wie es bereits Susan Bach (1995), Hans-Günther Richter (1999) und andere erwähnt haben. Bezogen auf eine strukturell-biografisch fundierte Annäherung an Zeichnungen ist es von Bedeutung ein besseres Verständnis über Emotionen des Kindes zu erhalten. Heilpädagogische Kunsttherapie kann in dem Zusammenhang eine Hilfe sein, um sich den Möglichkeiten und Fähigkeiten in den Ausdrucksformen von Kindern und Jugendlichen anzupassen, die weniger verbal, aber mehr leiblich und bildlich orientiert sind, wie es Edith Kramer (vgl. 1958; 1975), Helen Landgarten (vgl. 1990), Judith Rubin (vgl. 1993) u. a. herausgestellt haben. Die Phantasien, die in den Bildern zu sehen sind, stehen zwischen der Wunscherfüllung und den Ängsten der Kinder in der Konfrontation mit ihrer Lebenssituation. Über den ästhetischen Ausdruck können sie sich ihrer selbst bewusst werden und Mittel finden, um Konflikte zu überwinden. Unter dem Gesichtspunkt kann die Tagtraumimagination (vgl. Leuner et al. 1997) als virtuelles Mittel helfen, in Kontakt mit den eigenen Fähigkeiten zur kreativen Lösung eines Problems über den ästhetischen Prozess und die ästhetische Interaktion zu gelangen. Es ist eine Art virtuelle Transformation des Selbst in der Erforschung und im Selbsterleben von Traum und Wirklichkeit und es bildet ein neues Lernfeld in der Überwindung von Problemen mittels ästhetischer Ausdrucksgebung und im Finden von Ausdrucksformen.

Auch in der Erwachsenenpsychiatrie ist die Einbindung kunsttherapeutischen Angebote heutzutage selbstverständlich geworden und als Therapieangebot fest verankert. In dem Zusammenhang soll exemplarisch auf eine Interventionsmöglichkeit eingegangen werden. Im Rahmen eines kunsttherapeutischen Gruppenangebots für Patient*innen mit einer Bipolaren Störung in der Psychiatrischen Universitätsklinik Münster wurden spezifische, gruppendynamisch initiierte Interventionen mit dem Material Ton angeboten. Der haptische Zugang, die einfache Handhabbarkeit, die Formbarkeit des Materials und ein interaktives Thema waren hier die Grundlage für die Gestaltungsaufgaben. Menschen mit einer bipolaren affektiven Störung verfügen nicht selten trotz (oder wegen) der Erkrankung über vielfältige soziale Kompetenzen. Als dynamische und energetische Persönlichkeiten haben sie sich vielfach ein breites soziales Netz aufgebaut. Umso mehr leiden sie häufig unter den Folgen, die diese Erkrankung vor allem in sozialer Hinsicht mit sich bringen kann. In der kunsttherapeutischen Praxis ist die hier beschriebene potenzielle Ressource häufig in der Beziehungsdynamik, Mitteilungsfreude und Gestaltungsfreude spürbar – die Gruppenarbeit kann lebendig und kreativ sein. Die Kunsttherapie ist für die Patient*innen eine von verschiedenen anderen begleitenden Therapieformen, wie z. B. Ergo-, Arbeits-, Musik-, Balneo- und Physiotherapie, und knüpft an die Ressource der Patient*innen an.

»Charakteristisch erscheint das höhere energetische Niveau der Erkrankten, deren überdurchschnittliche soziale und interaktive Kompetenz sowie der von den Betroffenen erfahrene erhebliche Leidungsdruck durch die Erkrankung (der sich gerade auch auf die Reaktionen auf die soziale Umgebung bezieht). Manie und Depression wirken stark kontakt- und wahrnehmungseinschränkend« (Wigger & Borgmann 2003, S. 49).

Das interaktive materialintensive Angebot ist als begleitende Therapiemaßnahme zur konstruktiven Unterstützung und Förderung der Patient*innen wahrzunehmen.

Ton erfordert ein Gegenüber und eine Auseinandersetzung, was insbesondere von diesen Patient*innen als Kompetenz eingebracht werden kann.

In diesem Gruppensetting am Universitätsklinikum Münster wurde das Material Ton zum einen als Mittel zur Selbsteinschätzung über die Positionierung einer selbst gestalteten Kugel in eine dreidimensionale Kugelbahn mit Höhen und Tiefen eingesetzt. Darüber hinaus wurde mit dem Material Ton frei gestaltet. Das Erleben von emotionalen Höhen und Tiefen wurde dadurch handhabbar und anschaulich bzw. konnte Gesprächsgrundlage in der Weiterführung werden. Im Hinblick darauf wurden emotionale Veränderungen innerhalb eines Stundenverlaufes sichtbar, was sich analog zur Lebenssituation reflektieren ließ.

Heilpädagogische Kunsttherapie in der Psychosomatik

Im Rahmen der Akutklinik als präventive und intervenierende Maßnahme der psychosomatischen Betreuung auch heilpädagogisch-kunsttherapeutische Förderangebote zu integrieren, hat sich bereits bewährt. Frühe Projektarbeiten aus den 1980er Jahren (vgl. Hampe 1988a, b) verweisen darauf, welche Funktion ein kunsttherapeutisches Angebot im Akutbereich als Krisenintervention bezogen auf den sinnlich stimulierenden und non-verbalen Ansatz erfolgreich einnehmen kann. Ein Erleben des Heraustretens aus dem Krankenhausalltag im Entspannen und selbstwirksamen kreativen Gestalten vermag eine Brückenfunktion zu Neuanfängen im Umgang mit körperlichen Einschränkungen einzunehmen. Es ist das veränderte Selbsterleben im gestalterischen Handlungsprozess und die Stimulation von inneren Ressourcen, die veränderte Verarbeitungsprozesse einleiten und folgende Behandlungsschritte beeinflussen können (vgl. Hampe 2013; Martius et.al. 2008).

In dem Zusammenhang sind kunsttherapeutische Angebote auch in der Rehabilitation vermehrt einbezogen worden. Eine Aktivierung gewandelten Selbsterlebens in der Einbeziehung des ästhetisch-gestalterischen Ausdrucks kann auch zur Stärkung des Immunsystems beitragen, wie Untersuchungen zur Auseinandersetzung mit dem jeweiligen Krankheitsbild z. B. beim expressiven Schreiben belegen (vgl. Horn et al. 2011), was in abgewandelter Form auf den bildnerischen Ausdruck übertragen werden kann. In diesem Fall kommt ein Denken in Bildern hinzu, was einen vielschichtigen Zugang in der non-verbalen Aneignung bedingt. Von Bettina Egger (vgl. Egger & Merz 2013) wird in der bildnerischen Bearbeitung von traumatischen Erlebnissen eine spezifische Methode des lösungsorientierten Malens in der Belebung von inneren Bildern zum letzten sicheren Ort aus wahrnehmungsorientierter Sicht als Erlebnisperspektive vertreten bzw. in der Aktivierung von realen inneren Bildern der Wahrnehmung unter neurowissenschaftlichem Verständnis im Sinne einer Integration des Erlebten.

Wenn Viktor von Weizsäcker (vgl. 1950) in der Theorie des Gestaltkreises von der verhinderten bzw. ungelebten Gestalt ausgeht, so kann sich in den ästhetischen Ausdrucksformen diesen unbewusst verankerten Inhalten genähert werden. Im Rahmen der kunsttherapeutischen Praxis an einer Frauenklinik ließ sich dies z. B. bei einer Patientin nachvollziehen. Sie hatte nach der Brustkrebsoperation regelmäßig an kunsttherapeutischen Einzelsitzungen teilgenommen, um möglichst viel gestalterisch auszuprobieren und die Trauer um die verlorene Brust zu verarbeiten. In dem Zusammenhang äußerte sie ihren früheren Berufswunsch, von dem die Eltern ihr abgeraten hatten, und sie stattdessen eine Beamtenlaufbahn im Büro aufgenommen hatte. Eigentlich wollte sie sich dem Gesang widmen. Dies holte sie mit ihrer Frühberentung nach und entwickelte eine gewandelte Lebensperspektive für sich, in der der künstlerische Anteil eine bedeutende Rolle einzunehmen begann (vgl. Hampe 1988b).

Es ist ein biopsychosoziales Verständnis von Erkrankung, das in der Psychosomatik vertreten wird und »Krankheit als Krise« eine veränderte Bedeutung zukommen lässt. Im Rahmen der Akutklinik findet zugleich eine Weichenstellung statt, was die weitere Versorgung und Lebensausrichtung betrifft. In dieser Zeit benötigen Patient*innen besondere Stabilisierungsangebote und Unterstützung, um mit ihren Ressourcen in Kontakt zu kommen. Unter dem Gesichtspunkt hat sich ein gemeinsames Gestalten bewährt: mit Entspannungsangeboten über Atemwahrnehmung sowie einer möglichen Aktivierung innerer Bilder und ein ästhetisches Gestalten im Gegenüber. Die kunsttherapeutische Aufgabe besteht in dem stützenden Mitgestalten, um für die Klient*innen einen Einstieg in einen spielerischen Prozess des ästhetischen Ausdrucks zu begleiten (vgl. Hampe 1988a, b). Sowohl in der Frauenklink als auch in der Klinik für Innere Medizin im Klinikum Bremen-Mitte hat sich exemplarisch im Akutbereich dieses besondere Angebot integrieren lassen und ist in unterschiedlichen Facetten in der Vermittlung zwischen voll- und teilstationärer Behandlung etabliert worden. Stets kommt diesem Angebot ein Raum- und Zeitbezug zu, in dem von dem medizinischen Alltag Abstand genommen werden kann, um kreative Neuzugänge in der Bewältigung einer Diagnose und Krankheitsbehandlung zu erlangen. In dem Zusammenhang ist das Spektrum je nach klinischer Ausrichtung breit gefächert und kann als Angebotsform im klinischen Alltag frei gewählt werden bzw. in das Behandlungskonzept einfließen. Das Haus »LebensWert e. V.«, das im Bereich der Klinischen Psychoonkologie der Uniklinik in Köln verortet ist, bietet Kunst- und Musiktherapie für Krebspatient*innen neben anderen Angeboten der Beratung und Behandlung an. Dabei geht es um die Entwicklung der eigenen Kreativität und den individuellen Ausdruck, um die psychische und psychosoziale Verfassung von Krebspatient*innen zu verbessern. Begleitende Forschungsarbeiten belegen, in welchem Maße psychische Belastungen aufgrund von Ängsten und Depressivität das Wohlbefinden und damit den Krankheitsverlauf beeinflussen (vgl. www.vereinlebenswert.de).

Heilpädagogische Kunsttherapie in der Onkologie

Die Mitteilung, an einem Tumor zu leiden, löst bei den Betroffenen Gefühle von Hilflosigkeit, existenzieller Bedrohung und tiefer Verzweiflung aus. Darüber hinaus kann die damit verbundene Behandlung – wie Operation, Bestrahlung und Chemotherapie – Befürchtungen und Ängste mit sich bringen. Unabhängig vom Tumorbefund können daher Begleitsymptome wie z. B. körperliche Beschwerden, Angst und Depression entstehen und sich auf die Lebensqualität der Betroffenen auswirken. Die Gesamtsituation ist komplex, undurchschaubar, oft schwer zu begreifen und beängstigend. Die Betroffenen stehen vor der Aufgabe die Verletzlichkeit und Dysfunktionalität der inneren Natur anzunehmen. Nichts ist mehr verlässlich und natürlich in Ordnung. Der Boden unter den Füssen geht verloren. Das Vertrauen ›es wird schon gut gehen‹ ist in dieser Situation essenziell – nicht naiv, aber im Sinne von ›nach vorne zu schauen‹, ›in den Blick nehmen‹, so wie es z. B. auch erforderlich ist, um eine Landschaft zu zeichnen.

Seit 2012 werden beispielsweise in der Neurochirurgischen Station des Universitätsklinikums Münster Patient*innen mit Hirntumoren kunsttherapeutisch begleitet. Neben den rezeptiven Angeboten im Museum und in der Natur gehört hier das aktive künstlerische Arbeiten mit Naturmaterialien wie Sand, Wasser, Ton, Holz, Naturfundstücken und Pflanzenmaterial zum Standard der kunsttherapeutischen Interventionen. In diesem Kontext ist der Umgang mit Natur unter dem Einsatz aller Sinne von besonderer Bedeutung. Das Material wird zum sinnlichen Übungsfeld. Ein Ast wird zum Baum, ein Sandhaufen zur Insel, ein Stein zum Gebirge, arrangiert in einem definierten Raum, gestaltet und geordnet. Die Farbigkeit eines Herbstblattes wird unter die Lupe genommen, malerisch vergrößert, die Struktur einer Orange erforscht, die Linien der Innenhand gezeichnet und ›verlandschaftlicht‹, ein Gehirn modelliert, was nicht unbedingt zur alltäglichen Wahrnehmung gehört, aber durchaus naturinhärent ist. Unsichtbares und Unfassbares wird mit Hilfe von Naturmaterialien zum Ausdruck gebracht. Über das Material wird ein mentaler und körperlicher Ausgleich geschaffen, um etwas selbst in die Hand zu nehmen und ›in den Griff‹ zu bekommen. Nicht nur behandelt zu werden, sondern selbst etwas tun zu können, ist von Bedeutung. Anhand des folgenden Beispiels kann dies veranschaulicht werden.

Fallbeispiel: Heilpädagogische Kunsttherapie mit Hirntumorpatient*innen II

Eine Gruppe von fünf jungen Hirntumorpatientinnen, eine Praktikantin und die Kunsttherapeutin sitzen auf der Terrasse der Malwerkstatt. Das Gespräch dreht sich um komplizierte, organisatorische Verfahren in Krankenhäusern. Es geht um Kommunikationsprobleme der Ärzt*innen untereinander und bürokratische Hürden. Schließlich stehen die Tumor-Operationen im Mittelpunkt des Gesprächs. Alle Patientinnen schildern ihren individuellen Ablauf. Es geht um die Frage, welchen Ärzt*innen und fachlichen Hinweisen man in der Ausnahmesituation der Krankheit bei wichtigen Entscheidungen vertrauen kann. Teilweise wird die Operation als belastend bis traumatisch eingestuft, genauso auch die gesamte stationäre Phase. Die Patientinnen tauschen sich aus über die Reha-Kuren im Anschluss. Ein großer Themenkomplex stellt das individuelle, veränderte Verhältnis dem eigenen Kopf und Körper gegenüber dar.

S. beschließt den Ausblick von der Terrasse auf das Feld als Landschaftsbild zu malen und wählt dafür Tusche. Während die anderen Patientinnen sich in der Werkstatt ihre angefangenen Spachtelbilder vornehmen, positioniert sich S. am Gemeinschaftstisch auf der Terrasse. Sie fragt nach, wie sie die Komposition auf die Bildfläche übertragen kann, und die Kunsttherapeutin macht S. auf bekannte Zeichenübungen aufmerksam. Gemeinsam messen sie mit dem Bleistift das

Sichtfeld ab, erkennen Zwischenräume, Überschneidungen, Proportionen. Die Kunsttherapeutin nimmt ein Aquarellpapier, um den Blick in die Landschaft umzusetzen. S. grenzt sich ihre Bildfläche auf dem Papier in ein individuelles Format ein. Am Bildrand macht sie Farbproben (▶ Abb. 25).

Im Aquarell der jungen Frau ist in Form der individuellen Linienführung die visuelle, aber auch emotionale Reaktion auf die Ruhe der Landschaft spürbar. Es zeigt sich im Moment ihrer malerischen Aktivität nicht nur das Bild einer Landschaft, sondern die Möglichkeit einer intensiven Selbstwahrnehmung als ›ich male und ich bin noch da‹. In diesem Fall ist es der Blick in die Landschaft, ein anderes Mal der Blick in die eigene Hand, auf die Schale einer Orange, ein Herbstblatt, die Füße des Lebensgefährten – im Hier und Jetzt, verbunden mit der Natur und dem Leben (vgl. Wigger 2019, 93 ff.).

Abb. 25: Landschaft, Aquarell, von S. in der ambulanten Kunstguppe für Hirntumorpatient*innen, 2014 Malwerkstatt Münster

Im Rahmen einer Krebserkrankung, insbesondere bei Tumoren im zentralen Nervensystem oder des Gehirns, kann es u. a. zu akuten oder langfristigen motorischen Störungen und zu Beeinträchtigungen bei der Verarbeitung von Sinneswahrnehmungen kommen. Dies steht im Zusammenhang damit, dass diese Fähigkeiten abhängig sind von der störungsfreien Reizverarbeitung im Gehirn (Zimmer 2010, S. 159). Ein Tumorwachstum an zentralen Schaltstellen des Gehirns kann wichtige Leistungen stören und dadurch die Lebensqualität der Patient*innen akut oder dauerhaft beeinträchtigen. Die ganzheitliche kreativ-künstlerisch orientierte Förderung der Sinnestätigkeit beim gestalterischen Tun wie Zeichnen, Malen, Modellieren impliziert ein Schauen, Hören, Tasten, Fühlen, Bewegen, Formen, Riechen und

Balancieren, also eine Vielfalt sinnlicher Wahrnehmungsaspekte. Darüber hinaus werden durch den gemeinsamen Austausch, den Spaß am Tun, die Möglichkeit Neues zu entdecken und das Ereignis, ein bildnerisches Ergebnis in den Händen zu halten, für die Patient*innen wichtige psychosoziale Komponenten ergänzt. Das Spektrum der Kunsttherapie reicht hierbei von aktiven, sinnesorientierten und kreativen Wahrnehmungsübungen, offener Atelierarbeit bis hin zu einer Vielzahl rezeptiver Methoden. Die Inhalte jeder Sitzung sind dabei eng an den Bedürfnissen, Wünschen und Möglichkeiten der Teilnehmenden orientiert.

> »Kunsttherapie ist während der Rehabilitationsphase nach Hirntumoroperation sinnvoll und kann helfen neurologische Störungen im Bereich der Sprache, des Handelns und der Orientierung auszugleichen« (Stummer 2015).

Die Kunsttherapie hat aus dieser Sicht umfassende biopsychosoziale Einsatzmöglichkeiten. Ein einvernehmlicher Expertenkonsens bezüglich der Wirksamkeit kunsttherapeutischer Interventionen in der Krebstherapie, dargestellt in den aktuellen Leitlinien der Psychoonkologie, unterstreicht den Wirksamkeitsaspekt:

> »In einem aktuellen Systematischen Review (Wood et al. 2011) wurde die Studienlage zum Symptommanagement durch Kunsttherapie bei erwachsenen Krebspatienten zusammengefasst. Dazu wurden zwölf, sowohl mit qualitativen als auch mit quantitativen Methoden durchgeführte, Studien erfasst. Die Autoren kommen zu dem Schluss, dass Kunsttherapie als psychotherapeutisches Verfahren zur Verbesserung von behandlungsbezogenen Symptomen (Angst, Depressivität) sowie zur Unterstützung des Prozesses der psychologischen Anpassung an die Erkrankung (Lebensqualität) beiträgt« (Leitlinienprogramm Onkologie 2014, S. 226).

Allgemein sind seit den 1980er und 1990er Jahren verstärkt kunsttherapeutische Angebote im Bereich der Onkologie in der Altersspanne von Kindern zu Erwachsenen erfolgt (vgl. Dreifuss-Kattan 1993). Die kreativen Aspekte in der Bearbeitung dieses Krankheitsfeldes sind vielschichtig. Im innerdynamischen Gestaltungsprozess geht es vielfach mit einem Drängen nach Homöostase einher, auch als offenes Prozesskontinuum. Mit der Auflösung festgefahrener Raum- und Zeitbezüge ermöglicht die Bildgestaltung ganzheitliche Erfahrungen als Kristallisation, Transformation oder Verschmelzung. Im Anknüpfen an gesunde Anteile der ästhetischen Aktivität kann ein Sich-Fühlen und Bei-sich-Sein belebt werden. In der Hinsicht ist der ästhetische Prozess auch als eine Form der evolutionären Selbstorganisation zu verstehen oder, wie Erich Jantsch ausführt: »Kreativität ist nichts anderes als das Ausleben von Evolution« (Jantsch 1986, S. 398). Diese Selbsttranszendierung des Lebens, die über den ästhetischen Prozess eingeleitet werden kann, indem Versöhnung und Neuanfang initiiert werden, gilt es zu beachten. In onkologischen Bereichen mit vielfach reaktiven depressiven Verstimmungen nach der Diagnosestellung, dem meist belastenden Behandlungsverlauf als auch einer Wiederzuwendung hin zur perspektivischen Lebensausrichtung u. a. kann dem frühzeitigen ästhetisch-gestalterischen Angebot eine elementare Funktion im Sinne einer Weichenstellung zum weiteren Verlauf zukommen. Im folgenden Fallbeispiel einer Frau nach der Operation eines Karzinoms am Uterus lässt sich eine Neuausrichtung mittels des Erlebens von Selbstwirksamkeit im ästhetisch-gestalterischen Handeln wahrnehmen.

Fallbeispiel: Heilpädagogische Kunsttherapie bei Strahlentherapie

Frau A. nahm erstmals nach der Operation an einer kunsttherapeutischen Sitzung in der Klinik teil und merkte an, dass sie seit ihrer Schulzeit über 50 Jahre lang weder gemalt noch gezeichnet hatte. Als Mutter dreier Kinder und Großmutter sowie eingebunden in die Pflege ihres kriegsversehrten Mannes und der Versorgung von drei Hunden vermochte sie kaum eigenen Hobbys zu Hause folgen. Sie malte stets nach der einleitenden Entspannungsübung mit der Kunsttherapeutin nach eigener Wahl auf großformatigem Papier (Din A1), da sie mehr Raum beim Malen wünschte. Sie malte expressiv, meistens mit kreisförmigen Gebilden und verschiedenen Farben. In der Folge wurde der Kreis zu einem Zentrierungsmotiv, während sie für sich im Krankenzimmer meist figurativ Blumen, eine Wiese mit Blumenarrangements u. a. malte. Ohne ein Vorstellungsbild begann sie in einer folgenden Sitzung ausgehend von gelben Strichen unterschiedliche Farbstriche übereinander zu setzen. In einer letzten Sitzung vor der Entlassung malte sie ein Mandala ähnlich einem Malteserkreuz. Zu Hause überraschten ihre Kinder sie mit einer Staffelei, so dass sie dort weitermalen konnte. Nach vier Wochen kam sie wieder in die Klinik wegen einer Strahlungstherapie. Sie zeigte der Kunsttherapeutin u. a. ihre selbstgemachten Seidentücher, die sie nach Anregung im offenen klinischen Angebot auch zu Hause weiter umgesetzt hatte – meist mit figurativen Motiven von Blumen und Schmetterlingen. Im Gegensatz dazu malte sie in den kunsttherapeutischen Sitzungen meist abstrahierte, zentrierende Formgebungen. In der Sitzung vor der sie ängstigenden Bestrahlung am nächsten Tag symbolisierte sie unbewusst ein Tuch (▶ Abb. 26). Aufgrund der noch nicht abgeschlossenen Abheilung der Wunde konnte aber die Bestrahlung nicht stattfinden, sondern wurde verschoben. Als sie dann nach Abheilung der Wunde wiederkam, malte sie ein Bild mit blauen, roten und schwarzen geraden Linienverbindungen, als würde sie die Strahlung symbolisieren (▶ Abb. 27).

Fast ein Jahr später traf die Kunsttherapeutin diese Frau zufällig in der Innenstadt, wo sie ihr freudig mitteilte, wie gut es ihr ging. Das ästhetische Gestalten war für sie eine Brücke geworden, ihre Lebenspraxis zu verändern. Sie hatte eine neue Lebensausrichtung für sich entdeckt und einen Freiraum, um innere Stabilität zu finden. In diesem Sinn vermochte der ästhetische Prozess bei ihr in Anlehnung an Martin Buber (1962) zu einem »Werden in der Begegnung« werden, und zwar als Begegnung mit verschütteten Potentialen und eigenen Selbstheilungskräften.

7 Anwendungsfelder Heilpädagogischer Kunsttherapie

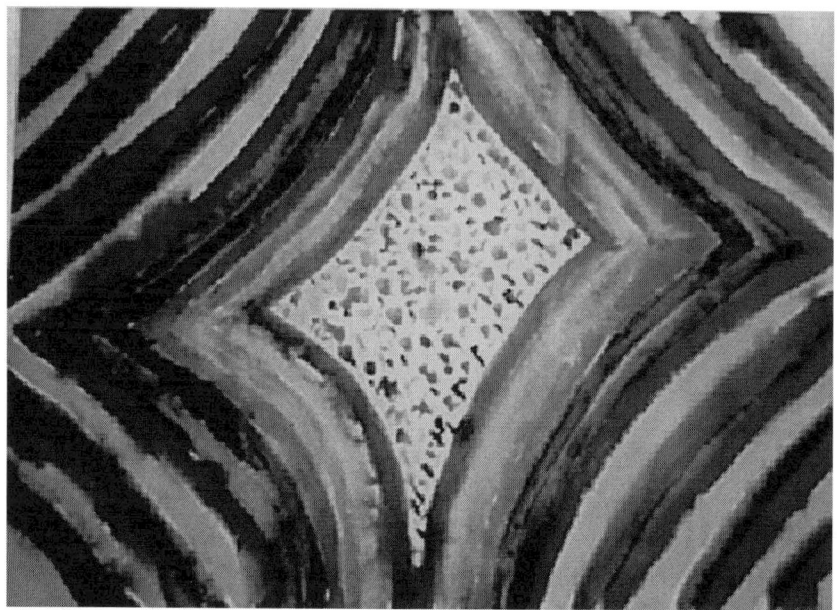

Abb. 26: Bild einer Frau Mitte 60 vor der Strahlentherapie, Gouachefarbe auf Din A1 I

Abb. 27: Bild einer Frau Mitte 60 vor der Strahlentherapie, Gouachefarbe auf Din A1 II

Heilpädagogische Kunsttherapie in der Rehabilitation

Rehabilitation dient der Wiederherstellung und Stärkung der körperlichen, sozialen und beruflichen Fähigkeiten. Es erfolgt in dieser Hinsicht eine Differenzierung bezüglich medizinischer, beruflicher und sozialer rehabilitativer Maßnahmen. Die medizinische Rehabilitation hat die primäre Zielsetzung Pflegebedürftigkeit und Behinderung in Folge einer Krankheit zu verhindern oder zu verbessern. Die soziale Rehabilitation fokussiert die Befähigung zur Teilhabe am sozialen und gesellschaftlichen Leben, während die berufliche Rehabilitation in erster Linie die Wiedereingliederung in den beruflichen Alltag nach einer Erkrankung zur Aufgabe hat. Der Prozess zur Umsetzung in allen drei Ausrichtungen bedarf eines positiven salutogenetischen Konzeptes (vgl. Antonovsky 1997), das auf Gesundheit ausgerichtet ist, Anleitung zum Handeln und zur aktiven Bewältigung der Beschwerden vermittelt und eine Krankheitsverarbeitung (Coping: engl. = Bewältigung) des*der Patient*in unterstützt. Eine Mithilfe des*der Patient*in (Compliance: engl. = Befolgung, Zustimmung, Lernfähigkeit) kann entstehen durch Information und wachsendes Vertrauen in die Behandelnden. Künstlerische und heilpädagogisch-kunsttherapeutische Arbeit fördern innere psychische und neue neuronale Vernetzungen.

> »Es ist nachweislich so, dass es zu Vernetzung von Kommunikationsstruktur in neuronalen Bereichen kommt, die vorher nicht vernetzt waren. […] Im Sinne des salutogenetischen Betrachtungsmodells heißt dies, dass diese Menschen größere Möglichkeiten haben, über Vernetzungen Gefühle, Emotionen und Sprache zu verknüpfen. Damit haben sie gesteigerte Möglichkeiten, bewältigende Strategien gegenüber den Belastungen des Lebens zu entwickeln« (Duncker 2005, S. 81).

Die Erwartungen der Patient*innen an die Rehabilitation sind verständlicherweise die Befreiung vom Symptom und eine Unterstützung bei der Krankheitsverarbeitung, um die Gesundheit wieder zu erlangen. Heilpädagogische Kunsttherapie antwortet auf die Erwartungen der Patient*innen sowohl auf der Material- und Handlungsebene als auch auf der Gefühls- und Reflektionsebene. Sie unterstützt die Umsetzung von Zielen der Rehabilitation, indem sie hilft, durch kunsttherapeutische Interventionen das Krankheitserleben psychisch zu verarbeiten. Auf der Handlungsebene, beim aktiven Gestalten mit dem Material, können Patient*innen von Erleidenden zu aktiv Handelnden werden. Der Gestaltungsprozess wird aufgewertet und nicht kritisiert. Auf der Gefühls- und Reflektionsebene geschieht eine Auseinandersetzung mit subjektiven Themen durch die Verbindung unbewusster, erlebnisorientierter Elemente mit verbaler Reflektion.

Heilpädagogische Kunsttherapie unterstützt die Krankheitsverarbeitung, indem sie die gesunden Anteile der Person anspricht mit schöpferischem Tun, das allein schon zu einer personlichen Metapher von Gesundung werden kann. Auch eine Aktivierung bildhafter Vorstellungen, Erinnerungen, Phantasien, Wünschen unter Beteiligung von Emotionen und die Stärkung von eigenen Fähigkeiten und Ressourcen durch das Medium tragen zur Verarbeitung bei (vgl. Schwarz & Wigger 2018, S. 211 ff.).

Im Hinblick darauf vermag die folgende Fallvignette einer ambulanten, rehabilitativen Kunsttherapiegruppe für Patient*innen mit Hirntumor (2012 in der Malwerkstatt Münster) einen Einblick in diese Gestaltungsprozesse geben.

Fallbeispiel: Heilpädagogische Kunsttherapie mit Hirntumorpatient*innen III

M. ist beeindruckt, dass G. nach dem Sommer wieder eingliedernd arbeiten wird. Ihre Themen und Ängste werden von den anderen in der Gruppe reflektiert und aufgefangen. Die Diagnose von M. ist noch nicht lange her, und sie befindet sich aktuell in der Bestrahlungsphase. Sie ist besorgt, dass ihre Haare ausfallen. Gemeinsam wird über Perücken und Tücher und die Ursache-Wirkung-Erfahrung bei dem Haarausfall der anderen Patientinnen gesprochen. Es werden modische Varianten thematisiert, um mit Tüchern attraktiv auszusehen. Kunstvoll werden Möglichkeiten ausprobiert. Unverhofft nimmt G. ihr Tuch vom Kopf und zeigt ihre kahle Stelle im vorderen Bereich des Kopfes. M. erfährt, dass S. zusätzlich an Brustkrebs erkrankt ist und G. gerade von einem erneuten Tumorprogress erfahren hat. Sie ist geschockt, gleichzeitig zeigt sie auch Verwunderung darüber, dass die Frauen alle schwierigen Schicksalsmomente gut überstanden haben und mit einer positiven Haltung in die Zukunft blicken.

Den Teilnehmerinnen werden Blätter von Bäumen und Büschen zur Verfügung gestellt, die sie unter ihr Zeichenpapier legen, um ihre Struktur mit dem Bleistift zum Vorschein zu bringen. Dabei ist ein Gestaltungspunkt die Auswahl der Blätter und das Kennenlernen der verschiedenen Bleistiftstärken. Die Gruppe erfährt, dass sich die weichen Bleistifte, die mit B ausgezeichnet sind, am besten eignen, um die Struktur sichtbar werden zu lassen. Die Frottage-Übung, wie sie von Max Ernst erkundet und praktiziert wurde, gestaltet sich durch das Experimentieren mit den Bleistiftstärken. Zum einen erklärt die Kunsttherapeutin, was Frottage bedeutet, zum anderen wird das Verfahren kommentiert. M. macht deutlich, dass Sie sich, aufgrund ihres »Kunst-Kontextes« auskennen würde. Sie habe das Verfahren in der Grundschule bei den Kindern auf dem Schulhof beobachtet. S. fühlt sich an das künstlerische Erfahren ihrer Kinder erinnert. Einige Patientinnen folgen dem Vorschlag ein Blatt mit verschiedenen Bleistiften nebeneinander abzupausen und mit der jeweiligen Bleistiftstärke zu beschriften. Die Ergebnisse erinnern an einen Versuchsaufbau, da sie die Ergebnisse gleich einer künstlerischen Erkenntnis festhalten. Die Blätter werden beiseitegelegt und übrig bleiben die Frottagen, die für alle gut sichtbar in der Mitte ausliegen. Gemeinsam wird über Oberflächengestaltung, Strukturen und Schraffuren gesprochen.

M. sagt, sie sei froh, »so starke Frauen getroffen zu haben!«

Die ambulante Kunsttherapiegruppe ist ein offenes Angebot im Rahmen der psychoonkologisch-rehabilitativen Versorgung der Klinik für Neurochirurgie am Universitätsklinikum Münster (vgl. Wiewrodt 2018). In der psychoonkologischen Versorgung werden Gespräche, Kunst und Sport als begleitende Therapiemaßnahmen angeboten. Mehrjährige Erfahrungen mit kunsttherapeutischen Interventionen sind u. a. in verschiedenen Publikationen dargelegt (vgl. Geue et al. 2011). In mehr als zehn Gruppen wurde bislang dieses Konzept angewandt, und es konnten folgende Wirkungen identifiziert werden, die mit der künstlerischen Arbeit verbunden waren.

Tab. 3: Wirkungen der ambulanten Kunsttherapie im Rahmen der psychoonkologisch-rehabilitativen Versorgung der Klinik für Neurochirurgie am Universitätsklinikum Münster

Persönliches Wachstum	• Selbstreflexion und Selbsterkenntnis • Stärkung des Selbstvertrauens • Anregung von Phantasie und Kreativität
Emotionale Stabilisierung	• Entspannung • Ablenkung durch Konzentration auf den Gestaltungsprozess • positive Gefühle • Aktivierung und Schaffung persönlicher Freiräume
Erweiterung der Ausdrucksmöglichkeit	• Erlernen von Zeichentechniken • künstlerische Anregungen
Erweiterung der kommunikativen Kompetenz	• Kommunikationsanreize in Familie und Freundeskreis • Austausch mit Betroffenen • Überwindung ›versperrter‹ Kommunikation
Krankheitsverarbeitung	• Auseinandersetzung mit bedrohlichen Inhalten • Begleitung in Lebenskrisen • Neuorientierung

Heilpädagogische Kunsttherapie in der Geriatrie

Kunsttherapie in der Geriatrie hat ihr Aufgabenfeld in einem Spezialgebiet der Medizin, welches im Kern mit dem Erhalt der Lebensqualität und der Autonomie älterer und alter Patient*innen befasst ist. Eine umfassende und ganzheitliche Herangehensweise hinsichtlich Diagnostik, Therapie, Rehabilitation und Prävention steht dabei im Vordergrund. Besonderes Augenmerk liegt auf einer multi- und interdisziplinären Teamarbeit zur individuellen medizinischen Versorgung unter Berücksichtigung psychosozialer, pflegerischer, palliativmedizinischer und ethischer Aspekte auf der Grundlage detaillierter Beurteilungsverfahren (Assessments) und biografischer Besonderheiten. Im engen Zusammenhang dazu ist die Gerontologie zu sehen. Diese Wissenschaft widmet sich der Trias: Alter – Altern – alte Menschen (vgl. Wahl & Heyl 2014, S. 13) aus unterschiedlichsten Perspektiven sowie historischen und kulturellen Bezügen. Dabei werden Grundlagen aus verschiedensten Wissenschaftsbereichen wie Soziologie, Anthropologie, Psychologie, Ökonomie etc. einbezogen, um einen umfassenden Beitrag für das Thema Alter – Altern – alte Menschen unter Einbezug von öffentlicher Gesundheit, inklusiven Wohnformen, Mobilität, kultureller Teilhabe und Lebensqualität zu leisten. In Abgrenzung von Geriatrie und Gerontologie ist an dieser Stelle noch die Altersmedizin zu erwähnen. Sie befasst sich spezifisch mit krankheitsbedingten Veränderungen von Zell- und Organstrukturen. Das ist insofern von besonderer Bedeutung, da bei älteren Patient*innen häufig eine Multimorbidität vorliegt und demzufolge eine Vielfachmedikation erforderlich ist. Erkenntnisse von Zusammenhängen könnten hier wesentlich zur besseren biologisch-pharmakologischen Behandlung beitragen (vgl. Zentrum für Geriatrie und Gerontologie Freiburg 2019).

Die weltweit steigende Lebenserwartung ist als Errungenschaft zu schätzen.

»Ein 2015 in Brasilien oder Myanmar geborenes Kind hat heute eine um 20 Jahre höhere Lebenserwartung als noch vor 50 Jahren. In der Islamischen Republik Iran war 2015 nur etwa ein Zehntel der Bevölkerung älter als 60 Jahre. In nur 35 Jahren wird es schon rund ein Drittel sein. Auch schreitet die Bevölkerungsalterung wesentlich rascher voran als in der Vergangenheit« (WHO 2016, S. 5).

> Ausnahmen bestätigen allerding die Regel. So gibt es nach wie vor Länder und bzw. Gegenden, in denen die Altersentwicklung rückläufig verläuft. Der Trend in Deutschland ist allerdings ein wachsender Anteil über 65-Jähriger an der Gesamtbevölkerung. Seit Beginn des 20. Jahrhunderts ist dieser kontinuierlich von 7 % auf 21 % gestiegen. Die Bevölkerungsgruppe der hochaltrigen, über 80-Jährigen wächst dabei besonders eklatant. Ursächlich ist dabei die Abnahme der Geburtenrate bei gleichzeitigem Anstieg der Lebenserwartung (Wahl & Heyl 2014, S. 11). Das Alter ist somit zur längsten aller Lebensphasen geworden (vgl. Wahl 2017, S. 11).

Die steigende Lebenserwartung ist in diesem Fall wörtlich zu nehmen, folglich gehen auch individuelle Erwartungen mit einem längeren Leben einher. An erster Stelle steht hierbei die Hoffnung im Vordergrund, bis ins hohe Alter möglichst gesund, vital, aktiv, selbstbestimmt, sozial verbunden und finanziell sorglos leben zu können. Eine Triebfeder und entscheidende Schlüsselfunktion haben dabei Offenheit gegenüber dem Neuen und der Glaube an sich selbst und die eigene Gestaltungskraft. Damit gehen Selbstwirksamkeit, Optimismus, positives Denken und persönliche Handlungskontrolle einher (vgl. Baltes 2001, S. 31). Die Bewahrung und Wiederherstellung von Gesundheit sind dabei ein wesentlicher Faktor hinsichtlich einer guten umfassenden Lebensqualität im Alter. Dem gegenüber steht allerdings, dass das späte Erwachsenalter häufig mit Sinnesbeeinträchtigungen, wirtschaftlichen Nöten, sozialer Isolation und komplexen Mehrfacherkrankungen bzw. der Belastung durch eine chronische Manifestation derselben einhergeht. So treten bei den über 60-Jährigen chronische Krankheiten wie etwa Diabetes o. Ä. etwa dreimal so häufig auf wie bei den unter 40-Jährigen (vgl. Martin & Kriegel 2014, S. 229). Einstellung und Umgang mit den Belastungsfaktoren, wie z. B. akute und chronische Erkrankungen im Alter, sind dabei jeweils multifaktoriell zu betrachten. Über die Lebensspanne entwickelte persönliche Einstellungen hinsichtlich Krankheit und dem eigenen Körper haben sicherlich ebenso Einfluss wie individuelle Erfahrungen mit stagnierenden Behandlungserfolgen im fortgeschrittenen Alter. Genesung findet möglicherweise nicht mehr vollständig statt und die Rekonvaleszenz dauert ggf. länger als bei jüngeren Patient*innen. Darüber hinaus gilt hohes Alter – neben einer familiären Belastung – als einzig gesicherter Risikofaktor für die Manifestation einer Alzheimerdemenz. Es stellt sich vor diesem Hintergrund die Frage nach einem individuellen und gesellschaftlichen Benefit hinsichtlich hoher Alterserwartung, bzw. werden manche negativen Klischees hinsichtlich Alter und Altern durch diese Aussichten noch bestätigt? »Alt werden ist nichts für Feiglinge«, zitiert der Spiegel (Rummler 1999, S. 213) die Schauspielerin Mae West (1892- 1980). Das mag in diesem Falle heißen, dass Alter und Altwerden, insbesondere das hohe Alter, besondere Fähigkeiten und Ressourcen erfordert, um es anzugehen und bewältigen zu können. Bei einer Befragung im Rahmen der Berliner Altersstudie 2010 wurden 90-Jährige nach ihrem Wunschalter gefragt. So sagten 90-Jährige Berliner, dass sie am liebsten so um die 65 geblieben wären (vgl. Wahl & Heyl 2014, S. 20).

Das mag damit im Zusammenhang stehen, dass im hohen Alter die Palette von elementaren sensorischen Funktionen, besonders der Seh-, Hör- und Gleichgewichtssinn, deutlicher beeinträchtigt ist als im jüngeren Alter und sich das auf andere Bereichen wie z. B. kognitive Leistungsfähigkeit, basale und erweiterte Alltagskompetenzen, Wohlbefinden, Persönlichkeit und Status des sozialen Netzwerks auswirken kann. Die Brisanz der Summierung von Faktoren gleicht einem Dominoeffekt und geht ggf. mit einem Verlust an Autonomie und an einem höheren Bedarf an Pflege einher (vgl. Marsiske et al. 2010, S. 403).

Auch die Auswirkungen und Folgen von Kriegen und damit verbundenem Heimat- und Angehörigenverlust, Flucht- und Gewalterfahrungen, Hunger und Krankheit dürfen bei Menschen, die heutzutage hochaltrig sind, nicht unbeachtet bleiben (vgl. Kulbe 2018, S. 63). Vor dem aktuellen Hintergrund der Integration von zugewanderten Menschen mit Kriegs- und Fluchterfahrung und deren Alterungsprozesse wird das Thema auch in ferner Zukunft weiterhin von besonderer Bedeutung sein.

Dennoch ist zu betonen, dass über die gesamte Lebensspanne immer sowohl Entwicklung als auch Altern stattfindet. Die Definitionen von Entwicklung sind allerdings nicht auf jede Lebenspanne übertragbar. So merken Mike Martin und Matthias Kriegel an, dass Entwicklung im Alter Veränderung und Stabilität gleichermaßen obliegt, also nicht mit der Entfaltung eines inneren Bauplans im Kindes- und Jugendalter vergleichbar ist (vgl. Martin & Kriegel 2014, S. 15).

Aus entwicklungspsychologischer Perspektive sind für jede Lebensphase spezifische Themen und Ereignisse und damit einhergehende Auseinandersetzung charakteristisch (vgl. Martin & Kriegel 2014, S. 43). Diesbezüglich existieren verschieden Modelle, von denen exemplarisch zwei grundlegende Konzepte, fokussiert auf die letzte Lebensphase, vorgestellt werden.

Der US- amerikanische Psychoanalytiker Erik H. Erikson (1902–1994) beschreibt in seinem Stufenmodell zur psychosozialen Entwicklung das Alter als die relevante Phase für die Entwicklung von Ich-Integrität hinsichtlich grundsätzlicher Lebenszufriedenheit, d. h. das eigene Leben mit seinen Höhen und Tiefen, gefallenen Entscheidungen annehmen und akzeptieren zu können hinsichtlich der resümierenden Bilanz. Bei Nichtgelingen, d. h. Hadern mit und Nicht-Akzeptieren von dem Gewesenen, droht Verzweiflung und Unruhe, da ein Neuanfang nicht zu realisieren ist (Faltermaier et al. 2014, S. 242). Im Unterschied zur Überwindung psychosozialer Krisen fußt das Konzept des US amerikanischen Erziehungswissenschaftlers und Soziologen Robert J. Havighurst (1900–1991) auf Findung geeigneter Strategien hinsichtlich des Lösens lebensphasenspezifischer Aufgaben (Faltermaier et al. 2014, S. 60 f.). Dazu gehören zum einen Akzeptanz der abnehmenden, physischen und psychischen Leistungsfähigkeit, mögliche gesundheitliche Probleme sowie die Zugehörigkeit zur Gruppe alter bzw. älterer Menschen, die Auseinandersetzung mit dem Ruhestand, dem Tod von Partner*in oder engen Freund*innen und Bekannten und die Auseinandersetzung mit der eigenen Endlichkeit (vgl. Faltermaier et al. 2014, S. 240).

Die gelungene Auseinandersetzung mit diesen Themen führt im Idealfall zu der Bereitschaft, Unterstützung annehmen zu können oder sich frühzeitig damit auseinanderzusetzen, was für Schritte erforderlich sind, um ein auf entsprechendes unterstützendes Umfeld zu organisieren.

Noch immer ziehen ältere Menschen erst sehr spät in ein Seniorenheim bzw. organisieren sich selbst ambulante Pflege, so dass meist Angehörige die Initiative in einer akuten Situation ergreifen. Demzufolge sehen sich die Betroffenen selbst in der für sie neuen Situation »häufig mit erheblich eingeschränkten Handlungsspielräumen konfrontiert« (Hildebrandt 2012, S. 262). Oft fühlen sich die Bewohner*innen von Pflegeheimen auch deswegen nutzlos (Lehr 2003, S. 315), da die Neuorientierung nicht so leicht gelingt.

Den Lebensort Pflegeheim gibt es seit den 1940er Jahren; inzwischen ist dieser Lebensort, obwohl noch weiterhin viel Entwicklungsbedarf besteht, in einem neuen Zeitalter angekommen. Die ersten Einrichtungen waren, laut Kuratorium Deutsche Altenhilfe (KDA) (2012), zunächst reine Verwahranstalten. Mittlerweile befinden sich Wohn- und Pflegeeinrichtungen für ältere Menschen auch in Wohnquartieren und öffnen sich mit kulturellen Angeboten auch für die Umgebung, in der sie sich befinden.

Alter muss also nicht zwangsläufig einhergehen mit Einschränkung und Stagnation. Mike Martin und Matthias Kriegel betonen in dieser Hinsicht eine »Orchestrierung von Ressourcen zur Entwicklungsregulation« – analog zu Musiker*innen und Instrumenten in einem Orchester (Martin & Kriegel 2014, S. 19). Die unterschiedlichen Ressourcen können in Abhängigkeit von individuellen Möglichkeiten und Kontexten aktiv eingesetzt werden, um ihre subjektiven, selbstgesetzten Ziele und somit einen Einklang mit sich selbst und dem sozialen Umfeld zu erreichen.

> **Zielsetzungen Heilpädagogischer Kunsttherapie in der stationären akuten Geriatrie**
>
> Heilpädagogische Kunsttherapie in einem geschützten Rahmen in kleinen Gruppen oder am Krankenbett ermöglicht:
>
> - Basale Materialerfahrungen und Erinnerung
> - Orientierungshilfe
> - Gegenwartserleben im Hier und Jetzt beim aktiven Gestaltungsprozess
> - Selbstwirksamkeitserleben
> - Ressourcenstärkung
> - Beruhigung
> - Stabilisierung
> - Sensorische, motorische und kognitive Aktivierung.

In der stationären, einrichtungsbezogenen heilpädagogisch-kunsttherapeutischen Arbeit u. a. mit alten Menschen mit Demenz sind hier besonders die spezifischen Qualitäten kunsttherapeutischer Medien/Mittel zu erwähnen. Ganß beschreibt:

»Entgegen der Auffassung, dass ein für den künstlerischen Ausdruck verwendetes Material in seinem in ihm liegenden Möglichkeiten intellektuell erfasst werden muss, um es nutzen zu können, gehe ich davon aus, dass das Material zum Gegenüber wird, welches auch dann, wenn es nicht kognitiv erfasst wird, ergriffen werden kann« (Ganß 2009, S. 316).

Vorhandene Impulse und Energien haben somit einen konkreten Bezug, der sinnlich erfahrbar wird und wiedererkannt werden kann. Dadurch kann Hilfestellung zur Orientierung geboten oder zur Entspannung beigetragen werden und ggf. einem Delir vorgebeugt werden. Die Heilpädagogische Kunsttherapie orientiert sich dabei an ressourcenorientierten aktiven und rezeptiven kunsttherapeutischen Konzepten auf der Basis möglichst verlässlicher und konstanter Rahmenbedingungen. Eine positive Beziehungsgestaltung bildet dafür die Grundlage.

Zielsetzung Heilpädagogischer Kunsttherapie in der geriatrischen Tagesklinik und im Seniorenheim

In kleinen konzeptuellen Gruppenangeboten oder im Rahmen eines Offenen Ateliers in der geriatrischen Tagesklinik oder im Seniorenheim können sich heilpädagogisch-kunsttherapeutische Angebote als eine Möglichkeit zur Begegnung, zum Austausch und zum kreativen Schaffen etablieren. Kommunikation, Selbsthilfefähigkeit, motorische Funktionalität und subjektives Wohlbefinden der geriatrischen Patienten*innen/Bewohner*innen können mit Hilfe von heilpädagogischen Kunsttherapieangeboten stabilisiert oder verbessert werden. Im kreativen Schaffensprozess können sich Senioren*innen als selbstwirksam erleben und sich selbstbestimmt ausdrücken oder gar ein Hobby wieder aufgreifen. Darüber hinaus können durch kreatives Tun biografische Lebensmomente angesprochen und dadurch Erinnerungen angeregt werden (vgl. Ganß 2009, S. 325).

Konzept, Methode und Medium sind auf die Bedürfnisse und Möglichkeiten der Teilnehmenden abzustimmen.

Fotografie als Medium in der Arbeit mit Senioren*innen

»Die Fotografie zeigt etwas, was sie selbst nicht ist, in einem Augenblick, den sie nicht selbst bestimmt [...]. Die Fotografie ist ein müheloses Wiedererscheinen von Vergangenem. Die Mühelosigkeit erlaubt den bereits angesprochenen Wechsel zur Imagination; er ist oft begleitet von starken Affekten. Wie ein fotografisches Bild einen räumlichen Abschnitt zeigt, verweist es auf einen zeitlichen Abschnitt. Ein Augenblick verwandelt sich in ein Bild« (Kebeck & Wrede 2016, S. 91). Bilder mit einer Digitalkamera ermöglichen eine sofortige Verfügbarkeit gelebter Augenblicke und Orte, vergleichbar mit einer eigenen ›Bildsprache‹ jenseits von Sprachverständnis Verschriftlichung und Versprachlichung (beispielsweise bei Demenz oder Aphasie). Es können ganze Serien entstehen – verschiedene Perspektiven, Details, Kontexte. Die fotografisch-bildnerische Darstellung und Archivierung relevanter Lebensereignisse hat eine bildliche, kommunikative Qualität. Fotografische Archive ermöglichen den Zugriff auf präverbale Kompetenzen, das Dargestellte kann als Mitteilung genutzt werden. Die Zeigbarkeit wird zur Formulierung ohne Worte, ermöglicht soziale Teilhabe, kann sich als eine Brücke erweisen.

Im Rahmen eines Lehrforschungsprojekts 2018/19 mit Studierenden der KH Freiburg und einer Gruppe von fünf Senioren*innen des Seniorenheims St. Carolushaus erwies sich die Intervention eines dokumentarischen Gruppenfotos am Ende jeder kunsttherapeutischen Gruppensitzung als wertvolle Erinnerungshilfe und Gesprächsanlass für die jeweils darauffolgende Stunde.

Fallbeispiel: Heilpädagogische Kunsttherapie in einem Offenen Atelier

Malerei und Zeichnung bieten nicht nur die Möglichkeit Gesehenes, Erfahrenes und Empfundenes in Bilder umzusetzen, sondern vor allem dieses sichtbar zu machen und zu sehen. »Die Lust des ästhetischen Augenblicks hat in sich selbst die Bestimmung zum Gestochenen, zur Schärfe, zur Genauigkeit des Gefühls, zur Exaktheit der Phantasie, zur Logik in der Passion.« Schlussendlich: »Die Stimmung kondensiert zum ›stimmt‹« (Wohlfahrt 1994, S. 175). Diese Genauigkeit und Präzision war das Anliegen einer 72-jährigen Patientin, die im Rahmen einer akuten Manie in der Klinik für Psychiatrie und Psychotherapie des Universitätsklinikums Münster behandelt wurde. Über den Zeitraum von vier Wochen besuchte sie täglich das Offene Atelier der Kunsttherapie der Klinik. Sie genoss dort den festen Platz, die ruhige Atmosphäre und das Eingebunden-Sein in den Kontext der anderen künstlerisch Tätigen. Zunächst war sie primär aktive Beobachterin im Atelier; sie könne nicht malen, war das Credo. Ihre ganze Aufmerksamkeit galt der Ölmalerei eines 75 Jahre alten Mitpatienten, der mit ungewöhnlicher Spachteltechnik farb- und formintensive, strukturiert abstrakte kleine Werke anfertigte. Er war mit derselben Regelmäßigkeit im Atelier, vollendete ein Werk nach dem anderen. Anhand einer mit Bleistift und Lineal angefertigten Bleistiftskizze entwarf er jeweils vorab die Komposition und begann danach die farbige Ausarbeitung. Trotz seiner schweren Depression schien es, als würde er die künstlerische Tätigkeit lieben. »Wenn wir sie lieben, entsteht so etwas wie ein vibrierender Draht zwischen uns und der Welt« (Rosa 2019, S. 24), und dieser ist durchaus auch spürbar für andere, in diesem Fall besonders für die alte Dame, die seinen Werken mit besonderer Wertschätzung und Anerkennung begegnete. Möglicherweise war die *Resonanzachse* (vgl. Rosa 2019, S. 24) zwischen den beiden impulsgebend für die Patientin, doch den Schritt zu wagen, sich bildnerisch zu betätigen. Sie begann mit einer Bleistiftskizze und der Idee den Schrank ihrer Mutter zu zeichnen, ein Triptychon, ein Schrank mit geöffneten Türen; ein Ort, an dem sie mit ihrer Schwester gespielt hatte und der daher eng mit Kindheitserinnerungen verbunden war – einsehbar für sie selbst und andere (▶ Abb. 28). Wie kann es gelingen, sich im offenen Kontext (einem Offenen Atelier) der eigenen Biografie anzunähern? In diesem Fall half der alten Dame die von ihr gewählte kryptografische Spiegelschrift (es ist allerdings offen, ob bewusst gewählt oder der Tatsache geschuldet, dass sie ursprünglich Linkshänderin war). Der Effekt bleibt allerdings gleich. Der*die Betrachtende muss genau schauen und sich das Bild erschließen, um es lesen zu können. Die zarten, blassen, transparent scheinenden Aquarellfarben lassen ein einfaches Erkennen der Bildinhalte ebenfalls kaum zu. Das Bild wirkt transparent, fast flüchtig, ein Hauch, aber dennoch sehr detailliert und minutiös.

Abb. 28: »Das Wissen der Kinder« von einer 72-Jährigen Frau, Aquarell und Bleistift auf Aquarellpapier

Über den Zeitraum von vier Wochen arbeitete die alte Dame täglich an ihrem Werk. Während sie zeichnete, erinnerte sie sich an das gemeinsame Spiel mit ihrer Schwester im Schrank der Mutter, das Kennenlernen der Eltern, Verluste, Ängste und Freuden der Kindheit. »Ein Bild hat sein eigenes Gedächtnis, seine innere

Reflexion, besser: seine immanente Flexion, seine eigene Konjugation und Deklination« (Wohlfart 1995, S. 173). In diesem konkreten Fall mag es eine Möglichkeit bieten, sich ansprechen und berühren zu lassen von der eigenen Geschichte, aber auch diese aktuell zu ordnen und einzuordnen, im Hier und Jetzt zu gestalten und intergieren zu können.

Heilpädagogische Kunsttherapie in der Palliativmedizin

Der Begriff »Palliativ« stammt aus dem Lateinischen und beschreibt die Ummantelung. Es geht also nicht nur um Schmerzverringerung, sondern vielmehr darum die Zeit mit mehr Lebensqualität zu füllen (vgl. Schmaus 2016, S. 38). Grundsätzlich ist die Palliativversorgung durch die Bejahung des Lebens und der Annahme des Sterbens als natürlichen Prozess gekennzeichnet. Ein würdevolles und selbstbestimmtes Leben bis zum Tod ist ein elementarer Grundwert. Dabei steht der*die Betroffene in seiner Ganzheitlichkeit im Zusammenhang mit seinem*ihrem sozialen Umfeld sowie seinen*ihren individuellen Bedürfnissen im Mittelpunkt. Dies betrifft nicht nur onkologische Patient*innen (vgl. Radbruch et al. In: Gruber & Reichelt 2016, S. 67 f.).

> »In der Kunsttherapie wird das gestalterische Tun als nonverbale Erweiterung des Ausdrucksspektrums genutzt, das in existentieller seelischer und körperlicher Not bedrängender Sprachlosigkeit und Einsamkeitsbefürchtung entgegenwirken kann und neue Räume der Selbsterkenntnis, des dialogischen Verstehens und der Empathie eröffnet« (Evertz. In: Aulbert et al. 2011, S. 84).

Künstlerische Aktivitäten, Kunstbetrachtung oder Naturerfahrungen können hier begleitend als Ressource genutzt werden, die zum Wohlbefinden beiträgt oder zur Entspannung verhelfen kann.

Fallbeispiel: Heilpädagogische Kunsttherapie mit einer Palliativ-Patientin

Marina, eine 32-jährige ambulant palliativversorgte Patientin, Ehefrau, Mutter einer fünfjährigen Tochter, wurde in der onkologischen Tagesklinik des Uniklinikums Münster betreut. Sie zeigte sich als freundliche, positive Patientin, die viel Privates mitteilte. Erhielt sie schlechte Nachrichten bezüglich ihres Krankheitsverlaufes oder das Nichtansprechen der Therapien, zog sie sich zurück und wollte möglichst alleingelassen werden. In ihren letzten Lebenswochen bat sie das Team, sie nicht mehr auf ihr Befinden hin anzusprechen. Marina verstarb kurz nach der Taufe ihrer Tochter.

Marina wurde während der letzten zwei Lebensjahre kunsttherapeutisch im Rahmen von Einzelsitzungen begleitet. Die Therapie war klientenzentriert, und ihrer Kreativität wurden keine Grenzen gesetzt. So hat sie z. B. eine Kerze für ihre Schwester entworfen, die Taufe ihrer Tochter künstlerisch mitgestaltet und Collagen kreiert. Während des gestalterischen Arbeitens bewegten sie unterschiedliche Lebensthemen. Sie stand im ständigen Konflikt mit sich selbst. Auf der einen Seite wollte sie stark sein und fühlte sich sehr verantwortlich für sich und ihre

Familie. Auf der anderen Seite wurde sie, bedingt durch ihre Erkrankung, zunehmend schwächer. Es fiel ihr schwer, sich diese Schwäche einzugestehen. Ihre Wünsche und Bedürfnisse konnte Marina besonders gut in Collagen zum Ausdruck bringen und thematisieren. Neben der Schaffung von Selbstvertrauen und Selbstwertgefühl war für Marina die Kunst als Kommunikationsmöglichkeit eine wichtige Begleitung in ihrer Krankheitsphase. Das künstlerische Tagebuch wurde nach ihrem Tod auf Wunsch der Patientin dem Ehemann und der kleinen Tochter zugeschickt.

7.3 Heilpädagogische Kunsttherapie als besondere Unterstützung

Heilpädagogische Kunsttherapie in Krisensituationen

Bei traumatischen Erlebnissen können die ästhetisch-gestalterischen Medien zu einem Vehikel werden, um Unaussprechlichem Gestalt zu verleihen und sich davon zu distanzieren. In der Arbeit mit Geflüchteten, die ihre Heimat aufgrund von Kriegswirren, Unerträglichem u. a. verlassen haben, ist auch der Fluchtweg eine psychisch belastende Erfahrung. Vielfach kann darüber nicht gesprochen werden, und es verfolgt sie in Albträumen, Schlaflosigkeit und psychosomatischen Beschwerden. Ob mit Erwachsenen, Jugendlichen oder Kindern, stets kann der ästhetische Gestaltungsprozess eine Hilfe sein, um abzuschalten und in Kontakt mit eigenen Ressourcen zu gelangen. Von daher ist das gestalterische Angebotsspektrum stark auf sinnliche Wahrnehmungsformen bezogen, um einen unmittelbaren Zugang zu schaffen. Dies kann sowohl das spielerische Handeln im kommunikativen Miteinander, das haptische Material wie Ton oder Sand als auch das imaginäre Gestalten mit Collagematerialien betreffen, um ein niederschwelliges Angebot zu ermöglichen. Nicht das Gestaltete, sondern vielmehr das Gestalten und das Gesehen-Werden im Miteinander stehen im Vordergrund, aber auch das Erleben von Entspannung und von Freude im Gestaltungsprozess.

Für Kinder ist die Vorgabe von Struktur als haltgebender Rahmen bedeutsam, wie beispielsweise das Schreiben des Namens an die Tafel, die Begrüßung mit Handpuppen u. a., dann das freie Gestalten nach subjektiven Bedürfnissen, ggf. mit Assistenz und abschließend eine gemeinsame Abschlussrunde mit Verabschiedung. So kann das plakative Malen einer Landesfahne, das Anfertigen einer Schultüte zur Einschulung, aber auch der Umgang mit haptischen Materialien wie mit Ton oder Karton im Gestalten einer Schatzkiste, eines Hauses u. a. als Identifikationssymbole von Bedeutung sein. Bedürfnisse und Ideen der Kinder stehen dabei stets im Vordergrund. Ein besonders wertvolleres Material wie eine Leinwand auf einer Staffelei vermag in der Hinsicht eine Wertschätzung im eigenen Gestalten zu stützen.

Für Jugendliche und Erwachsene kann das Erstellen eines Bilderbuches als Traumtagebuch mit gestalterischen Materialien wie Bildern aus Illustrierten, Glitzer,

Pastellkreiden und weiteren haptischen Materialien aus Stoff, Garnen u. a. die Phantasie anregen und Ressourcen zu inneren Bildern aktivieren. Auch das Miteinander ist hilfreich, da es nicht um den ästhetisch-gestalterischen Ausdruck an sich geht, sondern um ein Gestalten an einem sicheren Ort im Gegenüber. Wie wichtig es ist, frühzeitig Möglichkeiten der Bearbeitung von belastenden Lebensereignissen bereitzustellen, zeigen Studien zur transgenerationalen Übertragung familiärer Belastungen im Sinne der unbewussten Weitergabe von Traumata und Schuldverstrickungen (vgl. Moré 2013; Leuzinger-Bohleber & Fritzemeyer 2016), wie es z. B. durch das Verlassen der Heimat und die Flucht ausgelöst werden kann.

In der Gruppenarbeit mit geflüchteten Frauen aus unterschiedlichen Ländern hat sich gezeigt, dass selbst bei sprachlichen Vermittlungseinschränkungen das gemeinsame Gestalten Halt und das Gefühl von Sicherheit in der Gemeinschaft vermitteln kann. Nicht nur ein ästhetisches Gestalten fand statt, sondern auch ein landestypisches Teetrinken mit kleinem Gebäck, um so die Atmosphäre aufzulockern. Dabei zeigte sich unbewusst in den Ausdrucksformen ein Anknüpfen an vergangene traditionelle Gestaltungsobjekte aus der Heimat. Wichtig war auch das gegenseitige Stützen der Frauen untereinander, die über die Projektarbeit einen Vertrauensrahmen aufbauen konnten.

Auch bezogen auf Trauerarbeit ist die transverbale Zugangsform des ästhetischen Gestaltens hilfreich, um ein Abschiednehmen und ein versöhnliches Verarbeiten des Erlebten zu unterstützen. Gerade beim Durchlaufen der unterschiedlichen Trauerphasen in den emotionalen Stimmungsbildern des Nicht-Wahrhaben-Wollens, der aufbrechenden Emotionen, des Suchens und Sich-Trennens hin zu einem neuen Selbst- und Weltbezug (vgl. Kast 1990) ist Begleitung hilfreich bzw. teilweise notwendig. Das Erstellen eines Abschiedsgeschenks, das Gestalten eines nachträglichen Briefes u. a. – nicht zu Aufbewahrung, sondern auch zur symbolischen Bestattung oder symbolischen Verbrennung – können in der emotionalen Bedeutsamkeit als sinnlicher Träger eine wichtige Funktion erhalten. Das Getragen-Werden in einem Gruppenbezug, d. h. im Spiegel eines ähnlichen Schicksals, ist in diesem Zusammenhang hilfreich.

In dem Zusammenhang lassen sich unterschiedliche Erfahrungskontexte in der krisenhaften Bewältigung von Lebensabschnitten aufführen, wobei der ästhetische Gestaltungsbezug sinnlich-konkrete Formen der Verarbeitung bereitstellt, auch im Sinne der Erstellung eines Objektbezugs und einer symbolischen Handhabbarkeit. Die Variationsmöglichkeiten des Gestaltens sind dabei vielfältig und abhängig von den situativen Voraussetzungen und den Kompetenzen des*der Einzelnen. Es kann sowohl mit gefundenen Objekten in einem selbst gestalteten Arrangement gearbeitet werden als auch mit selbst gestalteten Formträgern, die eine entsprechende Einbettung in einem tragenden Zusammenhalt erfahren. Ein symbolisches Verständigen über den Gestaltungsprozess, auch im Hinblick auf Mythos und Ritual, kann den Verarbeitungsprozess begleiten.

Aber auch bei Langzeitarbeitslosen und Obdachlosen, die den Anschluss an die gesellschaftliche Teilhabe verloren zu haben meinen, kann ein kreativ-therapeutisches Angebot stützend für eine innerpsychische Stabilisierung und soziale Integration wirksam werden. Dies hat beispielsweise das Kunstprojekt KEB in Freiburg gezeigt, und zwar unter dem Motto »Kunst- und Arbeitswelten« (www.caritas-freiburg.de).

7.3 Heilpädagogische Kunsttherapie als besondere Unterstützung

Es geht um die Überwindung von Vermittlungshemmnissen über intensive Aktivierung und Stabilisierung mittels des ästhetischen Ausdrucks und um die Entdeckung eigener Ressourcen und Fähigkeiten sowie um ein Trainieren von möglichen beruflichen Kompetenzen. In diesem Zusammenhang bildet das ästhetische Gestalten eine Vermittlungsebene, um über Kunst eine Einstiegsmöglichkeit in Beschäftigung zu erlangen. In dem Obdachlosen-Projekt »LebensArt – scheinbar unscheinbar« (www.agj-freiburg.de) der Wohnungslosenhilfe Offenburg wird vergleichbar mit künstlerischen Materialien gearbeitet, um ein Gemeinschaftsgefühl, Identität und gesellschaftliche Integration zu unterstützen.

Abschließend sind als besondere Herausforderung noch die Gesundheitskrisen zu erwähnen, die sich geografisch und zeitlich nicht begrenzen lassen und die gesamte Weltbevölkerung bedrohen. Ein weltweiter Ausnahmezustand, z. B. im Kontext einer pandemischen Ausbreitung eines Krankheitserregers, kann mit einer wachsenden kollektiven Ausbreitung von starken Ängsten und Befürchtungen einhergehen.

> »Die Öffentlichkeit nimmt Risiken nicht einheitlich wahr. Soziodemografische Faktoren und Vorwissen sowie der Informationsbedarf einer Person sind wichtige Einflussgrößen. Frauen und ältere Menschen haben eine höhere Risikowahrnehmung als Männer und Jüngere. Zudem ist die Wahrnehmung eines Risikos umso geringer, je mehr persönliche und gesellschaftliche Gestaltungsmöglichkeiten in der aktuellen Lebenssituation zur Verfügung stehen« (Günther et al. 2011, S. 22).

Menschen in prekären Lebenssituationen, Geflüchtete, Wohnungslose, Langzeitarbeitslose, Menschen mit Psychiatrieerfahrung, Menschen mit chronischen Erkrankungen, alte alleinstehende Menschen verfügen hinsichtlich ihrer gesellschaftlichen Gestaltungsmöglichkeiten per se nur über sehr eingeschränkte Spielräume. Eine weltweite, pandemische Belastungssituation führt besonders diese Menschen an ihre persönliche, gesundheitliche und wirtschaftliche Grenze. Ein kollektiver Ausnahmezustand kann darüber hinaus auch vermeintlich stabile Menschen in psychischer, physischer, somatischer und sozialer Hinsicht belasten. Vielfältige Aspekte sind bei der Bewältigung einer weltweiten Gesundheitskrise von Bedeutung, wie z. B. gegenseitiges Vertrauen, Übernahme von Verantwortung, Befähigung zur Selbsthilfe sowie Transparenz im politischen Umgang mit der Gesamtsituation. Kulturelle Errungenschaften, wie Geistes- und Naturwissenschaften, Medizin, Wirtschaft, Versorgungs- und Kommunikationsstrukturen, sind hier gefragt, konstruktiv miteinander zu interagieren.

Menschen haben in kollektiv beunruhigenden Zeiten das Bedürfnis, die bedrohliche Situation nicht ausschließlich nur gedanklich zu erfassen. Nach anfänglichem Schock, dem Prozess des sukzessiven Verstehens und nachfolgender Akzeptanz der Gegebenheiten ergibt sich der Wunsch, selbst etwas zu tun und zu handeln. Handlungsimpulsen folgen zu können ist eine wichtige Möglichkeit zur Selbstregulation und zur Wiederherstellung des psychischen Gleichgewichts. Künstlerische Prozesse sind per se handlungs- und lösungsbasiert und sind daher geeignete Interventionsmöglichkeiten. Ein weißes Blatt Papier kann krisenhafte Momente beinhalten, kann das Gefühl erzeugen, quasi vor dem Nichts zu stehen. Dadurch werden die Schaffenden unmittelbar mit ihrem persönlich verfügbaren Repertoire im Umgang mit Krisen konfrontiert. Der Gestaltungsprozess aktiviert die Suche nach Lösungsstrategien, produziert Handlungsmuster und beinhaltet Suchbewegungen, die zu neuen und ungewöhnlichen Möglichkeiten führen können. Das bildnerische Ergebnis ist ein letztendlich sichtbares und gelungenes Krisenmanagement. Sozialkunst im Sinne von Josef Beuys offeriert beispielsweise hier eine konkrete Lösung. Beuys verstand Kunst als gesellschaftliche Aufgabe, als ein Angebot sich als Teil einer »sozialen Plastik« zu verstehen (Harlan et al. 1984). Gemeinschaft ist hier konkreter Gestaltungsauftrag, bei dem sich jede*r Einzelne einbringen kann. In der Tradition von Beuys gründete sich 2008 die kunstbasiert arbeitende Nothilfeorganisation *StART international e. V.* mit dem Anspruch Hilfe zu leisten, und zwar mit den spezifischen Möglichkeiten der Kunst und auf der Basis eines übergreifenden gesellschaftlichen Auftrags. Beispielhaft ist hier das Projekt »SIMPLY BLUE« mit einer künstlerisch-therapeutischen Zielsetzung zu erwähnen, welches 2016 von der Münchner Künstlerin und Kunsttherapeutin Rita Eckart initiiert wurde. An diesem internationalen Sozialkunstprojekt nahmen insgesamt 57 Nationen teil. Die Intervention bestand aus der Gestaltung eines 15 x 15 cm oder 10 x 10 cm großen Formats. Dieses bestand aus zwei basal-gestalterischen Schritten: Zunächst wurde die Fläche vollständig mit blauer Tinte ausgemalt. Der zweite Schritt bestand darin, mit einem Tintenlöschstift (alternativ mit einem weißen Buntstift) eine zentrierte, grafische Gestaltung auf dem blauen Grund zu realisieren. Das Projekt war formal auf den gemeinsamen kulturellen Nenner einer blauweißen Kachel heruntergebrochen, die eine visuelle Gegenwärtigkeit in vielen Kulturen dieser Welt beinhaltet.

> »Ob Simply Blue!-Werke in Armenvierteln am Rande Nairobis, in einer Flüchtlingsunterkunft in Deutschland, in einer Schule in Frankreich, Haiti oder Madagaskar, in einem noblen Atelier in einer Gartenlaube in Malaysia, in einer deutschen Werkstatt für Menschen mit Behinderungen, einer abgelegenen Dorfgemeinschaft in China, in einer kleinen ländlichen Projektgemeinschaft oder in einem großen Kinderkrankenhaus, in einer kargen Gefängniszelle oder im Großraumbüro während der täglichen Mittagspause oder gar im schwedischen Kirchenasyl entstanden: im Raum, wo an ihnen gearbeitet wurde, herrschte meist Stille, in der es ein Zwiegespräch zu geben schien zwischen den Malenden und dem Teil ihres Wesens, der in der Lage ist, dem Leben selbst nach existenziellen Verlusten schöpferisch zu begegnen« (Eckart 2018, S. 130).

Gerade in der aktuellen, weltweit umfassenden pandemischen Ausnahmesituation 2020 ist die Etablierung derartiger Sozialkunstprojekte von besonderer Bedeutung. Strukturelle, formale Qualitäten des Bildnerischen können hier nicht nur dazu beitragen, pandemische Fakten in Form von Tabellen und Grafen hinsichtlich der Häufung von Fallzahlen zu visualisieren, sondern auch Momente individueller Schaffenskraft und Wohlbefindens sichtbar und verfügbar zu machen.

Heilpädagogische Kunsttherapie in Wohn- und Pflegeheimen

Heutzutage sind Wohn- und Pflegeheime teilweise strukturell altersübergreifend und hinsichtlich psychischer sowie körperlicher Beeinträchtigungen versorgend ausgerichtet. Nicht allein Senior*innen mit ihren altersbedingten Versorgungsansprüchen, sondern auch Menschen mit durch Unfälle und Krankheit bedingten sowie geburtsbedingte Beeinträchtigungen haben vom frühen Erwachsenenalter bis zum Tode Anspruch auf entsprechende Wohn- und Pflegeeinrichtungen, soweit sie nicht mehr selbstständig oder in Kleingemeinschaften ihren Alltag meistern können.

In diesen Kontexten kommt den kreativ-gestaltenden Angeboten – auch unter dem Gesichtspunkt einer heilpädagogischen Förderung – eine besondere Bedeutung zu. Im Rahmen eines betreuten Wohnens gilt es u. a. eigenständiges Handeln in der Lebensgestaltung zu stützen und zu fördern. Auch für pflegebedürftige Menschen, die durch einen Unfall eine so starke psychosomatische Einschränkung u. a. erlebt haben, sind Brücken zu einer gesellschaftlichen Teilhabe aufzubauen. In der Hinsicht eignen sich basale heilpädagogisch-kunsttherapeutische Angebote als Einzel- oder Gruppeninterventionen (vgl. Fröhlich 2014; Maier-Michaelitsch & Grunick 2010). Diese können flankiert werden von Ausstellungen zur Würdigung der Gestaltungsergebnisse oder als Ausgestaltung des persönlichen Wohnbereiches. In dem Zusammenhang geht es um Interaktion, Beziehungsaufbau, Freude an der eigenen gestalterischen Ausdrucksgebung, soziales Zusammenkommen und eine Form der Alltagsstrukturierung. So kann es über das ästhetische Gestalten zu einer Aktivierung von körperlichen Bewegungseinschränkungen und langzeitlich zu einer Verbesserung des Wohlbefindens und der Selbsttätigkeit kommen. Über das prä- bzw. transverbale Medium des ästhetischen Gestaltens können gewandelte Zugänge zu Bewohner*innen aufgebaut werden, die im depressiven Rückzug sich von alltäglichen Aktivitäten abgewandt haben. Aufschlussreich sind verschiedene Praxisberichte über eine zunehmende Mitteilungsbereitschaft und Teilhabe im Rahmen ästhetisch-gestalterischer Angebote. Dabei geht es auch um eine Begegnung mit Ängsten, Unsicherheiten, Trauer und Aggressionen des*der Einzelnen und eine Unterstützung zur positiven Veränderung bzw. Bewältigung. Im Hinblick darauf lässt sich auch eine Zusammenarbeit mit Angehörigen integrieren im gemeinschaftlichen Gestalten und in der Wahrnehmung noch vorhandener und einer möglicherweise verbessernden psychosomatischen Verfassung von Bewohner*innen. Das jeweilige Angebot fügt sich so in bestehende Tagesaktivitäten ein und wird Teil der Alltagsgestaltung und individuellen Förderung.

8 Konzeptionelle methodische Zugänge unter dem Aspekt der heilpädagogischen Förderung in der Kunsttherapie

Im Hinblick auf exemplarische Übungen zu einzelnen thematischen Konzepten der Förderung soll modellhaft auf einige selbst erprobte methodische Konzepte eingegangen werden. Im Sinne einer offenen Herangehensweise werden Angaben zu verwendeten Materialien, zum strukturellen Aufbau und zum Ansatz der heilpädagogischen Förderung gemacht. Entsprechend dem kreativen Potential im situativen Setting ist in der Umsetzung der jeweiligen Methode eine Erweiterung und Veränderung des Konzepts möglich, so dass nur von einer grundlegenden Anleitung ausgegangen werden kann. In der Auswahl von Methoden, die ein kunstanaloges Handeln unterstützen, ist der individuelle Förderansatz zu reflektieren, bezogen auf die Psychomotorik, die sinnliche Wahrnehmung, das Selbsterleben, die Identitätsbildung etc. Stets geht es um eine ganzheitliche Mobilisation der Sinneswahrnehmung, was bei der jeweiligen Vorgabe einer Methode in ihren Abwandlungen mit zu bedenken ist, und zwar in den einzelnen Arbeitsschritten. Die einzelnen vorgestellten Schwerpunkte sind von daher als exemplarische Auswahl zu verstehen, die der Veranschaulichung dienen und in verschiedenen Lebensphasen einsetzbar sind. Sie entsprechen eigenen Anwendungsformen heilpädagogisch-kunsttherapeutischer Interventionsformen bzw. sind eigens dafür konzipiert worden.

8.1 Selbstexploration

Imaginäre Briefe

Tagebuch- und Briefeschreiben sind Ausdrucksformen, die im 21. Jahrhundert im Kontext der digitalen Medien kaum noch von Relevanz sind. Dennoch ermöglicht das Schreiben im eigenen psychomotorischen Rhythmus der Handschrift einen anderen Erlebenszugang zu sich selbst (vgl. Schnabel & Scholz 2009, S. 44 f.). Dabei geht es weder um das expressive Schreiben noch um eine rückblickende Niederschreibung des Erlebten. Es betrifft vielmehr eine imaginäre Ausrichtung auf eine Person, Gruppe u. a., mit der man eine konflikthafte Beziehung, eine einschneidende Erfahrung hat, wie die Verarbeitung von Verlust etc., beispielsweise mittels eines imaginären Briefes, der nicht abgeschickt oder weitergereicht wird, sondern vergraben, verbrannt oder uneinsichtig für den*die Adressat*in aufbewahrt wird. Dabei sind in diesem symbolischen Brief allein positive Aspekte in der Beziehung zur eigenen Entwicklung oder bezogen auf die der anderen Person hervorzuheben, über Worte, Bilder, Formen oder Farben. Der Brief kann entsprechend gestalterisch verziert werden, um die Wertschätzung zu unterstützen.

Material

Als Materialien können gestaltete oder ungestaltete, formatierte oder unformatierte Karten mit Umschlägen verwendet werden. Weiterhin lassen sich verschiedene zeichnerische und malerische Medien einsetzen.

Abb. 29: Imaginäre Briefe: Ein verfasster Brief wird im Bachlauf gewaschen

Vorgehensweise

Einleitend sollte das Thema des Konfliktes angesprochen werden wie beispielsweise: »Wir wollen einer Person etwas Unaussprechliches oder sehr Persönliches mitteilen, deren Verhalten uns oder anderen Personen gegenüber störte, verletzte oder eigenen Ansprüchen zuwider verlief, aber auch eine uneingestandene Zuneigung betraf. Was wünschen wir dieser Person, dass sie sich entwickeln kann? Was wäre unsere positive innere Haltung ihr gegenüber? Versuche Dich einmal positiv auf diese Person usw. auszurichten und wie ein Geschenk einen für sie nicht lesbaren Brief zu verfassen. Um die Besonderheit dieser Gabe deutlich zu machen, kann der Brief besonders verziert und gestaltet sein.«

Nach einer inneren Einstimmung kann jeder für sich aus den vorbereiteten Materialien das Passende auswählen. Wichtig ist es mitzuteilen, dass dieser Brief niemals an den*die Adressat*innen weitergeleitet wird, sondern wohl behütet aufbewahrt wird oder auch später rituell vernichtet werden kann.

Aspekte heilpädagogischer Förderung

Diese Übung ermöglicht es eine innere Versöhnung mit einer Konfliktsituation zu finden, wobei eigene Ressourcen aktiviert werden können. Es wird die eigene Kompetenz gestärkt in einer positiven Hinwendung zu einem Konflikterleben, indem Wünsche der Bewältigung imaginativ projiziert werden. Altersmäßig ist dies von der Pubertät bis hin zum hohen Erwachsenenalter möglich. Ggf. muss wahrgenommen werden, inwieweit es die Person überfordern könnte, besonders dann, wenn eine erweiterte Personengruppe einbezogen wird.

Über das ästhetische Gestalten kann Ungesagtes und Verdrängtes eine Verarbeitungsform erfahren. In der konzentrierten Arbeit an dem Gestalteten mit der Symbolgebung eines imaginären Briefes wird in der haptischen Umsetzung eine Handhabbarkeit erlebbar, die eine innere Verarbeitung des Erlebten stärkt.

Vergangenheit – Gegenwart – Zukunft

Es gibt verschiedene Möglichkeiten der biografischen Verarbeitung von Lebensereignissen, wobei eine bildnerisch-gestalterische Umsetzung dies besonders unterstützen kann. Ausgangspunkt ist die Lebenslinien in ihren Höhen und Tiefen im Vergleich zu einem Mittelwert. Im Sinne einer zeitlich bedeutsamen Sequenz kann auch nur ein Lebensabschnitt ausgewählt werden. Es gilt einen Verlauf mit Höhen und Tiefen zu markieren und den Höhe- oder Tiefpunkten ein figürliches bzw. nicht symbolisch konkretes Bildzeichen zu geben, das für Außenstehende uneinsichtig für das jeweilige Geschehen ist. Als weiteren Schritt geht es darum ein Bildzeichen von einem Höhe- und Tiefpunkt auf einem großen Blatt Papier (z. B. Din A2) frei zu platzieren und auch ggf. zu vergrößern. Danach soll der Umraum beliebig ausgestaltet werden bzw. ein Gesamtbild mit der Integration der beiden vorher gemalten Bildzeichen erfolgen. Es geht um ein Finden eines gemeinsamen imaginären

Raumbezuges, wobei die Bildzeichen unabhängig von ihrem zugeordneten Erlebnisinhalt gehandhabt werden können.

Material

Es wird Zeichenpapier (Din A4 bis A2) für die beiden Arbeitsschritte benötigt. Weiterhin eignen sich Buntstifte oder Filzstifte für die Lebenslinie und weitere gestalterische Materialien für die Umsetzung auf dem größeren Papier als Bildfläche.

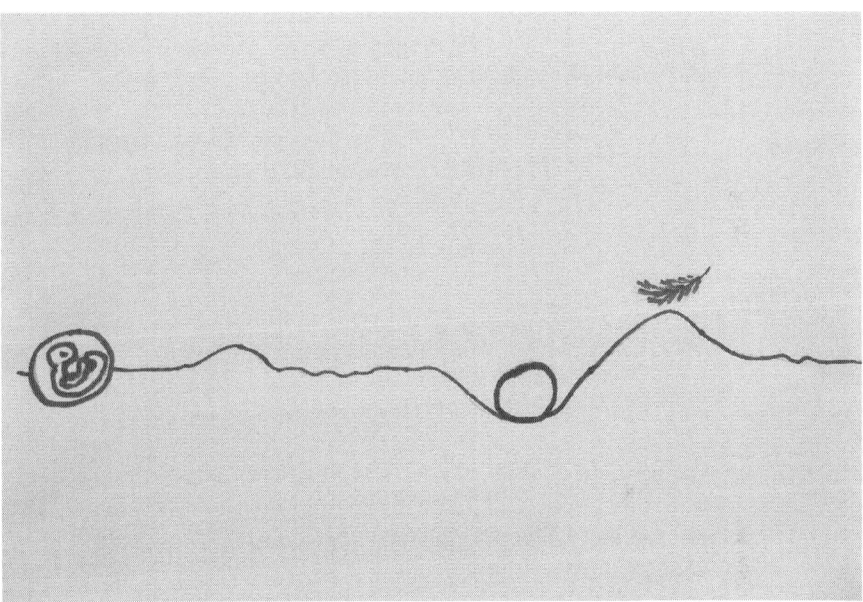

Abb. 30: Vergangenheit – Gegenwart – Zukunft: Lebensereigniskurven

Vorgehensweise

Die Einführung erfolgt in einer Schrittfolge, wobei es als erstes um die Aktivierung von Erinnerungen zum Lebensverlauf geht. Das kann mit einer Tagtraumimagination unterstützt werden oder mit der Darstellung einer Lebenslinie mit den Höhen und Tiefen als Anregung zum selbst Erforschen. Je nach Anlass ist es möglich die Lebenslinie von der Zeit im Mutterleib zur Jetztzeit oder nur als ausgewählte wichtige Zeitspanne wie Kindheit, Adoleszenz, Erwachsenenalter etc. imaginär darzustellen. Im zweiten Schritt werden Bildzeichen für die Höhe- und Tiefpunkte gegeben. Im dritten Schritt werden zwei gegebene Bildzeichen vom jeweils höchsten und tiefsten Punkt auf einem größeren Blatt an beliebiger Stelle kopiert. Der vierte Schritt beinhaltet den Umraum bildnerisch auszugestalten. Dies kann symbolisch oder auch abstrakt sein. Nach Fertigstellung des Bildes wird über die Gefühle beim

Gestalten und die Wirkung des Gesamtbildes assoziativ gesprochen, wobei eine Deutung unterbleibt.

Aspekte heilpädagogischer Förderung

Diese Übung erfordert eine gewisse Kompetenz in der Wahrnehmung eigener Lebensprozesse und bietet sich für Jugendliche, aber auch für Erwachsene bis hin zum Seniorenalter an. In der symbolischen Verarbeitung des Erlebten, indem ein Höhe- und ein Tiefpunkt imaginativ thematisiert werden, kommt es vielfach zu einer emotionalen Relativierung des möglicherweise negativ Erlebten, indem Ressourcen aus dem Erleben eines Höhepunktes unbewusst stärkend einfließen können. In der gestalterischen Verarbeitung mit Materialien, die eine spielerische Verwendung finden können, werden zudem unbewusst Kompetenzen in der Verarbeitung verschiedener Erlebnisqualitäten aktiviert. Es handelt sich um eine ganzheitliche Einbeziehung von gestalterischen Sinneswahrnehmungen, inneren Bildern und psychomotorischen Handlungsabläufen im Erleben von Selbstwirksamkeit.

Der Wohlfühl-Ort

Ein Raum- und Zeitbezug des Wohlfühlens kann wie eine Ressource wirken, aber auch als ein Resilienzbezug genutzt werden. Vielfach wird die imaginative Vorstellung eines solchen Ortes in der Traumatherapie verwendet (vgl. Reddemann 2001). Es geht um die positive emotionale Verankerung eines Sicherheitsgefühls mit entsprechendem Entspannungs- und Harmonisierungserleben als Rückzugsort zur Stabilisierung und des Neuanfangs. Eine sinnliche Anreicherung eines solchen Ortes ist mittels Aktivierung von unterschiedlichen Sinneserfahrungen hilfreich, um diesen als konkretes inneres Bild zu verankern, das beliebig abrufbar ist. Im heilpädagogisch-kunsttherapeutischen Setting kann es beispielsweise symbolisiert werden durch Motive wie das Haus oder die Insel bzw. einen Platz in einer Landschaft als sichere Bezugsorte. Dies eignet sich für alle Altersspannen, d. h. sowohl für Kinder, Jugendliche, Erwachsene als auch Senior*innen. So kommt u. a. dem Haus symbolisch eine vielschichtige Bedeutung zu, da dies auch für das Selbst steht. Kulturhistorisch trägt das Haus in der Gestaltung unterschiedliche Facetten je nach Materialbeschaffung, klimatischen Verhältnissen und kulturellen Lebensbedingungen. Es ist nicht nur auf die Lebenden bezogen, sondern auch auf die Ahnen im Kontext von Mythos und Ritual. Anhand exemplarischer Darstellungen aus der Arbeit mit Kindern und der Beratung sollen einige Aspekte des sinnvollen Zugangs zum Thema Haus und Insel aufgezeigt werden.

Material

Es kann sowohl zwei- als auch dreidimensional gearbeitet werden, d. h. mittels zeichnerischer und malerischer Gestaltung oder im Bauen einer Behausung mit unterschiedlich zur Verfügung stehenden Materialien wie Naturmaterialien, Pappe, Kartons und sonstigen re- bzw. upcycelbaren Dingen. Dabei sollte das Spektrum der Materialien auf die örtlichen Möglichkeiten, den Anlass und die Wünsche der Mitwirkenden abgestimmt werden. Die Umsetzung kann dabei sowohl modellhaft klein sein, aber auch in Größe realisiert werden, so dass ein körperliches Erlebnis des Verweilens, Zurückziehens oder des Ankommens entstehen kann.

Vorgehensweise

Im Rahmen einer Familienberatung kann beispielsweise als ein Einstiegsthema die Gestaltung einer Insel vorgegeben werden, wo jedes Familienmitglied seinen Platz des Wohlfühlens bildnerisch einarbeitet. Das gestaltete Gesamtbild ist mit den Familienmitgliedern in seiner Gesamtheit oder bezüglich der einzelnen Orte mit jedem*er zu besprechen. Durch die Art der Gestaltung lässt sich bereits ein Zugang finden zu den Bedürfnissen des*der Einzelnen und seine*ihrer Beziehung zu den umgebenden Aspekten. So verdeutlicht beispielsweise eine Abgrenzung mittels eines Zaunes zu anderen Familienmitgliedern nonverbale Bedürfnisse bezogen auf einen abgegrenzten Lebensbereich und damit etwas, woran gemeinsam gearbeitet werden kann.

Fallbeispiel: Heilpädagogische Kunsttherapie mit geflüchteten Kindern

In der kunsttherapeutischen Arbeit mit geflüchteten Kindern ist beispielsweise das Bedürfnis geäußert worden, ein eigenes Haus zu gestalten, angesichts des Lebens in Containern mit eingeschränkten individuellen Raumbezügen. Ausgehend von dem Wunsch eines Kleinkindes wurde dies beispielsweise von der ganzen Gruppe übernommen. Dabei entwickelte es sich vom zweidimensional gemalten Haus, zum selbst erstellten modellhaften Haus mittels Schuhkarton bis hin zum großen Haus aus Pappkarton zum Hineinkriechen. Der Bemalung, Ausschmückung und Belebung mittels Puppen oder szenischer Inszenierung ist eine weitere Bedeutung zugekommen. In dem Zusammenhang ist es wichtig gewesen entsprechend den Bedürfnissen der Kinder Materialien bereit zu stellen und ihnen in der Umsetzung ihrer Ideen zu assistieren (▶ Abb. 31).

8 Heilpädagogische Förderung in der Kunsttherapie

Abb. 31: Wohlfühlort: Kleines Haus aus Karton, bewohnt von seiner Erbauerin 4-jähriges Mädchen (Foto: Silke Wernet)

Aspekte heilpädagogischer Förderung

Angesichts des Förderansatzes beinhaltet die Gestaltung eines Ortes des Wohlfühlens als Haus, Insel oder Platz in der Landschaft etc. eine Aktivierung von Resilienzfaktoren. Dabei kann es auch zu einer Regression kommen, indem nicht ausgelebte Bedürfnisse nachgeholt und darüber neu integriert werden. So haben beispielsweise Flüchtlingskinder nacheinander im Malatelier den Wunsch geäußert ein begehbares Haus zu gestalten, in das sie sich setzen können. Dieses zu bauen und außen sowie innen auszugestalten, beinhaltet eine Herausforderung, etwas für sich selbst zu schaffen im Sinne von Geborgenheit und Sicherheit, Rückzug vor Belastung. Das

Gestalten des Hauses aktiviert nicht alleine sinnlich-haptische Wahrnehmungsformen, sondern auch kreative Umsetzungsformen bezogen auf eine persönliche Behausung, in die andere nicht zugelassen werden. Die Auskleidung mit Stoffen und weiteren Materialien sowie das Bemalen oder Tapezieren des Hauses von außen ist etwas Besonderes und hat über eine Reihe von Sitzungen ihre vollkommene Aufmerksamkeit beansprucht. Das Hineinsetzen mit etwas Essbaren oder sonstigen Objektträgern - wie Puppe, Talisman oder auch Handy - hat für sie ein erlebbares Zuhause ermöglicht, das nur ihnen vorbehalten ist. Dahingehend ist auf einer dreidimensionalen Ebene diese Qualität eines Wohlfühlortes sinnlich verankert worden. Aber auch kleine Hausmodelle sind mittels Spielfiguren – meist selbst gebastelt - szenisch belebt worden, um das Gefühl von Sicher- und Geborgenheit zu verstärken. Die szenische, sinnlich erlebbare Verankerung hat u. a. das Selbstwertgefühl gestützt und eine Identifikation mit einem anderen Lebensort ermöglicht.

Dem Malen oder Zeichnen einer Insel bzw. ein Landschaftsort, wo man sich wohlfühlt, als Familienintervention im Beratungssetting kann eine sowohl aufdeckende als auch therapeutische Funktion zukommen. Das gemeinsame Agieren auf einer großen Grundfläche schafft eine Interaktionsebene, die beispielsweise die Familienproblematik auf sinnlich-erlebbare Weise projiziert. Dabei erfolgt eine Mobilisierung kreativer Handlungsumsetzungen im Miteinander und gibt zugleich Gesprächsanlass über das gemeinsam Gestaltete in der Realisation des Bildnerischen. In dem Zusammenhang stellt es ein sinnliches Hilfsmittel dar, um unbewusst Erlebtes zu veranschaulichen – wie z. B. der gesetzte Zaun als Abgrenzung von den anderen – und sich darüber auszutauschen. Bilder tragen einen anderen Ausdruck als Worte und bieten in der Hinsicht einen wichtigen Zugang zum emotionalen Erleben, unabhängig von der Vieldeutigkeit des Gestalteten.

Tagtraumimagination

Innere Bilder und Phantasien begleiten den Menschen in seinem Alltagsbewusstsein, werden aber vielfach von einer Dominanz der Konsumwelt überlagert. Im Rahmen des heilpädagogisch-kunsttherapeutischen Settings Tagtraumimaginationen anzuleiten, beinhaltet sowohl eine Achtsamkeitsübung einhergehend mit einer einführenden Entspannungsübung als auch eine Mobilisation innerer Bilder als vorbewusste Zugangsebene zum Selbsterleben. Dies vermag hilfreich zu sein angesichts einer Überflutung von einer medialen Bilderwelt, um eigene innere Bilder wahrzunehmen. Ausgehend davon können mittels der ästhetisch-gestalterischen Medien verschiedenartige Resonanzbezüge hergestellt werden, um das Erlebte zu verarbeiten oder bildnerisch in den Gestaltungen festzuhalten.

Material

Verschiedene bildnerisch-gestalterische Materialiensind sind möglich (Buntstift, Wachskreide, Collagenmaterial u. a.). Besondere eignen sich für dieses Thema puderige Pastellkreiden. Pastell kann zeichnerisch und malerisch eingesetzt werden. Feine, zarte Übergänge können dabei durch das Verreiben mit den Fingern auf der

Malfläche erzielt werden. Ein Vorteil des Arbeitens mit Pastellkreiden ist, dass zeitliche Unterbrechungen des Arbeitens jederzeit möglich sind und aufgrund der geringen Bindemittel der lose aneinander gebundenen Farbpigmente gute Korrekturmöglichkeiten bestehen. Nachteilig ist der leichte Abrieb des feinpuderigen Materials. Die gestaltete Fläche kann mit Haarspray oder einem speziellen Fixativ behandelt werden, um das Material an die Oberfläche zu binden. Alternativ können Ölpastellkreiden eingesetzt werden.

Abb. 32: Tagtraumimagination: Wolkenbild (Foto: Thomas Wrede)

Vorgehensweise

Eine einleitende Entspannungsübung mit anschließender Vorgabe einer Bildmetapher oder einer Imaginationsreise ist als Stimulus hilfreich. Diese Übung kann sitzend auf einem Stuhl gemacht werden oder auch liegend, je nach Bedarf. Zur Entspannung ist es allgemein sinnvoll, sich auf den eigenen Atem in seiner rhythmischen Regelmäßigkeit zu konzentrieren.

Aspekte heilpädagogischer Förderung

Diese Zugangsebene zum Gestalten kann bei allen Alltagsgruppen angewandt werden. Dabei ist es nicht unbedingt notwendig die Augen zu schließen, sondern es genügt zuhörend auf sich bezogen nach unten zu schauen. Kinder gelangen leicht in ihre Phantasiebilder, wenn Geschichten erzählt werden, und vermögen auch mit offenen Augen in der Konzentration auf das Erzählte einen Zugang zu finden. Die Öffnung eines Raumes für eigene Phantasien steht dabei im Vordergrund. Bei belastenden Erfahrungszusammenhängen wie traumatischen Erlebnissen oder psychischen Einschränkungen ist dagegen diese Übung nur begrenzt anwendbar bzw. mehr als Entspannungsübung wahrzunehmen im Sinne einer Stabilisierung. Sie wirkt subjektiv unterschiedlich und ist keineswegs zu verallgemeinern. Im Hinblick auf eine personenzentrierte Begleitung kann es auch für Senior*innen unterstützend sein. Im Fokus zu der Achtsamkeitsübung beinhaltet der Gestaltungsprozess eine sinnlich-symbolische Aktivierung und Motivationsebene, um sich bildnerisch auszudrücken. Im Hinblick darauf ist eine begleitende Unterstützung zu geben und u. U. die Auswahl der bildnerischen Materialien einzuschränken.

Sandspiel

Das Arbeiten mit Sand ist vielseitig verankert und steht in einem alten kulturhistorischen Kontext. Im Rahmen der Therapie ist das Sandspiel (vgl. Amman 1989; Kalff 2000 u. a.) allgemein als Methode bekannt und unterliegt verschiedenen Abwandlungen, z. B. was die Arbeit mit Sand im Rahmen des Kastens oder als gestreutes Bild auf einer begrenzten Fläche betrifft. Stets ist es die besondere sinnlich-unmittelbare Wirkung, die dem Sand als Medium – ob in trockener oder feuchter Form – zukommt, d. h. im haptischen Erleben des Zerfließens im trockenen Zustand oder im haltgebenden Bauen von imaginären Objekten im feuchten Zustand. Wird beim Sandspiel normalerweise mit Figuren im Sinne eines Weltspiels gearbeitet, kann im freien Sandspiel allein mit Naturmaterialien und ihrer imaginären psychischen Besetzung im Spiel gearbeitet werden. Der Rahmen des Kastens gibt zudem Halt und in der Begrenzung Orientierung sowie eine Unterstützung zur Fokussierung.

Eine Abwandlung kann ein dialogisches Spiel in einem flachen Kasten mit trockenem Sand sein, in den Bildzeichen mit den Händen gezeichnet werden können. Im dialogischen Wechsel kann dies fortgesetzt werden, so dass assoziativ eine Abwandlung zustande kommt. Möglich ist die fotografische Dokumentation eines jeden entstandenen Bildes mit der Kamera, um es anschließend u. U. als Trickfilm zu animieren. Weiterhin kann dies auch mit feuchtem Sand im Wechsel durchgeführt werden, wobei es sich dann mehr in Richtung eines gemeinsamen Bauens entwickelt.

Material

Als Rahmensetzung ist ein Holzkasten mindestens in Körperbreite sinnvoll bzw. auch nach den Maßen der Sandspieltherapie und abhängig von der jeweiligen Altersgruppe. Weiterhin sollte entweder trockener oder feuchter Sand eingefüllt sein sowie zur Dokumentation eine Kamera vorliegen. Zum Bilderbauen sind Naturmaterialien geeignet. Die Fotografie mit der Möglichkeit der Dokumentation eines szenischen Ablaufes bildet eine weitere heilpädagogisch-kunsttherapeutische Intervention. Dies bedarf aber des Einverständnisses der jeweiligen Klient*innen bzw. der Sorgeberechtigten.

8 Heilpädagogische Förderung in der Kunsttherapie

Abb. 33: Sandspiel: Sand im Kasten

Abb. 34: Sandspiel: feindosierter Sand, gestreut auf farbige Platte

Vorgehensweise

Beginnend sollte das Material vorgestellt werden, und Erinnerungen zum Gestalten mit Sand können angesprochen werden. Für das dialogische Arbeiten ist es wichtig, das experimentelle Setting zu verdeutlichen und u. U. exemplarisch vorzumachen, wie man im Kasten gestalten kann bzw. dies auch einführend erleben zu lassen.

Aspekte heilpädagogischer Förderung

Das Angebot ist für fast alle Altersgruppen verwendbar und vermag insbesondere sinnlich-haptische Erlebensformen zu mobilisieren. Das Heben von trockenem Sand und das spielerische Streuen durch die Hände sind stimulierend für Sinneserfahrungen, aber auch das Bauen mit dem feuchten Sand kann tiefliegende Erinnerungen mobilisieren. Aufgrund der Einfachheit in der Ausdrucksgebung ist es ein niederschwelliges Angebot, über das elementare Sinneserfahrungen aktiviert werden können. Von daher handelt es sich nicht nur um ein Angebot für Kinder, sondern kann auch für Senior*innen einen Aufforderungscharakter in sich tragen. Es geht weniger um das Gestaltete als vielmehr um das Gestalten bzw. um das Erleben von Selbstwirksamkeit im Prozess der Veränderung vorhandener Formgebungen mit der spezifischen Qualität des trockenen und dynamisch bewegenden Sandes im dialogischen Spiel. In der Hinsicht ist es auch kreativitätsfördernd im Prozess der dynamischen Veränderung als Wandlungsmetapher.

8.2 Kommunikative Kompetenz

Spiel mit Kugeln

Die Verwendung der Kugel als spielerisches Element in der Gestaltung von Spurenbildern kann auf unterschiedliche Weise eingesetzt werden. Die Kugel fungiert gleichfalls als Symbol für Vollständigkeit und Ganzheit; ihr kommt als Himmels- und Weltenkugel kulturhistorisch eine besondere Bedeutung zu. Platon nahm Anfang der 40er Jahre im 4. Jahrhundert v. Chr. im »Timaios« (vgl. Platon. In: Holzinger 2016) als Schöpfungsidee ein Bild der Seele im Runden wahr. Zudem wurde die Kugel vielfach als Symbol für Vollständigkeit und Ganzheit in der Aufhebung von Gegensätzen gedeutet, wobei die Kugel und ein kugelförmiges Gebilde in der Orientierung auf ein Zentrum auch das Selbst symbolisieren kann bzw. die Ganzheit der Persönlichkeit.

Die Kugel vermag leicht in eine rollende Bewegung versetzt zu werden, indem der Untergrund zum schwanken gebracht wird oder Druck auf sie ausgeübt wird, beispielsweise durch Anpusten, Anstoßen oder Bewegen der Grundfläche. Dies kann in einem spielerischen Setting bei Einzel- oder Gruppenintervention genutzt werden.

8 Heilpädagogische Förderung in der Kunsttherapie

Dabei geht es um ein zufälliges Gestalten mit der farbigen Spur der sich bewegenden Kugel in einem mit Papier ausgelegten Kasten oder einer umgrenzten Papierfläche durch Balancierung des Kastens oder Anpusten bzw. auch Anstoßen der Kugel.

Material

Styroporkugeln, u. U. auch Glaskugeln bzw. Murmeln, in unterschiedlicher Größe und eine Schale mit flüssiger Farbe (z. B. Gouache- oder Acrylfarbe bzw. auch Kalligraphietusche) sind für das spielerische Setting erforderlich. Des Weiteren wird entweder ein flacher Kasten zur Balance-Übung im Einzelsetting oder ein großflächiges Papier mit seitlicher Begrenzung benötigt, so dass die Kugel beim Anpusten oder Anstoßen im Feld verbleibt. Im Anschluss können mit farbigen Stiften (wie Buntstiften, Ölpastellkreiden u. a.) die Zwischenräume beliebig ausgestaltet werden.

Abb. 35: Spiel mit Kugeln: das Material, Tusche und Styroporkugel

Vorgehensweise

Den Teilnehmer*innen wird das Setting erläutert, um den Prozess der Spurenbildung durch die in Farbe getauchte Styroporkugel bzw. Glaskugel zu verstehen. Die Spurenbildung kann z. B. im Einzelsetting durch unterschiedliches Heben und Senken eines mit Papier ausgelegten Kastens oder im Gruppensetting durch Anpusten bzw. Anstoßen der Kugel auf einer Fläche von mindestens Din A1-Blatt entstehen.

8.2 Kommunikative Kompetenz

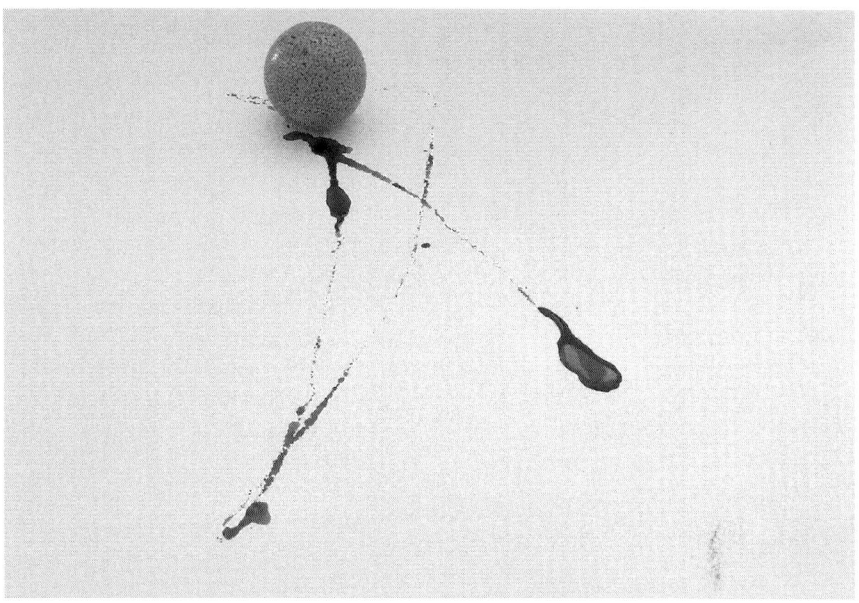

Abb. 36: Spiel mit Kugeln: erste Bewegungsmuster durch Pusten der in Tusche getauchten Styroporkugel

Aspekte heilpädagogischer Förderung

Es handelt sich um ein niederschwelliges Angebot, das in allen Lebensphasen einsetzbar ist. Es basiert auf einem spielerischen Handlungsprozess. Im Einzelsetting kann es beispielsweise bei körperlich beeinträchtigten Personen zu einer Aktivierung der psychomotorischen Funktionen als vestibuläre Wahrnehmung und Stimulation kommen. Die Konzentration auf die Spurenbildung motiviert zu Bewegungshandlungen, die eine Koordination voraussetzen. Im Gruppensetting dagegen wird durch abwechselndes Anpusten oder Anstoßen der Kugel ein Spielverlauf inszeniert, der eine gleichberechtigte Teilnahme auch bei Beeinträchtigung unterstützt. Zudem wird bei dem Anpusten die Atemsteuerung gefordert, wie es beispielsweise in der Logopädie, der Begleittherapie von Asthma-Patienten u. Ä. notwendig ist. Das spielerische Setting mobilisiert Entwicklungsprozesse bzw. eine Wiedererlernung von Kompetenzen, die auf einem lustbetonten Handlungsverlauf basieren. Im Rahmen des Settings kann sich auf eine Kugel begrenzt werden, oder es können auch unterschiedliche Kugelgrößen zum Einsatz kommen. Dies ist jeweils abhängig von den Teilnehmer*innen. Bei autistischen Kindern ist z. B. eine Begrenzung der Kugel auf eine für die Konzentration hilfreich.

Das folgende Ausmalen der Zwischenräume nach dem Trocknungsprozess kann ebenfalls ein phantasievolles spielerisches Gestalten in der Verwendung unterschiedlicher Farben oder im Hineinmalen von Symbolen etc. herausfordern. In der Hinsicht wirkt es auch meditativ im Ausmalen von den zufällig entstandenen Zwischenräumen und erzeugt nebenbei ein ansprechendes Gesamtbild, an dem jede*r Teilnehmer*in unabhängig von seinen*ihren Kompetenzen sich mit einbringen kann.

Dialogisches Spiel

Es gibt vielfältige kreative Umsetzungsformen, die das dialogische Spiel beinhaltet. Stets ist es gebunden an ein gemeinsames Gestalten durch mindestens zwei Personen (vgl. Winnicott 1973) bzw. im Austausch zwischen Klient*innen und der unterstützenden Begleitung einer Person der Heilpädagogischen Kunsttherapie. Damit wird ein Rahmen geschaffen, in dem ein sicheres Arbeiten ermöglicht wird. Altersmäßig kann es breit aufgefächert sein je nach Anspruchsgrad. Bei Kleinkindern ist es z. B. die Verstärkung der eigenen Ausdrucksfähigkeit, wenn ein gemalter Kritzel spielerisch mit einer anderen Farbe umgrenzt wird und im dialogischen Miteinander zu weiteren Gestaltungsverläufen motiviert. Je nach Alter und Befindlichkeit kann mit entsprechenden kreativen Angeboten gestaltet werden. Ein weiteres Beispiel ist auch das Bilderlegen. Hilfreich dafür ist die Vorgabe eines begrenzten Feldes wie durch eine flache Kastenform, eine Blattgröße etc., und zwar als klare Abgrenzung zwischen Gestaltungs- und Außenraum.

Material

Benötigt werden einfarbige Papierschnipsel oder Naturmaterialien in verschiedenen Größenverhältnissen, u. U. eine Kamera bzw. ein Handy zur fotografischen Dokumentation der einzelnen Sequenzen im Ablauf in Absprache mit den Klient*innen bzw. im Einverständnis mit den Sorgeberechtigten.

Abb. 37: Dialogisches Spiel: Gestaltungsprozess zu zweit mit Papierschnipseln, Papierschnipsel zum Gestalten auf der Fläche

Vorgehensweise

Anfangs sind die Spielregeln zum wechselseitigen Legen im Zweier-Setting oder mit mehr Teilnehmer*innen zu erläutern. Zur Dokumentation des Verlaufes in der Wertschätzung jeder Legung ist ein Abfotografieren sinnvoll.

Aspekte heilpädagogischer Förderung

Die Legung mit jeweils einem ausgewählten vorliegenden Material – schwarze Papierschnipsel oder Naturmaterialien wie getrocknete Blätter, Gräser, Blüten, kleine Steine etc. – auf der begrenzten Raumfläche ermöglicht ein Gestalten ohne besondere Kompetenzvorgaben. Es bedarf nur der Auswahl des Materials bzw. der Legung von Papierschnipsel zu einer Gestalt. Durch den Wechsel in der Legung können eigene Gestaltungsimpulse mobilisiert werden. Dabei geht es nicht um die Erstellung eines fertigen Bildes, sondern um das Spiel mit Formgebungen – ähnlich auch der Inszenierung von Bildverläufen bedingt durch den stetigen Wechsel in der Gestaltung zweier oder mehr Personen. Besonders motivierend kann dies für Jugendliche sein, die mittels des technischen Mediums Fotografie das Erstellte zu einem Trickfilm animieren können. Aber auch Erwachsene, Menschen mit Beeinträchtigung und Senior*innen können darüber gestalterisch mobilisiert werden, da das Verfahren besonders niederschwellig eingesetzt werden kann. Dabei werden sowohl haptische Sinneswahrnehmungen in der Auswahl des Materials angesprochen als auch Wahrnehmungsfähigkeiten in der Verknüpfung von Materialien zu einem neuen Ganzen. Es bedarf auch nicht immer einer fotografischen Dokumentation, obwohl dies mit der Wertschätzung des Gestaltungsbildes eines*einer jeden Einzelnen einhergeht. Mit jedem Wechsel lässt sich das vorher Entstandene nur leicht oder stark abwandeln, was zu einer bildnerischen Einflussnahme motiviert.

Interessant ist der kommunikative Prozess in der Legung und in der dialogischen Bezugnahme auf das zuvor Gestaltete. In dem Zusammenhang stehen die Aktivierung von den Mitwirkenden und die Mobilisation ihrer gestalterischen Kompetenzen im Finden von neuen Bildlösungen im Vordergrund. Dieses spielerische Verfahren kann dazu beitragen, erstarrte Formen aufzulösen, unbewusste Themenstellungen zuzulassen sowie Neuzugängen zu entdecken. Im Wechselspiel vermag der*die Kunsttherapeut*in die Rolle eines ressourcenorientierten Mitgestalteten am Bildverlauf zukommen – ähnlich wie Benedetti (vgl. Benedetti & Peciccia 1994) es für das progressive Spiegelbild hervorgehoben hat.

8.3 Gestaltung kommunikativer Räume

»TIE IT« (Schnürkunst)

Kommunikative Räume ermöglichen Begegnung mit sich selbst und Anderen in Abhängigkeit von spezifischen Rahmenbedingungen. Kommunikation kann verbal-kognitiv, gestisch, mimisch oder mit Hilfe medialer Mittel erfolgen.

> »Der kommunikative Raum bildet den Rahmen, in dem das Ich und der Andere in kommunikativen Reaktionen den gegenseitig beanspruchten und dem Anderen gewährten Handlungsraum, d. h. die eigene Territorialität und die Territorialität des Anderen im eigenen, anschaulichen Gesamtfeld zu definieren« (Bonacchi 2015, S. 44).

Kommunikative gestalterische Prozesse erweitern dabei den Aspekt des eigenen Handlungsraumes um Qualität des Sich-in-Beziehung-Setzens und der damit einhergehenden Verfügbarkeit eines sozialen Bildes. Gestalterische Aktionen können sich sowohl als basale, darstellungsfreie, mehr oder weniger gestaltete Spuren zeigen, als auch in Form von thematisch-gegenstandsorientieren Bildern. Über den jeweiligen kommunikativen Akt mittels Materialien bzw. Medien bin ich mit ›im Bilde‹. Diese Art bildnerischen Ausdrucks ist sowohl formales bildnerisches Phänomen als auch die sichtbare Summe aller Ausdruckshandlungen einer Gruppe in einem bestimmten zeitlichen Rahmen mit einem spezifischen Material (vgl. Hanus 2014, S. 73). Dies ermöglicht aktive Beziehungsgestaltung sinnlich erfahrbar, reflektiv und nachhaltig verfügbar zu machen. Allgemein betrifft dies übergreifend alle vorgestellten Methoden zu kommunikativen Räumen beginnend mit »TIE IT« (Schnürkunst).

Material

Für die Intervention »TIE IT« (Schürkunst) sind beispielsweise Dachlatten, Metallkrampen, Hammer (für die Konstruktion eines Rahmens) erforderlich. Alternativ kann auch starkes Klebeband verwendet werden. Es bietet sich an in einer Raumecke zu arbeiten, um eine dreidimensionale Raumwirkung zu ermöglichen. Gestaltungsmaterial sind Fäden, Schnüre und Wolle in unterschiedlicher Stärke und Farbe (hier bieten sich Wollreste an). Den Faden aufgreifen, Verbindungen schaffen und Knotenpunkte setzen, ermöglichen Vernetzung, Gewebestrukturen, Verdichtungen, diagonale, vertikale und waagerechte Raumerfahrung und Gestaltungsvariationen.

Vorgehensweise

Die Vorbereitung des Raumes bzw. der Konstruktion des Rahmens sollte vor Beginn der Intervention erfolgen. Raum und bereitgestelltes Material (Wollreste, Bänder ect.) haben dadurch hohen Aufforderungscharakter für die individuelle Gestaltung. Das Ausmaß der Gestaltungsmöglichkeit wird definiert durch die Ausmaße des Raums oder des vorbereiteten Rahmens und die Abstände der Metallkrampen.

8.3 Gestaltung kommunikativer Räume

Abb. 38: TIE IT (Schnürkunst): das Material

Abb. 39: TIE IT (Schnürkunst): der Prozess und erste Verknüpfungen, Workshop 2x2 Forum, Kunsthaus Kannen, Münster, 2019

Aspekte heilpädagogischer Förderung

Einen Knoten zu legen erfordert den Einsatz beider Hände, je nach Dicke von Schnur oder Band, eine entsprechende Feinmotorik und eine entsprechende

Auge-Hand-Koordination. Beim Binden müssen die jeweiligen Enden übereinandergelegt werden. Dies erfordert einen entsprechenden Handlungsablauf, eine Abfolge von Halten, Ziehen und Einsatz von Kraft. Wir sind taktil, haptisch, verstibulär, visuell und muskulär aktiv im Einsatz. Durch den beidhändigen Einsatz sind beide Gehirnhälften aktiv. Einen Knoten zu binden obliegt dabei aber nicht nur bestimmten neuronalen Voraussetzungen, sondern der Lernprozess selbst trägt im wahrsten Sinne des Wortes zu neuen Verknüpfungen von Synapsen bei. In der heilpädagogischen Entwicklungsförderung bei Kindern kann diese Intervention diesbezüglich einen ganzheitlichen Förderansatz beinhalten und darüber hinaus zur Selbstständigkeit und Kommunikation beitragen. Nicht selten sind Schnellverschlüsse aktuell beliebter als ein zeitintensiver Knoten oder gar eine Schleife – diese Verbindungen erfordern Zeit und Geduld. Einen stabilen und haltbaren Knoten erfolgreich herstellen zu können, kann zudem Selbstwirksamkeit und Selbstbewusstsein stärken. Im Kontext eines Gemeinschaftswerks den Faden aufzugreifen, stabile Verknüpfungen herzustellen stärkt darüber hinaus soziale Kompetenzen und Gemeinschaftserleben. Dem aktiven Tun im Rahmen dieser Intervention folgen ein gemeinsames Betrachten und das Erleben eines gemeinschaftlich geschaffenen Netzwerkes bzw. einer gestalteten Fadenarchitektur.

Knoten sind darüber hinaus ein tradiertes Kulturgut und ermöglichen somit die Teilhabe an damit verbundenen Geschichten und Mythen. Die Intervention bietet sich z. B. im Kontext eines offenen interkulturellen Gruppenangebots für Kinder, Jugendliche und Erwachsene oder als Intervention in der Begleitung von Familien an.

»TAPE IT« (Klebebandkunst)

Für die Intervention »TAPE IT« ist der Ausdruck Klebeband-Kunst ›haften‹ geblieben und hat sich inzwischen zu einem eigenständigen, gestalterisch- künstlerischen Medium etabliert. Klebebänder sind leicht zu befestigen und auch wieder zu entfernen, daher ist es sehr gut geeignet, um temporäre Kunstwerke zu schaffen.

Tape Bilder, Wandinstallationen und Street Art mit Gewebebändern, Packklebeband und Papierbändern haben einen eigenen grafischen Charme in Schwarz- Weiß oder in Farbe.

Tape Art ist eine mögliche Alternative zur Graffiti.

Material

Tape bzw. Gewebeband ist als Material erforderlich. Es können Tapes in nur einer Farbe oder mehreren Farben verwendet werden. Weiterhin sind u. U. eine Leiter sowie andere Hilfsmittel notwendig je nach Örtlichkeit.

8.3 Gestaltung kommunikativer Räume

Abb. 40: TAPE IT (Klebebandkunst): das Material

Abb. 41: TAPE IT (Klebebandkunst): der Prozess und erste Klebebilder, Workshop 2x2 Forum, Kunsthaus Kannen, Münster, 2019

Vorgehensweise

Klebebandkunst als kommunikative Intervention lässt sich in unterschiedlichsten räumlichen Bedingungen realisieren. Begrenzte oder großzügige Wandflächen, Treppenhäuser, Zwischenräume, Fensterflächen, auch rauhe oder glatte Oberflächen, die zwar unterschiedliche Grundbedingungen bieten, sind grundsätzlich geeignet. Bei Treppenhäusern sollte auf Sicherheit und stabilen Stand geachtet werden. Falls Trittleitern genutzt werden, ist auch hier besonders auf Sicherheit zu achten. Gewebebänder lassen sich auch ohne Schere abreißen, so dass lediglich das Tape als Material erforderlich ist. Es ist möglich nur mit einer Farbe zu arbeiten. Vielfarbigkeit und unterschiedliche Breiten des Gewebebandes erweitern allerdings das Spektrum und fördern die Kreativität.

Aspekte heilpädagogischer Förderung

Gewebebänder oder Tapes lassen sich dosiert abreißen, immer wieder abziehen und neu kleben. So kann frei experimentiert, räumlich strukturiert, verändert und ergänzt werden. Jede gestalterische Aktion obliegt dabei der Linie. Um zu einer Fläche zu kommen, müssen Linien geschichtet und manuell erarbeitet werden. Dabei können keine Fehler gemacht werden, da Änderungen jederzeit möglich sind. Die Erfahrung von Nähe und Distanz und dadurch veränderte Wirkung der Gestaltung kann hierbei von besonderer Bedeutung werden und ebenfalls als Intervention genutzt werden. Gerade bei der Gestaltung von großen Flächen kann der Aspekt von interaktiver gestalterischer Vorgehensweise genutzt werden. Die Methode ist besonders für Kinder und Jugendliche attraktiv und eine Alternative zur großformatigen Wandgestaltung.

Graffiti

Das Sprayen von Singnatur-Graffiti hatte seine Anfänge in den 1960er Jahren in Philadelphia (Waclawek 2012, S. 10) und eroberte von dort aus über New York in den 1970er Jahren die ganze Welt. Diese hauptsächlich von jungen Menschen praktizierte Kunstform drehte sich zunächst ausschließlich um die Signatur des jeweiligen Writers. Ziel war es, sein Pseudonym im urbanen Raum zu hinterlassen – unverwechselbar zu sein und darüber einen Bekanntheitsgrad zu erlangen, sich einen Namen machen. Diese Aktion beinhaltete einen attraktiven Widerspruch, nämlich die Gleichzeitigkeit von Anonymität und Bekanntheit. Bis heute entwickelte sich aus der illegalen, eher quantitativ ausgerichteten, schnellen Signatur, eine zum Teil gesellschaftlich akzeptierte, qualitativ aufwändige Kunstform.

Material

Zum Sprayen wird nicht viel benötigt: der Malgrund (Mauern und Wände in Absprache mit der Institution, Bretter, Papier, Pappen) und Spraydosen. Benötigt werden Spraydosen in verschieden Farben und Caps (Sprühdosenaufsätze), um unterschiedliche Sprühstärken zu ermöglichen, Mundschutz und Malkittel. Schuhe sollten mit Zeitungspapier abgeklebt werden. Grundsätzlich sollte nicht in Innenräumen gearbeitet werden, da die Sprühlacke lösungsmittelhaltig sind. Die Verwendung von Pappe für Schablonen (falls gewünscht) ist möglich.

Abb. 42: Grafitti (Sprühkunst): der Prozess zum Thema »Kreise«. Seminararbeit im Studiengang Heilpädagogik, 2019, an der KH Freiburg

Vorgehensweise

Es kann im Einzelsetting oder in einer Gruppe gearbeitet werden. Findet sozusagen »Kunst am Bau« statt, bezieht sich die Aktion immer auf eine entsprechende örtliche Situation, und die Gestaltung bringt Veränderung mit sich. Hilfreich ist daher eine gute Planung bezüglich einer Zielsetzung bzw. eines Themas. Dabei bieten sich z. B. formale Themen wie Schrift, Grundformen, Farbkompositonen o. Ä. an. Differenzierte konturierte Effekte können durch den Einsatz von Schablonen erzielt werden.

Aspekte heilpädagogischer Förderung

Graffiti ist besonders ein Bestandteil der Lebenswelt vieler Jugendlicher. Möglicherweise praktizieren sie es selbst oder mit Freunden*innen; Graffiti sind Teil ihrer visuellen Lebenswelt, oder sie werden mit Reaktionen von Erwachsenen auf diese Gattung bildnerischer Äußerungen im urbanen Raum konfrontiert. Jugendliche sind auf der Suche nach Identität und Individualität. Die damit verbundenen Themen erfordern eine Auseinandersetzung mit der Umwelt. Jugendliche müssen sich mit verschiedenen Weltsichten auseinandersetzen und Handlungsoptionen abwägen. Identitätsarbeit ist ein ständiges Abgleichen von inneren und äußeren Wirklichkeiten. Dies bedeutet mit der Welt in Kontakt zu treten. Über ein gemeinsames Medium in Kontakt zu kommen ist eine Chance. Graffiti obliegt dabei Regeln, die es zu beachten gibt, besonders der Aspekt sich zu vergewissern, ob das Einverständnis für die geplante Aktion eingeholt ist. Das Erkennen und die Übernahme von Verantwortung ist bei dieser Intervention neben der schöpferischen Freude daher ein wichtiger Teil der Förderung.

8.4 Körpererleben und Gestaltungsprozesse

Plastisches Gestalten zum Körperbild

Das Wissen über die Beziehung von Körper und seelischem Befinden beruht auf neueren neurologischen Erkenntnissen. Demnach zeigt sich z. B. auch eine depressive Verstimmung in der Körperhaltung, und umgekehrt kann eine Veränderung der Körperhaltung eine andere emotionale Stimmung auslösen. Ein Zugang zum biopsychosozialen Erleben lässt sich über die Körperarbeit verändern.

Jeder Mensch hat einen Körper und genaue, ungefähre, diffuse oder gar sehr ideale Vorstellungen davon. Wir haben Erinnerungsbilder im Kopf, wie der Körper einmal war oder wie wir ihn uns wünschen. Das Bild vom eigenen Körper entspricht nicht unbedingt den Bildern, die andere von uns haben. Selbst messbare Parameter wie Größe, Umfang und Gewicht können angezweifelt werden und mit dem verinnerlichten Körperselbstbild divergieren, so dass der Umgang mit ›ihm‹, dem eigenen Körper, konflikthaft wird und dem Körper der Kampf angesagt wird. Besonders auffällig kann sich dies z. B. bei Menschen mit einer Essstörung (Anorexie oder Bulimia Nervosa) entwickeln. Sie fühlen sich unförmig und beleibt, obwohl die Werte der Waage oder Familie und Freunde dem widersprechen. Körperbild und Körpererleben können im Rahmen z. B. einer Psychose, Schmerzen, Wunden, Amputationen und komplexen Behinderungen in verschiedenster Weise verändert sein. »Ohne einen Körper können wir uns heute kein Ich, keine Person vorstellen. Geister, körperlose Seelen, ein Pneuma – das liegt nicht mehr in unserer Vorstellungswelt« (Fröhlich 2016, S. 14).

Andreas Uschok und Andrea Schmidt-Jungblut (2016, S. 288) differenzieren nach einer Recherche verschiedene Synonyme zum Körperbild: Körpererleben, Körperorientierung, Körperschema, Selbstbild, Selbst- und Selbstwertgefühl.

Der Begriff »Körperbild« existiert seit Beginn des 20. Jahrhunderts. Der Neurologe Henry Head befasste sich mit der Fragestellung der Wahrnehmung von Lage und Raum. Das dabei aufgefundene Vorstellungsschema bezeichnete Head als »body scheme« (vgl. Uschok & Schmidt-Jungblut 2016, S. 288). Ergänzend kamen über die nächsten Jahrzehnte noch eine Reihe weiterer Begriffe dazu, die sich jeweils an neuen Fragestellungen orientierten.

> »Das Bild des eigenen Körpers entsteht aus frühen Interaktionsmustern, durch die Identifikation mit dem Körper des anderen und den Formen der körperlichen Begegnung. So kann beispielsweise der Mund des Säuglings mit der Brust der Mutter assoziiert werden« (Joraschky & Arnim 2009, S. 184).

Die Entwicklung des Körperbildes obliegt taktilen und haptischen Erfahrungen sowie damit verbundenen Emotionen. Durch Handlung, d. h. aktives Tun und in die Hand nehmen, können frühe taktile Erfahrungen erinnert, begriffen, situativ verändert, nachgereift und integriert werden. »Wir können uns selbst aktiv wie passiv verstehen, je nachdem, wie wir uns in das Bewegungsgeschehen einbringen und wie wir es aufnehmen« (Deuser 2016, S. 9). Die Arbeit mit formbaren, füllenden, räumlichen, nicht flächenhaften, plastischen Materialien wie Ton, Wachs, Wolle oder Stein sind durch die spezifischen Eigenschaften daher für das Thema »Körperbild« besonders gut geeignet. In der Heilpädagogischen Kunsttherapie mit Kindern und Erwachsenen entstehen per se beim Arbeiten mit plastischen Materialien, auch ohne spezifische Themenstellung, Figuren und Objekte, die ›menschlich‹ anmuten wie Miniaturen, Modelle, Figürchen, Wesen, die ein Gegenüber darstellen. Der Prozess des Werdens und Entstehens ist dabei genauso von Bedeutung wie das Ergebnis.

Material

Es kann mit Tonerde (ja nach Größe der Figur mit oder ohne Schamotte) oder Knete, Wachs, lufttrocknendes plastisches Material, je nach Vorlieben, Bedürfnissen und Möglichkeiten des*der Klienten*in gearbeitet werden.

Vorgehensweise

Zur Einstimmung kann eine Entspannungsübung/Körperreise/Geschichte vorangestellt werden. Die aktuelle körperliche Befindlichkeit, Dynamik, körperliche Bedürfnislage, Wünsche bezüglich Körperhaltung lassen sich daran anschließend thematisieren und können zur Anregung für den Umgang mit dem Thema »Körperbild« werden. Die Übung ist sowohl im Einzelsetting als auch in einer kleinen Gruppe umsetzbar.

Es können sich ergänzende Themen anschließen, wie beispielsweise, was die Figur benötigt, oder die Frage der passenden Umgebung ist bearbeitbar. Die Übung lässt sich mit der Intervention »Wohlfühlort« kombinieren.

8 Heilpädagogische Förderung in der Kunsttherapie

Abb. 43: Plastisches Gestalten zum Köperbild: das Material Ton und eine Figur

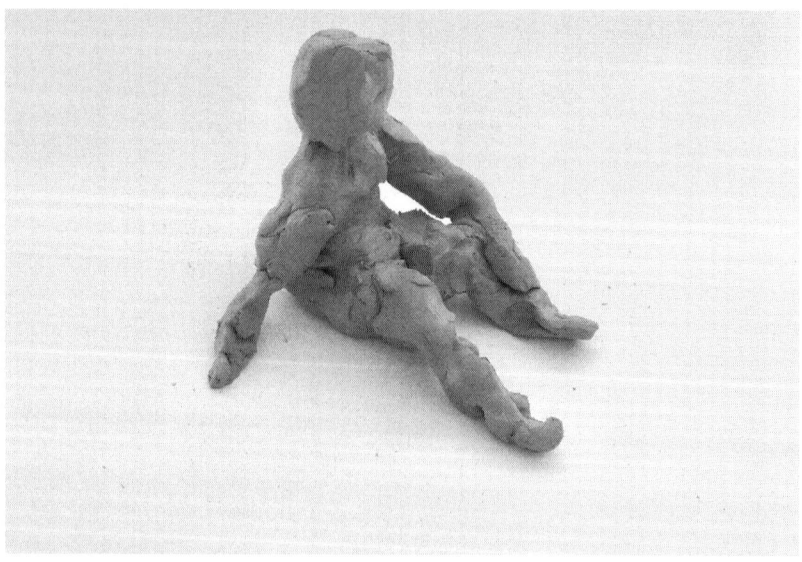

Abb. 44: Plastisches Gestalten zum Körperbild: Tonfigur

Aspekte heilpädagogischer Förderung

Plastische Materialien wie Ton, Knete und Wachs ermöglichen ein breites Spektrum sinnlicher Erfahrungen. Bei dieser Intervention wird das jeweilige Material in der Konsistenz als formbares, veränderbares Medium, angepasst an die individuellen körperlichen Bedürfnisse und Möglichkeiten der Gestaltenden, angeboten. Durch die plastische Qualität des Materials wird dabei zunächst die taktile und haptische Wahrnehmung angesprochen und angeregt – ich begreife, ich spüre mich und das Material. Das Berühren und Berührt-Werden kann dabei impulsgebend sein für Bewegung, die sich im Material zeigt. Ein Initialthema mit der Zielsetzung, das eigene Körperbild mit Hilfe des Materials in Form zu bringen, erfordert allein in seiner Umsetzung körperliche Auseinandersetzung und ist daher per se ein Körperbild. In der kunstbasierten heilpädagogischen Förderung darf in diesem Sinne daher nicht unbedingt ein zeichenhaft-plastisches Körperbild erwartet werden. Der materialbezogene Ausdruck über die Kompetenz, sich eine Vorstellung, ein Bild/Objekt vom eigenen Körper machen zu können ist unter dem Aspekt heilpädagogischer Förderung über die gesamte Lebensspanne von besonderer Bedeutung und kann darüber hinaus auch von diagnostischem Wert sein.

Geführtes Körperstellen

Im Rahmen von ästhetischen Gestaltungsprozessen wird allgemein ein ganzheitliches Erleben im psycho-rhythmischen Handeln unterstützt. Mit einer Übung zum ›Körperstellen‹ (vgl. Hampe 2018d) als Einstieg können innere Bilder und körperlich unbewusst verankerte Gefühle mobilisiert werden. Dabei geht es auch um eine Achtsamkeitsübung, indem bei einer Person mit geschlossenen Augen bzw. nach unten gerichtetem Blick in zeitlupenartiger Führung die Körperhaltung minimal verändert wird. Dies kann durch Handführung oder durch sprachliche Ansage erfolgen. Wichtig ist, dass die Person eine sichere Standhaltung mit Spiel- und Standbein hat und behält. Alleine eine minimale Bewegung wie die Öffnung der Hand, die Anhebung des Kopfes, die Veränderung der Armhaltung etc. kann unterschiedliche Gefühle hervorrufen. Wichtig ist es, in einer Position bei geschlossenen Augen bzw. nach unten gerichtetem Blick zu verharren und aufkommende Gefühle nachzuempfinden. Ein ressourcenorientierter Zugang in der Führung des Körperstellens ist hilfreich, um positive Resonanzen zu aktivieren. Danach kann frei mit bildnerischen Materialien – je nach Vorgabe – gestaltet werden, um erlebte Gefühle zu verarbeiten bzw. einen Resonanzbezug zum Erlebten zu erstellen. Eine andere Herangehensweise im Umgang mit dem Thema Körperbild besteht in der Diagnostik, wie beispielsweise in therapeutischen Verfahren beim Arbeiten mit Ton (vgl. Schubert 2009).

Material

Zu empfehlen ist ein geschützter Raum, in dem ein »geführtes Körperstellen« möglich ist, einhergehend mit einem Vertrauensverhältnis in dem sich Führen-

8 Heilpädagogische Förderung in der Kunsttherapie

Lassen. Anschließend kann plastisch oder bildnerisch gearbeitet werden. Teilweise ist auch ein Gestalten im Stehen an der Malwand passend, um das Ganzkörpererleben nochmals zu verstärken.

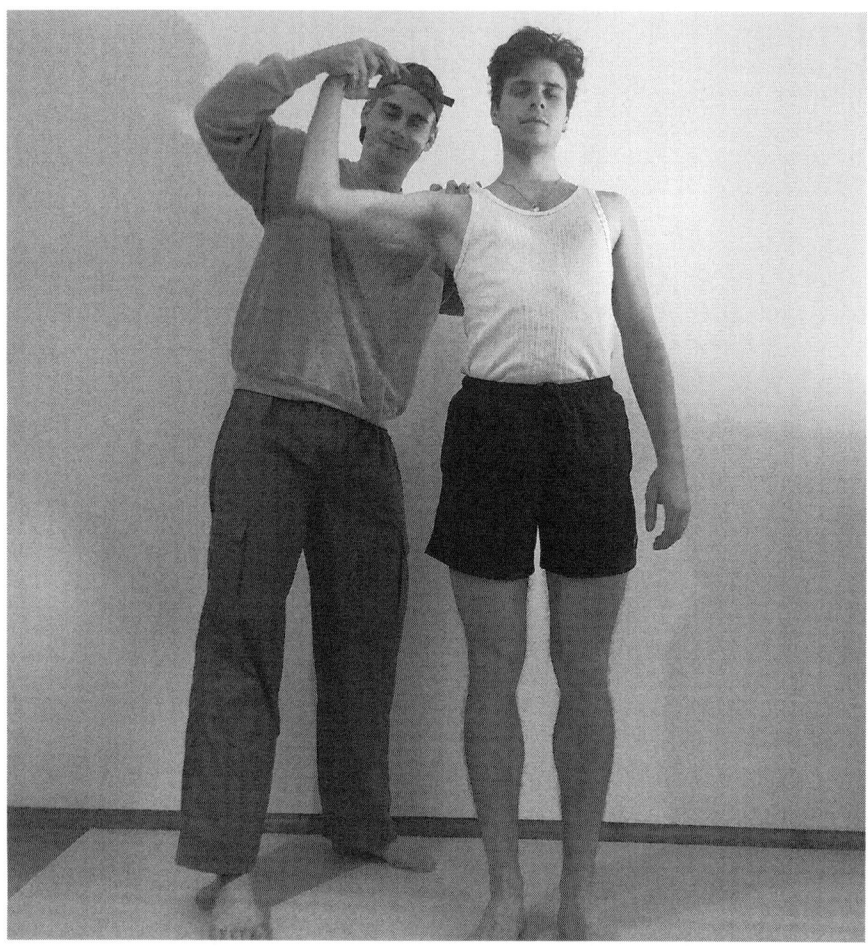

Abb. 45: Geführtes Körperstellen: Phase eines Prozesses zu zweit (Foto: Max Wigger)

Vorgehensweise

Zu Beginn sollte die Übung erläutert und eine Bereitschaft dafür eingeholt werden. Es können mehrere Körperhaltungen angeleitet werden, um unterschiedliche Gefühlsebenen über eine Körperhaltung nachempfinden zu lassen. Je nach Verfassung können beispielsweise ein bis drei Körperhaltungen nachvollzogen werden, wobei nach jedem ›Still‹ ein Sprechen – mit geschlossenen Augen bzw. nach unten gewandtem Blick – erfolgen sollte, bevor eine weitere Körperstellung erfolgt. Dieser

Ablauf ist im Sinne einer Achtsamkeitsübung stets ganz langsam zu vollziehen. Nach dem Gespräch über das Erlebte zum Körperstellen sind ausgewählte oder auch unterschiedliche Materialien zur freien Wahl für den expressiven gestalterischen Ausdruck anzubieten. Abschließend erfolgt assoziativ ein Austausch über das Erlebte im Zeigen des nachträglich Gestalteten.

Aspekte heilpädagogischer Förderung

Diese Übung ist hilfreich bei Personen, die Schwierigkeiten haben, einen Zugang zu inneren Gefühlen zu erlangen. Je nach körperlicher Verfassung kann diese Art einer Achtsamkeitsübung stehend oder im Sitzen erfolgen. Es geht um ein Nachempfinden von abgespeicherten Emotionen, einhergehend mit einer eingenommenen Körperhaltung. Ein ressourcenorientiertes Vorgehen ist in die Veränderung der Körperhaltung einzubinden. Machbar ist diese Übung in verschiedenen Lebensspannen, in denen ein körperlicher Zugang zum emotionalen Erleben abgespalten bzw. blockiert ist. Das anzubietende Gestaltungsmaterial richtet sich auf die zu unterstützende Ausdrucksfähigkeit. Es kann ein ganzkörperliches Arbeiten vorgeschlagen werden oder ein Gestalten auf einem individuell gewählten Format, was eine geringere Konfrontation beinhaltet. Eine personenzentrierte Einschätzung zur Materialvorgabe ist für den jeweiligen Gestaltungsprozess zu reflektieren. Eine assoziative Betrachtung des Gestalteten und mögliche weiterführende anreichernde Vertiefung wäre zum Abschluss einzubinden.

Das Porträt

Das Porträtieren beinhaltet einen ausgesprochen intimen Prozess in der Wahrnehmung und dem Wahrgenommen-Werden. Künstler*innen haben bezogen auf das Künstlerporträt damit experimentiert und den eigenen Ausdruck je nach Tagesverfassung oder auch Selbstdarstellung des eigenen Berufsstandes als Künstler*innen – wie z. B. bei Albrecht Dürer u. a. – unterschiedlich genutzt. Solange die fotografische Wiedergabe noch nicht möglich war, kam dem Modellsitzen über einen langen Zeitraum eine besondere Bedeutung zu. Stets ist dabei ein sich Offenbaren, Zur-Schau-Stellen als auch die künstlerische Umsetzung des Gegenübers von Bedeutung. Es geht nicht immer um das konkrete Abbild, sondern auch um das Atmosphärische, das Sichtbar-Machen von Unsichtbarem, das Klischee u. a. wie z. B. bei Francis Bacon, Alberto Giocometti, Alexej Jawlensky oder Andy Warhol. Das Foto als Vorlage hat in diesem Zusammenhang eine besondere Bedeutung in der zeitgenössischen Kunst erhalten.

Immer geht dem Portraitieren ein intimes Sich-Beziehen auf den Anderen voraus. Auch in der Zeit von Selfies nimmt die Selbstinszenierung an Bedeutung zu. Für den heilpädagogisch-kunsttherapeutischen Prozess lässt sich das Arbeiten am Porträt von der Kindheit bis ins hohe Alter in der Selbstwahrnehmung vielschichtig nutzen, wobei das Medium der Umsetzung unterschiedlich sein kann (vgl. Hampe 1999a, S. 257–263; 1999b; 2001). Eine Entwurfsskizze des Porträts kann bereits ausreichen, um später diese Vorlage selbst weiter auszuarbeiten, bzw. sie farbig zu verschönern, zu verfremden etc. Sowohl fotografische Vorlagen als schwarz-weiße Kopien können u. U. hilfreich sein als auch das digitale Weiterarbeiten am Computer mittels Photoshop u. a.

Material

Einerseits ist das Gestalten mit traditionellen Materialien wie Skizzenpapier und Bleistift, Fotovorlage u. a. oder Transparenzpapier, dem Kopierer zur Vervielfältigung sowie Gestaltungsmaterialien zur Weiterbearbeitung der Vorlage möglich. Andererseits kann mit den neuen digitalen Medien wie Kamera und Computer oder mit Naturmaterialien gestaltet werden.

Abb. 46: Portrait: Skizze mit Kohlestift

Vorgehensweise

Es geht um eine Art Selbstinszenierung im Sich-Zeigen und im Porträtieren-Lassen durch die begleitende Person als Entwurfsskizze oder Foto. Diese Entwurfsskizze kann z. B. je nach Wunsch nur das Gesicht betreffen oder auch ergänzend ganzkörperlich ausgerichtet sein. Bei einer Bleistiftzeichnung empfiehlt es sich einerseits, diese zu kopieren, um mehr Überarbeitungsmöglichkeiten zu erhalten. Andererseits kann eine Skizze auch direkt auf dem Zeichen- bzw. Malpapier erstellt werden, um ein direktes nachfolgendes Weiterbearbeiten zu ermöglichen. Der intime Kontakt zwischen beiden Personen im Akt des Porträtierens ist etwas Wesentliches im Gesehen-Werden und im Sich-Zeigen. Im anschließenden Bearbeiten mit Malmitteln

8.4 Körpererleben und Gestaltungsprozesse

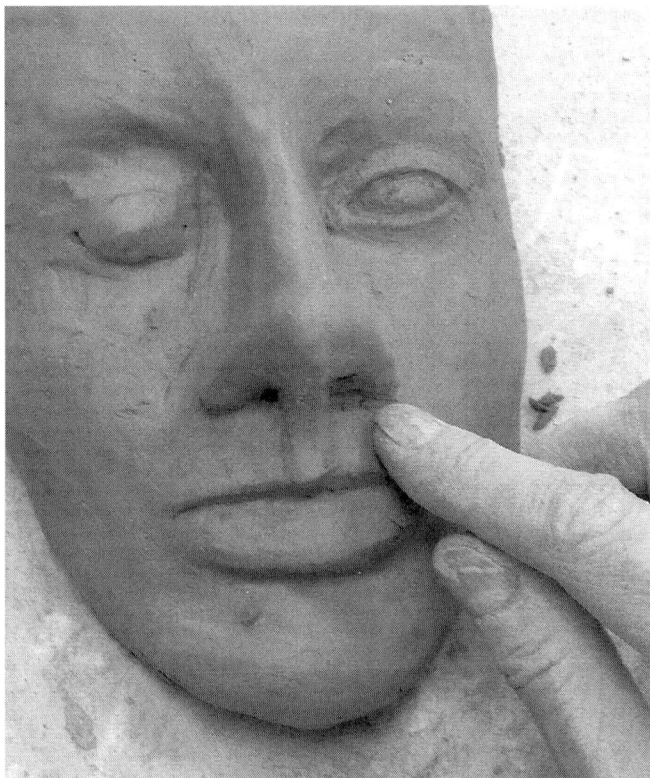

Abb. 47: Das Portrait: Portrait aus Ton. Arbeit einer Patientin aus einer Kunstgruppe mit onkologischen Patienten in der Malwerkstatt Münster 2016

dient die Vorlage als Hilfsmitteln, der gefolgt werden kann oder nicht. Auch die Bearbeitung einer schwarz-weißen Kopie eines Fotos oder die digitale Bearbeitung am Computer kann eine mögliche Veränderung und Transformation des eigenen Bildes zur Folge haben. Übermalungen, Collagen, Veränderungen, Verwandlungen und Überlagerungen bieten die Möglichkeit einer Portaitverwandlung und erzeugen Veränderung der Aussagekraft. Durch die Gestaltung der Kopiervorlage mit Naturmaterialien entstehen phantasievolle Masken und Fabelwesen. Der italienische Künstler Guiseppe Arcimboldo (1527–1593) hat bereits im Mittelalter dergleichen malerisch phantasievolle Portraits entwickelt.

Aspekte heilpädagogischer Förderung

Für den heilpädagogischen Prozess bildet das Selbstporträt eine Stütze im Rahmen der Identitätsbildung und des Selbsterlebens. Die Umrisslinie des Gesichtes stellt eine Orientierung zur Weiterbearbeitung dar und erleichtert den Prozess der gestalterischen Umsetzung. Zugleich hat das dialogische Moment bei Erstellung einer

Vorlage zum Porträt – als Zeichnung oder auch Foto – eine Bedeutung im Selbsterleben. Darauf verweisen gleichfalls verschiedene Dokumentationen zum Porträtieren von künstlerischer Seite. Nicht das genaue Abbild spielt dabei eine Rolle, sondern vielmehr die Auseinandersetzung mit dem Selbsterleben, das Schlüpfen in andere Rollen – wie z. B. bei der Fotokünstlerin Cindy Sherman –, was auch umfasst, sich neu auszuprobieren oder Gefühle zum Ausdruck zu bringen. In dem Zusammenhang bildet das Porträtzeichnen ein Mittel in Selbstfindungsprozessen, aber auch bei Senior*innen mit auftretender Demenz eine Möglichkeit der Selbstvergewisserung und des Wiedererkennens.

Das Körperbild

Abdrücke von Hand und Fuß, Spuren im Schnee oder Sand sind fragmentarische Körperspuren, Körper-Teil-Bilder und repräsentieren ein ›hier war ich, hier habe ich mit Kraft und Entscheidungswillen meinen Abdruck hinterlassen‹. Babyfußabdrücke werden von stolzen Eltern zu Papier gebracht und sind noch nicht willentlich gestaltet, aber ermöglichen es, über die Jahre körperliche Veränderungen und Körperwachstum sichtbar zu machen.

Der Transfer zum »Ganzkörperbild« mit der zeichnerischen Absicht, sich selbst in voller Größe zu Papier bringen, stellt eine Herausforderung dar. Es gleicht einem akrobatischen Akt die eigene Körpersilhouette zeichnerisch zu erfassen. Für Künstler ist das Thema Selbstbild seit Albrecht Dürer eine intensive Herausforderung. Der Maler Lovis Corinth setzte sich beispielsweise in sämtlichen Selbstporträts mit den Zeichen seiner Sterblichkeit auseinander. »Im Jahr 1900 entschloss er sich, zu jedem Geburtstag ein Selbstportrait zur Selbstvergewisserung zu malen, sowohl als Mittel zur Selbstanalyse und des Studierens, als auch dem Vergehen der Zeit gegenüberzutreten« (Lloyd 1996, S. 72). Corinth ist dabei künstlerisch schaffender Akteur und Motiv gleichermaßen.

Das Körperbild impliziert demnach eine intensive psychische, physische und emotionale Auseinandersetzung mit sich selbst. Diese Aspekte können in kunsttherapeutischen Prozessen genutzt werden, sind aber vor diesem Hintergrund wohldosiert einzusetzen und zu begleiten. Dies betrifft beispielsweise Klient*innen, denen die konfrontative Auseinandersetzung und Konfrontation mit dem Selbstbild aufgrund von psychischen Belastungen oder Traumatisierungen schwerfällt. Variationen können Körperfragmente (Visualisierung von Tasterfahrungen von Hand, Fuß, Gesicht) u. a. sein.

Material

Packpapierrolle, Edding, Gouchefarbe, Pfanzenfarbe, Collagenmaterial, Kreppband zum Fixieren an Wand oder Boden sind mögliche Materialien zur Erstellung eines Körperbildes. Zudem wird in der Umzeichnung eines Schattenbildes vom Körper oder von Körperteilen eine Lichtquelle als Lampe bzw. Scheinwerfer benötigt.

8.4 Körpererleben und Gestaltungsprozesse

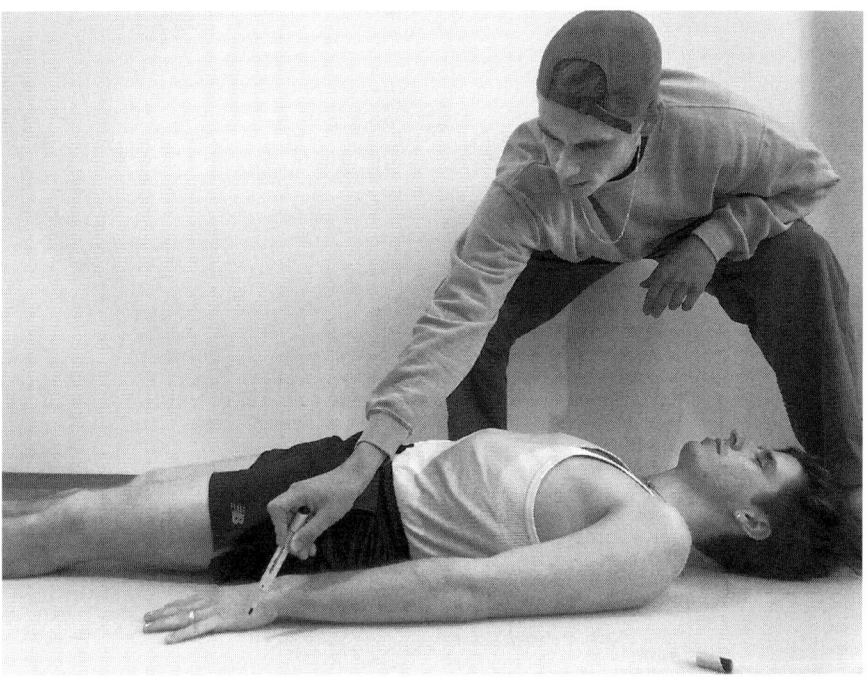

Abb. 48: Das Körperbild: Phase des Umzeichnens eines liegenden Körpers auf ein entsprechend großes Blatt Papier (Foto: Max Wigger)

Vorgehensweise

Als Einstieg kann eine Entspannungs- oder Körperwahrnehmungsübung genutzt werden bzw. auch Körperabdrücken als fragmentarische Einstimmung und Annäherung an das Thema. Paarübungen bezüglich der Anfertigung der Körperumrisse in der Gruppe sind gleichfalls möglich.

Aspekte heilpädagogischer Förderung

Es geht um die Förderung der Selbstwirksamkeit und Selbstwahrnehmung. Zugleich beinhaltet es eine Stärkung der Kommunikationsfähigkeit über sich selbst zu sprechen. Dieser Ansatz ist von Kindes-, Erwachsenen- bis hin zum Seniorenalter mit unterschiedlichen Umsetzungsformen durchführbar. Immer geht es um die innere Wahrnehmung des eigenen Körperbildes bzw. um eine Identitätsbildung im Kontext situativer Erfahrungen und um eine Art Spurenbildung in der Setzung von Abdrücken.

Formenzeichnen

Das Formenzeichnen ist bekannt von den Konzepten des Beidhandzeichnens als Wahrnehmungsförderung (vgl. Lugmair 2006, S. 235 ff.), des geführten Zeichnens (vgl. Hippius 1966; Sopp 2007) oder aus der anthroposophischen Kunsttherapie (vgl. Berthold-Andrae et al. 2015). Es beinhaltet eine Orientierung an eine vorgegebene Formgestalt und ihr Nachvollziehen im konzentrativen Nachempfinden in der Wiederholung des Machens. Sowohl für Kinder als auch ältere Menschen, mit und ohne Beeinträchtigung, kann dies eine haltgebende Übung sein, die auch zu einer inneren Stabilisierung beitragen kann. Die Vorgabe einer Formgestalt als gemalte Spur oder als Nachfahren einer inneren Gestalt folgt einem an sich einfachen Setting, setzt aber Konzentration und Innenschau voraus. Gleichzeitig kann dieser Handlungsablauf Halt geben, da der Anforderungsgrad im schöpferischen Gestalten niedrigschwellig ist. Es kann beidhändig oder im Wechsel mit der geübten oder ungeübten Hand gezeichnet werden.

Material

Ein Blatt Papier in unterschiedlicher Größenvorgabe von Din A5 bis Din A2 sowie Bleistift, Kreide- oder Kohlestifte bzw. auch Ölkreiden. Die Auswahl ist z. T. abhängig von dem Methodenansatz und von der Klientel und der Frage, inwieweit weiche im Vergleich zu festen Stiften eine besondere Stimulanz tragen können. In dem Sinne ist es keine Beliebigkeit, sondern abhängig von den Kompetenzen der jeweiligen Klientel.

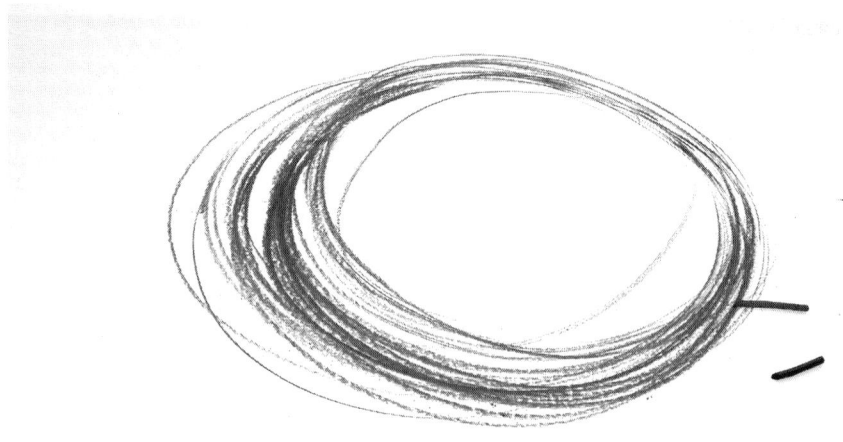

Abb. 49: Formenzeichnen: basale Kreisformen auf einem Blatt Papier, Din A2

Vorgehensweise

Es wird der Ansatz des Formenzeichens vorgestellt und bereits eine Methodenwahl in der Anwendung passend zur Person ausgewählt, die womöglich bei einem späteren

Setting modifiziert werden kann. So kann beim Beidhandzeichnen stehend, z. B. an einer Tafel mit Kreide, gearbeitet werden. Ansonsten bedarf es einer Fixierung des Papieres, damit es im Bewegungsmodus nicht verrutscht. In der Anwendung geht es um eine Wiederholung der Formgestalt – wie beispielsweise eine Kreisbewegung nach Innen und nach Außen im Wechsel. Im rhythmischen Tun erfolgt ein Selbsterleben, das im sensomotorischen Gestalten eine öffnende Bewegungskraft mobilisieren kann.

Aspekte heilpädagogischer Förderung

Im Hinblick auf den Förderansatz geht es um eine Stabilisierung und eine Mobilisierung von Bewegungsrhythmen, die zu einer inneren Zentrierung beitragen können. Über die Vorgabe beispielsweise ein rechteckiges Blatt nachzuzeichnen und dieses von außen nach innen und umgekehrt in der Umgrenzung nachzuerleben, kann eine innere Sammlung und Konzentration erfolgen. Nicht das Endergebnis ist von Bedeutung, sondern vielmehr der Prozess im bewegungsorientierten Auftragen des Stiftes hin zu einer rhythmischen Bewegungsfolge. Bewegung und Formgestalt entsprechen dabei einander und bilden auch einen Raum zur Verarbeitung emotionaler Unstimmigkeiten wie Wut, Ärger, Trauer u. Ä. Dieses prozessorientierte Gestalten bildet dabei gleichfalls eine Art Container, in dem Gefühle ihren Ort finden können. Im Sinne des Embodiments kann der stehenden Körperhaltung über das sensomotorische Bewegen eine öffnende Funktion zukommen, bzw. sie kann einer Förderung der viso-motorischen Koordination dienen.

8.5 Natur- und Umwelterfahrung

Gestalten mit Natur(-Material)

Natur ist die Grundlage des Lebens und ist daher von besonderem Wert im Kontext heilpädagogischer Förderung. Eine Sammlung aus Naturmaterialien bietet eine Fülle zum Fühlen, Riechen, Ordnen, Sortieren; aber auch zum Malen, Zeichnen, Drucken, Fotografieren sowie zum Legen und Bauen von kleinen und großen Objekten. Dadurch, dass die Natur ständig für Nachschub sorgt, können wir, jahreszeitenbedingt, aus ihrer Fülle schöpfen.

> »Warum sammeln Menschen? Unsere Vorfahren haben gesammelt, um sich selbst und ihre Haustiere zu ernähren, um Vorräte anzulegen und so ihr Überleben zu sichern. Die Sammelleidenschaften richten sich heutzutage eher auf materielle und ideelle Werte. Der Impuls zum Sammeln ist allerdings noch ebenso ursprünglich wie die Vorgehensweise des Sammelnden. Das Stapeln von geschlagenem Holz, das Aufhäufen von gemähtem Gras, das Ansammeln von Findlingen an Feldrändern hat immer arbeitsmäßige und ökonomische Grundlagen. Die Form ergibt sich aus der funktionalen Notwendigkeit der Tätigkeit – es ist kein bewusstes Gestalten nach ästhetischen Prinzipien. Und doch sind die Ergebnisse von

ökonomisch-funktionaler Betrachtungsweise her sehr ähnlich. Die Plätze und die Zuordnungen der entstehenden Formen zueinander sind im Bereich des anonymen Entstehens zufälliger und willkürlicher als bei künstlerischer Gestaltung« (Thiel 1982, S. 26).

Die Formationen von geschichtetem Kaminholz, von Heuhaufen, von Obst in Weckgläsern muten zwar kunstvoll an, sind aber demnach ›nur‹ eine formvollendete Lagerung, die nicht dem Zufall überlassen wird, sondern eine Form bekommt, die ihren Sinn und Zweck hat. Der in diesem Tun darin implizierte Sinngehalt kann erfüllend sein. An diesen basalen, einfachen und ursprünglichen Tätigkeiten anzuknüpfen, bietet die Möglichkeit auf die Qualität dieser Prinzipien Zugriff zu haben. In der kunstbasierten heilpädagogischen Förderung kann dieser Aspekt von besonderer Bedeutung sein.

Material

Das Material/die Sammlung und deren Ertrag und Qualität sind abhängig vom Gehalt des urbanen Raums, des Naturraums, der Jahreszeit, der aktuellen Wetterlage und der Zeit, den sensomotorischen Fähigkeiten und der Motivation der Sammelnden. Als ausgewähltes Beispiel ist hier die Frottage mit Platanenrinde beschrieben. Material aus der Natur: ein Bündel Platanenrinde. Weitere Materialien: Zeichenpapier, Kohle oder Wachsmalkreiden.

Abb. 50: Gestalten mit Naturmaterialien: Baumrinde als Ausgangsmaterial für eine Frottage

Vorgehensweise

Der Maler und Bildhauer Max Ernst (1891–1976) entdeckte durch Zufall die Technik des Abriebs. Ein Blatt heruntergefallenes Papier wurde zufällig durch den Künstler »bearbeitet«. Der Staub unter seinen Schuhen mit dem Druck durch das Gewicht seines Körpers ergab die Struktur der Bohlen seines Atelierbodens auf dem Papier – einfach aber sehr inspirierend. Das Zufallsergebnis mündete bei Max Ernst in eine intensive experimentelle Phase. Als mediales Multitalent – er war Maler, Zeichner und Bildhauer – forschte er unermüdlich nach neuen Strukturen und Mustern, um zu ungewöhnlichen Bildern zu gelangen. Er wurde zum Sammler von ungewöhnlichen Strukturen und Oberflächen. Die Vorgehensweise ist einfach und hat sich seit Max Ernst nicht geändert: Mit Hilfe von Graphit, Kohle oder Wachskreiden werden Naturmaterialien (Gras, Rinde, Blätter, ect.) durchgerieben. Je nach motorischen Möglichkeiten der Gestaltenden können kleine oder große Formate gestaltet werden. Das Papier kann ggf. mit Klebeband auf dem Naturmaterial fixiert werden, um ein Verrutschen zu verhindern. Die Frottage als basale Methode kann sowohl im Einzelsetting oder in der Gruppe durchgeführt werden. Es können ggf. die Aufgaben »Sammeln« und »Gestalten« in kleineren Arbeitseinheiten über einen längeren Zeitraum erfolgen. Mit den assoziativen Abriebbildern können wiederum neue Bilder entstehen, deren Motive z. B. von Märchen oder Träumen inspiriert sind.

Aspekte heilpädagogischer Förderung

Die Frottage ist von bestechender Einfachheit und gibt der Phantasie immer wieder neue Impulse. Es werden dabei sowohl visuelle, olfaktorische, taktile, auditive, motorische, kinästhetische als auch vestibuläre Sinnesmodalitäten aktiviert. Darüber hinaus geht es um ein assoziatives und konstruktives Gestalten, ein Experimentieren mit den Materialien und deren Oberflächen. Zufall, Vielseitigkeit, Vielfältigkeit, Vielschichtigkeit, Vergänglichkeit sind nur einige der Aspekte, die den Gehalt der Naturmaterialien ausmachen. Die Auseinandersetzung mit den Mitteln der Natur, mit ungeordneten, noch zu gestaltenden Materialien sind seit Beginn der Menschheitsgeschichte Thema in der Kunst. In der heilpädagogischen, kunstbasierten Förderung ist diese kulturhistorische Qualität, aber auch die Vielfalt der rezeptiven und aktiven Einsatzmöglichkeiten des Materials, von ganz besonderem Wert, und es lässt sich diesem sogar ein universeller Charakter zuschreiben, da die Einsatzmöglichkeiten von Naturmaterialien kultur- und altersunabhängig sind.

Gestalten in der Natur

Durch die Arbeit in der Natur entsteht die Möglichkeit, sich zu ihr ins Verhältnis und mit ihren Gegebenheiten auseinandersetzen zu können (vgl. Thiel 1982). Dadurch lässt sich immer wieder ein neuer Ansatz finden, sich mit ihren akuten Veränderungen und Unwägbarkeiten zu beschäftigen. Dies kann für die daran Beteiligten ein herausforderndes Übungsfeld sein. Ein festgeschriebenes Methodenbuch wäre hier wenig nützlich, aber das Erinnern an basale, ursprüngliche Handlungsformen und das Vertrauen in die sinnliche Wahrnehmungsfähigkeit können dabei vielfältige Möglichkeiten für heilpädagogisch-kunsttherapeutische Handlungsfelder eröffnen, indem zum einen »Natur als Erfahrungsraum« wahrgenommen wird und zum anderen »Natur als Mittel« (vgl. Hampe 2019b; Wigger 2019a, b). So geht es einerseits darum, vor, in und mit den Gegebenheiten und Elementen einer Landschaft zu gestalten, um die Komplexität und Veränderbarkeit des Naturraumes als Laborfeld zu nutzen. Arbeit in der Natur erfordert Beweglichkeit und Offenheit für die dort vorgefundenen Bedingungen. Wetter, Jahreszeiten, Flora und Fauna sind wechselhaft und erfordern Flexibilität. Das Augenmerk richtet sich dabei auf das Neue, sich Verändernde; auf den aktuellen Status des ›so ist es‹ der natürlichen Bedingungen. Dabei bietet das Sammeln neue Möglichkeiten, indem ein lustvoller Spannungsbogen entsteht, aus der Fülle zu schöpfen, verschwenderisch zu sein, gestalterisch großzügig zu sein, sich auszuprobieren, das Material immer wieder neu zu variieren bzw. ihm eine eigene Ordnung und eine eigene Richtung zu geben und es schlussendlich wieder der Natur zu überlassen.

Material

Rinde, Zapfen, Moos, Äste, Blätter, Steine, Blüten, Erden, Gräser, Früchte, Wasser u. a. werden als Rohstoffe für das Mandala gesammelt.

Vorgehensweise

Es geht um ein Sammeln, Sortieren, Ordnen, Legen, Stapeln, Formieren, mit der Grundform des Kreises als basaler Ausgangsform. Die Intervention kann einzeln, in zweier oder auch in einer oder mehreren größeren Gruppen erfolgen. Die Gestaltungsvariationen obliegen dabei der Motivation und den sensomotorischen Bedingungen der Teilnehmenden. Falls die Bodenbeschaffenheit es zulässt, kann das Legen und Ordnen des Materials durch zeichnerische Elemente in den Grund ergänzt werden. Das Arbeiten darf als Stille-Übung modifiziert werden, um Achtsamkeit und Ruhe im gestalterischen Tun Raum zu geben und dadurch einen Wechsel zwischen Aktion und Rezeption zu ermöglichen.

Aspekte heilpädagogischer Förderung

In diesem Kontext geht es wiederum um Aktivierung von unterschiedlichen Sinneswahrnehmungen wie visuell, taktil, motorisch, auditiv u. a. Dahingehend kann eine Förderung eines kreativen, forschend-gestalterischen Umgangs mit den Materialien und ein sinngebendes Gestalten in der Natur oder auch in einem Innenraum zustande kommen. Über die ganze Lebensspanne kann mit diesem Ansatz gearbeitet werden, abhängig von den jeweiligen Kompetenzen des*der Einzelnen. Dabei lässt sich auch in Gruppen- oder Einzelsetting gestalten. Besonders in dieser Hinsicht kann die Intervention zum Ausgleich der Gruppendynamik, zum Beispiel in schulischen Kontexten, beitragen.

8.5 Natur- und Umwelterfahrung

Abb. 51: Gestalten in der Natur: Naturmandala (2019), Gruppenarbeit mit Studierenden des Studiengangs Heilpädagogik der KH Freiburg

Gestalten mit Upcycling-Materialien

Angesichts des Klimawandels ist auch die Wiederverwendung bzw. Mehrfachverwendung von Materialien aus dem Konsumbereich zu überlegen. Als kulturelle Güter betreffen sie eine sogenannte zweite, vom Menschen gemachte Natur und sind in den Kreislauf einer Wiederverwertung einzubinden. Während beim Recycling – als »wieder in Umlauf bringen« – einmal benutzte Rohstoffe wiederverwertet werden, um ähnliche Produkte zu erzeugen, geht es beim Upcycling – als »aufgewertet werden und wieder in den Kreislauf einbringen« – darum, unbrauchbaren oder beschädigten Gegenständen und Materialien eine neue, nutzbare Gestalt zu geben. Dies betrifft beispielsweise Wegwerferzeugnisse wie Kartons oder Tetra Paks, aber auch Plastikmaterialien, Stoffe u. a. In dem Zusammenhang kann den Gestaltenden eine kreative Weiternutzung ermöglicht bzw. eine nachhaltige Nutzung angeboten

165

werden. Die Möglichkeiten der Umsetzung mit Abfallmaterialien sind vielschichtig und werden bereits von Künstler*innen verschiedentlich vorgemacht und in Dritte-Welt-Ländern praktiziert – wie z. B. in der Erstellung von Spielzeug und Kunstobjekten aus Blechdosen. Gerade in der Kunst findet die Verwendung fertiger – wie beim Ready Made – oder verbrauchter Materialien wie Konserven-, Plastik- und Papierabfällen verschiedenste Ausdrucksformen, d. h. von der Moderne bis zur aktuellen zeitgenössischen Kunst.

Kartons geben die Möglichkeit vor, einen Raum zu gestalten, in dem etwas aufbewahrt werden kann oder auch Unterschlupf geboten wird. Aus ihnen lassen sich beispielsweise für Kleinkinder Hausmodelle erstellen; das zeigt auch das Projekt mit geflüchteten Kindern, in dessen Rahmen Kartons einen sicheren Ort geboten haben. Weiterhin können auch Kleinmodelle entstehen, beispielsweise aus Tetra Paks, indem diese aufgeschnitten und umgekehrt werden, so dass die Innenseiten außen sind. Wieder mit Heftstreifen zusammengeklebt, lassen sie sich z. B. in phantasievolle Hausformen verwandeln, indem Wünsche einer magischen Welt einfließen mittels der Verwendung von Federn und anderen schmückenden Materialien. Dieses Magische entsteht durch eine phantasievolle Verfremdung des Vorgefundenen in einem für den*die Einzelne*n persönlich wertvollen Träger.

Tetra Paks, die mit Alufolie innen verkleidet sind, können auch wie eine Platte zum Kaltnadelradieren benutzt werden und bieten in dem Zusammenhang sogar einige Vorteile in der einfachen, praktischen Umsetzung.

Material

Verwendbar sind Abfallmaterialien zum Re- bzw. Upcyceln wie Kartons, Tetra Paks u. a. Weiterhin können unterschiedliche Malmittel, Verzierungsmaterialien u. a. zum Einsatz kommen.

Vorgehensweise

Anleitung geben zur praktischen Verwendung von ausgewählten Abfallmaterialien – u. U. mit einer Modellerstellung – sowie Bereitstellung und Anregung zum eigenen Sammeln von Arbeitsmaterialien, Unterstützung von Umsetzungswünschen in der Begleitung.

Aspekte heilpädagogischer Förderung

Im Rahmen der heilpädagogischen Förderung geht es um das Finden von kreativen Umsetzungsformen mit bestehenden Materialien im Sinne einer Wiederverwertung. Über eine Verwandlung des Bestehenden in etwas Anderes, Neues, für den*die Einzelne*n Wertvolles wird eine Handlungsorientierung unterstützt, die für den*die Einzelne*n veränderte Perspektiven zu eröffnen vermag. Dabei geht es weniger um Genauigkeit und Exaktheit, sondern vielmehr um ein Experimentieren und

8.5 Natur- und Umwelterfahrung

Abb. 52: Gestalten mit Upcycling-Materialien: Materialsammlung

Neu-Erfinden. Diese kreative Herausforderung kann etwas Belebendes für den*die Einzelne*n einnehmen. Es umfasst ein Umdenken und ein anderes Gestalten. Im Hinblick darauf wird auch eine Wertschätzung von Materialien an sich gefördert angesichts bestehender Wegwerftendenzen.

9 Ausblick

Eine Heilpädagogische Kunsttherapie ist im Kontext der Heilpädagogik mit ihren Nachbarwissenschaften angesiedelt. Der Ansatz einer heilpädagogischen Förderung in der Aktivierung von Sinnesmodalitäten und im ganzheitlichen Verstehen des*der Einzelnen in seinem*ihrem biopsychosozialen Umfeld ist neben einem salutogenetischen Verständnis von Heilpädagogischer Kunsttherapie gleichermaßen wahrzunehmen. In der Arbeit mit kunstanalogen Medien wird eine prozessorientierte Vorgehensweise vertreten, wobei Kunst ein Mittel in der ganzheitlichen Förderung darstellt. Im Hinblick auf die Vielschichtigkeit, die dem ästhetischen Prozess und dem ästhetischen Erleben zukommt, verweigert sich Kunst aber einer Instrumentalisierung. Als kreatives Ausdrucksmedium kommt ihr eine Stimulanz im Entdecken von eigenen Kompetenzen zu, aber auch hinsichtlich einer Salutogenese beinhaltet sie einen Faktor zur Stabilisierung und Entspannung, sowohl im rezeptiven als auch aktiven Wahrnehmungs- und Handlungsprozess. In der Arbeit mit der Heilpädagogischen Kunsttherapie über alle Lebensspannen sind Grundlagen in der Ausbildung notwendig, die mit einem Verstehen des jeweiligen Anliegens von Betroffenen einhergehen. Der Begriff der Assistenz in der Heilpädagogik kann auch im Rahmen der Kunsttherapie in der Förderung von Selbstwirksamkeit und im sinnhaften Verstehen des eigenen Tuns bei Menschen mit Beeinträchtigungen und Exklusionsrisiken mehr Raum einnehmen. Das Gestaltete als eine Art Container für emotional belastende Erfahrungen erlangt in dem entäußerten Ausdruck eine Verarbeitungsform, die eine psychische Entlastung beinhaltet. Im Hinblick darauf mit offenen Konzepten zu arbeiten, die sich an den situativen Rahmen und die jeweilige Anforderungssituation ausrichten, bedingt eine Heilpädagogische Kunsttherapie in unterschiedlichen Lebenslagen.

Innovative Projektarbeiten sind Türöffner, um das vielfältige Einsatzfeld Heilpädagogischer Kunsttherapie zu unterstützen. Berufspolitisch ist eine Vermittlung mit der Heilpädagogik für die Kunsttherapie sinnvoll, da darüber eine Verankerung in unterschiedlichen Arbeitsfeldern ermöglicht wird. Es knüpft an ein Förderkonzept an, das mittels des ästhetisch-spielerischen Ausdrucksvermögens in anderer Form umgesetzt werden kann. Gerade mittels des ästhetisch-gestalterischen Ausdrucks werden vielfältige Sinnesmodalitäten und Interaktionspraktiken spielerisch aktiviert, die lustbetont ein einfaches Trainingsprogramm durchbrechen. In dem Zusammenhang werden Aspekte der Salutogenese wirksam, d. h. ein Verstehen des eigenen Tuns, eine Handlungsorientierung in dem Erleben von Selbstwirksamkeit und im Finden eines Bedeutungszusammenhangs bzw. eines Sinnbezugs im Lebensalltag. Eine eingebundene Sinnhaftigkeit im kreativen Handlungsbezug vermag den*die Einzelne*n in schwierigen Lebenslagen besonders zu unterstützen. Begrifflichkeiten wie Empowerment, Resilienz, Ressourcenorientiertheit, Selbstfindung und gesellschaftliche Teilhabe sind nur einige Aspekte im Kontext heilpädagogisch-kunsttherapeutischer Förderung. Auch wenn die Angebotsformen prozessorientiert angelegt sind, bleibt stets ein Objektbezug in sinnlich-konkreter Form als Gegenüber, der das sinnlich Erlebte wie ein Container bewahrt. In der Hinsicht ist die Triade zwischen Klient*in, gestaltendem Objekt und kunsttherapeutisch ausgerichteter*m Heilpädagog*in bzw. Therapeut*in von Bedeutung. Die Beziehungsdynamik bestimmt vielfach die Gestaltungsprozesse und die Wirksamkeit des Förderangebots. Eine tragende Beziehung bildet dabei eine Voraussetzung für eine gelungene Intervention als dialogisches Moment im innerpsychischen Erleben. Die Unterstützung einer emotionalen Selbstwahrnehmung, auch im Sinne einer Achtsamkeitsübung, kann die Entwicklung einer Zielorientierung anlegen. In der Assistenz und einer modellartigen Vorstellung können Lernprozesse z. T. besser angeleitet werden bzw. vermitteln eine Grundlage in der Umsetzung eigener Gestaltungsideen. Dem Materialbezug kommt in dem Zusammenhang eine weitere Dynamik im ästhetischen Handeln zu und wirkt als vierter Aspekt zur Triade von Klient*in, Therapeut*in und künstlerischem Objekt in der gestalterischen Aktivierung. Es ist weiterhin die Beziehungsdynamik, die sich aus der Interaktionspraxs unter Einbeziehung aller vier Komponenten entfalten kann.

Ein personzentriertes Gestalten und ein offener Werkbezug sind also im Kontext von biopsychosozialen und situativen Bedingungen, kulturellem Anlass u. a. genauso von Bedeutung wie eine spielerische Komponente in der Aktivierung von Sinneserfahrungen und Handlungsbezügen. Ein intuitives Handeln, das momentanen Inspirationen und dem sich Einlassen auf den kreativen Prozess Zeit und Raum gibt, als auch ein lösungsorientierter Handlungsbezug im spielerischen Handeln trägt zu psychodynamischen Wandlungsprozessen bei. Es ist zugleich eine Einbeziehung des Zufalls in dem Hinterlassen und Finden einer Spur im Gestalten, was veränderte Ausdrucksfindungen mobilisiert. Entsprechend können Teilnehmende andere Fähigkeiten in kunstanalogen Ausdrucksgebungen zeigen, die im sonstigen institutionellen und sozialen Rahmen nicht wahrgenommen worden sind. Eine selbst inszenierte Ausdrucksfindung kann entstehen und ist in der heilpädagogisch-kunsttherapeutischen Begleitung neu zu entdecken. Im Hinblick darauf beinhaltet der ästhetische Gestaltungs- und Aneignungsprozess zudem eine Transzendierung bestehender Fertigkeiten als auch Lebensräume und vermag Neuanfänge zu unterstützen. Heilpädagogischer Kunsttherapie kann in der Integration in verschiedenen institutionellen und sozialen Bereichen sowie Lebensgestaltungen eine innovative Funktion zukommen, die es im Rahmen von exemplarischen Projektarbeiten zu untersuchen und zu validieren gilt. Sie als eine bedeutsame Komponente im Rahmen einer heilpädagogischen Förderung bezogen auf Prävention und Intervention anzusiedeln, wird sich in psychosozialen und gesellschaftlichen Umsetzungsformen weiterführend zeigen. Die Ausbildung hat dies hinsichtlich heilpädagogischer Anforderungen mit zu bedenken.

Abbildungs- und Tabellenverzeichnis

Abbildungen

Abb. 1:	Atelierwand mit Rahmensilhouetten, Gouachefarbe (Foto: Hampe)	21
Abb. 2:	Ungegenständliche Formen und ihre begriffliche Zuordnung zu Ausdrucksqualitäten, die bei visueller Wahrnehmung durch Sehende wie bei haptischer Wahrnehmung durch Geburtsblinde in analoger Weise geschieht (Dershowitz 1973, S. 343–355)	48
Abb. 3:	Gesichterskala nach Andrews und Crandall (1976) (gezeichnet von Gerrit Wigger)	49
Abb. 4:	Hasenfamilie (6-jähriges Mädchen, Figuren aus Ton, erstellt im Kinderkurs der Malwerkstatt Münster; Foto: Wigger)	51
Abb. 5:	MOODMETER – dreidimensionale, fünfstufige Skala zur Einschätzung des Befindens (Foto: Wigger)	52
Abb. 6:	Der Schrei (Zeichnung Gerrit Wigger nach E. Munch)	53
Abb. 7:	Face Screaming in Fear (emoji-Grafiken: © emoji company GmbH. All rights reserved)	53
Abb. 8:	Blot-Formen mit der Wortzuordnung »Buba« und »Kiki« (In: Ramachandran & Hubbard 2004, S. 27).	63
Abb. 9:	Ilya Kabakov »Healing with Painting« (1996) in der Hamburger Kunsthalle (Foto: Hampe)	64
Abb. 10:	Gezeichneter Augenblick (10 Sekunden, Bleistift auf Papier, M. Wigger 2019; Foto: Wigger)	70
Abb. 11:	3-jähriges Mädchen malend (repräsentativ für die Erstellung von Hieb- Schwing und Kreiskritzeln; Foto: Wigger)	83
Abb. 12:	Bild eines 4-jährigen Flüchtlingskindes, Gouachefarbe auf Din A2-Papier I (Foto: Hampe)	85
Abb. 13:	Bild eines 4-jährigen Flüchtlingskindes, Gouachefarbe auf Din A2-Papier II (Foto: Hampe)	85
Abb. 14:	Bild eines türkischen elektiv mutistischen Jungen der 4. Klasse, Ölpastellkreide und Bleistift auf Din A2-Papier (Foto: Hampe)	88
Abb. 15:	Bild eines türkischen elektiv mutistischen Jungen der 4. Klasse, Bunt- und Bleistift auf Din A2-Papier (Foto: Hampe)	89
Abb. 16:	Bild eines 8-jähriges Mädchens mit Vernachlässigungstendenzen, Deckfarben auf Din A2-Papier I (Foto: Hampe)	91

Abb. 17:	Bild eines 8-jähriges Mädchens mit Vernachlässigungstendenzen, Deckfarben auf Din A2-Papier II (Foto: Hampe)	91
Abb. 18:	Bild eines 7-jährigen Jungen mit einem konflikthaften Elternhaus, Deckfarben auf Din A2-Papier (Foto: Hampe)	93
Abb. 19:	Bilder eines 7-jährigen Jungen mit einem konflikthaften Elternhaus, Buntstift auf Din A2-Papier (Foto: Hampe)	93
Abb. 20:	Bild eines 7-jährigen Mädchens mit psychosomatischen Beschwerden, Buntstift auf Din A2-Papier (Foto: Hampe)	95
Abb. 21:	Bild eines 7-jährigen Mädchens mit psychosomatischen Beschwerden, Deckfarben auf Din A2-Papier (Foto: Hampe)	95
Abb. 22:	Trickfilm-Still: »Friedrich, der seinen Hut im Wasser verlor«, farbige Knete und Ölpastellkreide auf Papier	99
Abb. 23:	Trickfilm-Still: »Unser Zoo«, Ton auf Tischplatte I	99
Abb. 24:	Trickfilm-Still: »Unser Zoo«, Ton auf Tischplatte II	99
Abb. 25:	Landschaft, Aquarell, von S. in der ambulanten Kunstguppe für Hirntumorpatient*innen, 2014 Malwerkstatt Münster (Foto: Wigger)	109
Abb. 26:	Bild einer Frau Mitte 60 vor der Strahlentherapie, Gouachefarbe auf Din A1-Papier I (Foto: Hampe)	112
Abb. 27:	Bild einer Frau Mitte 60 vor der Strahlentherapie, Gouachefarbe auf Din A1 II (Foto: Hampe)	112
Abb. 28:	»Das Wissen der Kinder« von einer 72-jährigen Frau, Aquarell und Bleistift auf Aquarellpapier (Foto: Wigger)	121
Abb. 29:	Imaginäre Briefe: Ein verfasster Brief wird im Bachlauf gewaschen (Foto: Wigger)	129
Abb. 30:	Vergangenheit – Gegenwart – Zukunft: Lebensereigniskurven (Foto: Wigger)	131
Abb. 31:	Wohlfühlort: Kleines Haus aus Karton, bewohnt von seiner Erbauerin 4-jähriges Mädchen (Foto: Silke Wernet)	134
Abb. 32:	Tagtraumimagination: Wolkenbild (Foto: Thomas Wrede)	136
Abb. 33:	Sandspiel: Sand im Kasten (Foto: Wigger)	138
Abb. 34:	Sandspiel: feindosierter Sand, gestreut auf farbige Platte (Foto: Hampe)	138
Abb. 35:	Spiel mit Kugeln: das Material, Tusche und Styroporkugel (Foto: Wigger)	140
Abb. 36:	Spiel mit Kugeln: erste Bewegungsmuster durch Pusten der in Tusche getauchten Styroporkugel (Foto: Wigger)	141
Abb. 37:	Dialogisches Spiel: Gestaltungsprozess zu zweit mit Papierschnipseln, Papierschnipsel zum Gestalten auf der Fläche (Foto: Wigger)	142
Abb. 38:	TIE IT (Schnürkunst): das Material (Foto: Wigger)	145
Abb. 39:	TIE IT (Schnürkunst): der Prozess und erste Verknüpfungen, Workshop 2x2 Forum, Kunsthaus Kannen, Münster, 2019 (Foto: Wigger)	145
Abb. 40:	TAPE IT (Klebebandkunst): das Material (Foto: Wigger)	147

Abb. 41:	TAPE IT (Klebebandkunst): der Prozess und erste Klebebilder, Workshop 2x2 Forum, Kunsthaus Kannen, Münster, 2019 (Foto: Wigger)	147
Abb. 42:	Grafitti (Sprühkunst): der Prozess zum Thema »Kreise«. Seminararbeit im Studiengang Heilpädagogik, 2019, an der KH Freiburg. (Foto: Wigger)	149
Abb. 43:	Plastisches Gestalten zum Köperbild: das Material Ton und eine Figur (Foto: Wigger)	152
Abb. 44:	Plastisches Gestalten zum Körperbild: Tonfigur (Foto: Wigger)	152
Abb. 45:	Geführtes Körperstellen: Phase eines Prozesses zu zweit (Foto: Max Wigger)	154
Abb. 46:	Portrait: Skizze mit Kohlestift (Foto: Wigger)	156
Abb. 47:	Das Portrait: Portrait aus Ton. Arbeit einer Patientin aus einer Kunstgruppe mit onkologischen Patienten in der Malwerkstatt Münster 2016 (Foto: Wigger)	157
Abb. 48:	Das Körperbild: Phase des Umzeichnens eines liegenden Körpers auf ein entsprechend großes Blatt Papier (Foto: Max Wigger)	159
Abb. 49:	Formenzeichnen: basale Kreisformen auf einem Blatt Papier, Din A2 (Foto: Wigger)	160
Abb. 50:	Gestalten mit Naturmaterialien: Baumrinde als Ausgangsmaterial für eine Frottage (Foto: Wigger)	162
Abb. 51:	Gestalten in der Natur: Naturmandala (2019), Gruppenarbeit mit Studierenden des Studiengangs Heilpädagogik der KH Freiburg (Foto: Wigger)	165
Abb. 52:	Gestalten mit Upcycling-Materialien: Materialsammlung (Foto: Wigger)	167

Schematische Darstellungen

Schema 1:	Modell Heilpädagogischer Kunsttherapie	18
Schema 2:	Die Triade in kunsttherapeutischen Prozessen (nach Bolle 2008, S. 197)	33
Schema 3:	Quadriade von Material/Medium, Objekt, Klient*in und Therapeut*in	34
Schema 4:	Beziehungsdynamik als Kreuzungspunkt von Material/Medium, Objekt, Klient*in und Therapeut*in	35
Schema 5:	Modell entwicklungspsychologische Phasen nach Erik H. Erikson	72

Tabellen

Tab. 1: Exemplarische Übungsaufgaben zur Förderung von Sinnesmodalitäten 77
Tab. 2: Methodisches Setting der Einzel- oder Gruppenarbeit 87
Tab. 3: Wirkungen der ambulanten Kunsttherapie im Rahmen der psychoonkologisch-rehabilitativen Versorgung der Klinik für Neurochirurgie am Universitätsklinikum Münster 115

Literaturverzeichnis

Ainsworth, M., Blehar, M., Waters, E. & Wall, S. (1978). Patterns of Attachment. Hillsdale, NJ: Erlbaum.
Alexianer-Krankenhaus-GmbH (1993). Das Haus Kannen Buch. Münster: Kunsthaus Kannen.
Ameln-Haffke, H. (2014). Emotionsbasierte Kunsttherapie: Methoden zur Förderung emotionaler Kompetenzen. Göttingen: Hogrefe.
Amman, R. (1989). Das Sandspiel. Der schöpferische Weg der Persönlichkeitsentwicklung. München: Kösel.
Andrews, F. M. & Crandall, R. (1976). The Validity of Measures of Self-Rreported Well-Being. In: Soc Indic Res 3, 1. 1–19.
Anstalt Stetten (Hrsg.) (1987). Künstler aus Stetten – Menschen mit Geistiger Behinderung stellen aus. Stuttgart: Witwer.
Antonovsky, A. (1979). Health, Stress and Coping. San Francisco: Jossey-Bass.
Antonovsky, A. (1997). Salutogenese. Zur Entmystifizierung der Gesundheit. Tübingen: dgvt-Verlag.
Aulbert, E., Nauck, F. & Radbruch, I. (Hrsg.) (2011). Lehrbuch der Palliativmedizin (3. Aufl.). Stuttgart: Schattauer.
Ayres, J. A. (2013). Bausteine kindlicher Entwicklung. Berlin: Springer.
Bach, S. (1995). Das Leben malt seine eigene Wahrheit. Zürich: Dämon.
Baltes, P. B. (2001). Das Zeitalter des permanent unfertigen Menschen – Lebenslanges Lernen nonstop? In: Politik und Zeitgeschichte. Bd. 36. Bonn: Bundeszentrale für politische Bildung. 24–32.
Bamberger, G. (2015). Lösungsorientierte Beratung. Weinheim: Beltz.
Baumann, U. (Hrsg.) (1991). LA TINAIA: Zürich: Baumann & Stromer.
Bauer, J. (2007). Warum ich fühle, was du fühlst. 5. Aufl. München: Heyne.
Bartels, A. & Zeki, S. (2004). The Neural Correlates of Maternal and Romantic Love. In: NeuroImage 21. 1155–1166.
Bayrisches Nationalmuseum München (Hrsg.) (1984). Wir haben euch etwas zu sagen. Bildnerisches Gestalten mit geistig Behinderten. München: Bundesvereinigung Lebenshilfe für geistig Behinderte e. V.
Beauftragte der Bundesregierung für die Belange behinderter Menschen (Hrsg.) (2014). Die UN-Behindertenrechtskonvention. Übereinkommen über die Rechte von Menschen mit Behinderungen. Berlin.
Belting, H. (2001). Bild-Anthropologie. München: Wilhelm Fink.
Benedetti, G. & Peciccia, M. (1994). Symbol und Schizophrenie. In: Schottenloher G. (Hrsg.). Wenn Worte fehlen, dann sprechen Bilder. München: Kösel. 107–118.
Benz, C. & Jenni, O. (2015). Kindliches Sozialverhalten – Entwicklungsaufgaben und Krisen in den ersten Lebensjahren. Sozialpädiatrie. Thieme-Connect.com (abg. 06.07.2019).
Berghahn, K. L. (Hrsg.) (2000). Friedrich Schiller: Über die ästhetische Erziehung des Menschen in einer Reihe von Briefen (1795). Stuttgart: Reclam.
Berthold-Andrea, H., Bühler, E., Jünemann, M., Kranich, E.-M. & Schubert, E. (2015). Formenzeichnen. Die Entwicklung des Formenzeichnens in der Erziehung. Stuttgart: Freies Geistesleben.
Berufs- und Fachverband Heilpädagogik e. V. (BHP) (Hrsg.) (2015a). Positionspapier P06: Heilpädagoginnen und Heilpädagogen in der Frühförderung. Berlin.

Berufs- und Fachverband Heilpädagogik e. V. – BHP (Hrsg.) (2015b). Positionspapier P01: Heilpädagoginnen und Heilpädagogen im Schuldienst. Berlin.
Biançi, P. (1989). Bild und Seele. In: Kunstforum 101. 68–95.
Biegl, T. (2004). Glücklich singen – singend glücklich? Gesang als Beitrag zum Wohlbefinden. Serotonin, Noradrenalin, Adrenalin, Dopamin und Beta-Endorphin als psychophysiologische Indikatoren. Dipl. Wien.
Bien, T. & Hick, S. F. (2010). Achtsamkeit in der therapeutischen Beziehung. Freiburg: Abor.
Biewer, G. (2009). Grundlagen der Heilpädagogik und Inklusiven Pädagogik. Bad Heilbrunn: Klinkhardt UTB.
Bion, W. B. (1990). Lernen durch Erfahrung. Frankfurt a. M.: Suhrkamp.
Blaumeier e. V. (Hrsg.) (1994). Projekt Kunst und Psychiatrie. Blaumeier Art and Soul. Bremen.
Blaumeier.de (2018). Blaumeier Atelier. www.blaumeier.de (abg. 18.11.2018).
Bleuler M. (1984). Das alte und das neue Bild des Schizophrenen. Schweiz Arch Neurol Neurochirurg Psychiatr. 135. 143–149.
Bloch, E. (1974). Ästhetik des Vor-Scheins 2. Frankfurt a. M.: Suhrkamp.
Bolle, R. (2008). Am Ursprung der Sehnsucht: Grenzüberschreitungen in der Psychotherapie. In: Hampe, R. & Stadler, P. B. (Hrsg.). Grenzüberschreitungen. Berlin: Frank u. Timme. 193–205.
Bonacchi, S. (2015). Der »kommunikative Raum« in der kulturologischen (Un)Höflichkeitsforschung. https://www.researchgate.net/publication/281889392_Der_kommunikative_Raum_in_der_kulturologischen_UnHoflichkeitsforschung. (abg. 19. 03.2020).
Boulangé, L. (1987). Art et Handicap Mental, Liège: CREAHM ASBl.
Bourdon, D. (1999). Christ and Jeanne-Claude. Gasometer Oberhausen. Köln: Taschen.
Bowlby, J. (1982). Bindung. Eine Analyse der Mutter-Kind-Beziehung (orig. Attachment and Loss 1969). Berlin: Kindler.
Bowlby, J. (2018). Trennung. Angst und Zorn (2. Aufl. 1976). München: Reinhardt.
Bowlby, J. (1978). Verlust – Trauer und Depression. Frankfurt: Fischer.
Brehmer, C. (1997). Snoezelen – eine Einführung und theoretische Zuordnung. In: Die neue Sonderschule 42, 5. 376–386.
Brisch, K. H. (2010). Prävention von aggressiven Störungen in der kindlichen Entwicklung. In: Brisch, K. H. & Hellbrügge, Th. (Hrsg.). Bindung, Angst und Aggression. Stuttgart: Klett-Cotta. 273–295.
Buber, M. (1962). Schriften zur Philosophie. Werke Bd. 1. München: Kösel.
Buber, M. (1962). Ich und Du (1923). In: Martin Buber. Werke. Schriften zur Philosophie Band I. München/Heidelberg: Kösel.
Buber, M. (1983). Ich und Du (11. Aufl.). Heidelberg: Lambert Schneider.
Bucher, A. A. (2008). Was Kinder glücklich macht. Ein Ratgeber für Eltern. Kreuzlingen/München: Hugendubel (Ariston).
Buchheim, A., George, C., Liebl, V., Moser, A. & Benecke, C. (2007). Mimische Affektivität von Patientinnen mit einer Borderline-Persönlichkeitsstörung während des Adult Attachement Projective. In: Z. Psychosom. Med. Psychother. 53. 339–354.
Buchheim, A., Taubner, S., Fizke, E. & Nolte, T. (2010). Bindung und Neurobiologie: Ergebnisse bildgebender Verfahren. In: Psychotherapie 15, 1. 22–31.
Cameron, L., Boa, S. & McCulloch, M. (2013). The Development of Quality Indicators for Alternative and Augmative Communication. Final Report December 2013. Scotland: NHS Education for Scotland. https://www.talkingmats.com (abg. 10.03.2018).
Centre de Réadaption Capellen & Dann (1983). Das Capellenprojekt. Luxemburg.
Comer, R. J. (2001). Klinische Psychologie. Heidelberg: Spektrum.
Coopérations asbl & Dann (1991). Jardin de Wiltz – Projet CCI. Ausstellungskatalog, EUCREA-Luxemburg. Luxemburg.
Craig, C. (2009). Fototherapie. Kreative Fotoarbeiten mit Jugendlichen, Erwachsenen und alten Menschen. Bern: Huber.
Crepaldi, C. (2015). Containing. Gießen: Psychosozial.
Csíkszentmihályi, M. (2010). Das flow-Erlebnis. Jenseits von Angst und Langeweile: im Tun aufgehen (10. Aufl.). Stuttgart: Klett-Cotta.
Csíkszentmihályi, M. (1995). Flow. Das Geheimnis des Glücks. Stuttgart: Klett-Cotta.

Damasio, A. R. (2001). Ich fühle, also bin ich. Berlin: List.
— (2004). Descartes' Irrtum. Berlin: List.
Dannecker, K. (2015). Psyche und Ästhetik. Die Transformation in der Kunsttherapie (3. Aufl.). Berlin: Medizinisch Wissenschaftliche Verlagsgesellschaft.
Dannecker, K. & Herrmann, U. (Hrsg.) (2017). Warum Kunst? Über das Bedürfnis, Kunst zu schaffen. Berlin: Medizinisch Wissenschaftliche Verlagsgesellschaft.
Dean, D. (2007). Palast der Erinnerungen. München: Knaur.
Derschowitz, N. (1973). On Tactual Perception of Physiognomic Properties. In: Perceptual and Motor Skills 36. 343–355.
Deuser, H. (Hrsg.) (2004). Bewegung wird Gestalt. Bremen: Doering.
Deuser, H. (2016). Der haptische Sinn. Dortmund: modernes Lernen
Deutsche UNESCO-Kommission – Köln (1974). Die Praxis der Museumsdidaktik. München.
Döhner, O. & Hampe, R. (1992). Eine Projektarbeit am Übersee-Museum Bremen zum Thema: »Ich und Du – leben wie in Afrika?«. In: Übersee-Museum Bremen (Hrsg.). Ich und Du – leben wie in Afrika?. Bremen: Übersee-Museum Bremen. 7–24.
— (1995). Ein museumspädagogisches Projekt im Rahmen integrativer Erwachsenenbildung für Menschen mit geistiger Behinderung. In: Vierteljahresschrift für Heilpädagogik und ihre Nachbargebiete (VHN) 64, 4. 441–450.
Dorn, Ch. (2015). Digital Storytelling: Pädagogik und Therapie für medial sozialisierte Menschen: Erziehung – Bildung – Heilung. Nordersted: Books on Demand.
Dornes, M. (2004). Der kompetente Säugling – Die präverbale Entwicklung des Menschen. Frankfurt a. M.: Fischer.
Dorow, M., Stein, J., Förster, F., Löbner, M., Franz, M., Günther, R., Schröder, R., Sommer, D., Möller, D., Dekoj, M. C., Becker, T., Riedel- Heller, S. G. (2018). Der komplementäre Einsatz des internetbasierten Selbstmanagementprogramms »moodgym« bei Menschen mit depressiven Erkrankungen in der stationären Versorgung – die Perspektive von Patienten und Behandlern. In: Psychiatrische Praxis 45. 256–262.
Dreifuss-Kattan, E. (1993). Krebs. Kreativität und Selbst-Heilung. Frankfurt a. M.: Fischer.
Duchamp, M. (1994). Die Schriften. Bd. 1: Zu Lebzeiten veröffentlichte Texte. Hrsg. von S. Staufer. Zürich: Regenbogen-Verlag.
Dufern, R., Beier, A. & Menzen, K.-H. (2014). Künstlerische Therapien im sozialen Brennpunkt. Dortmund: Verlag Modernes Lernen.
Dufern, R. (2018). Künstlerische Therapien in der ambulanten Kinder- und Jugendhilfe. In: Duncker, H., Hampe, R. & Wigger, M. (Hrsg.). Kreative Lernfelder. Künstlerische Therapien in Kultur- und Bildungskontexten. Freiburg/München: Karl Alber. 93–104.
Duncker, H. (2005). Salutogenese als Basis kunsttherapeutischer Arbeit. In: Titze, D. (Hrsg.). Die Kunst der Kunsttherapie. Bd. 1: Aus der Mitte. Dresden: Sandstein. 74–83.
Eckart, R. (2018). Gesundheitsförderung durch Sozialkunst. Kunst im Sozialen und ästhetische Selbsterziehung. In: Der Merkurstab. Zeitschrift für Anthroposophische Medizin. 2. 125–131.
ECS-EUCREA (1991). Project 12, Ausstellungskatalog, CREAHM/IBM. Mailand
Egger, B. & Merz, J. (2013). Lösungsorientierte Maltherapie. Bern: Huber.
Einstein, A. (1936). Physik und Realität: In: The Journal of the Franklin Institute. München: Elsevier. 313–347.
Eitle, W. (2012). Basiswissen Heilpädagogik. Köln: Bildungsverlag EINS.
Erikson, E. H. (1966). Identität und Lebenszyklus. Frankfurt a. M.: Suhrkamp.
Erikson, E. H. (2005). Kindheit und Gesellschaft (1957). Stuttgart: Klett-Cotta.
Faltermaier, T., Mayring, P., Saup, W. & Strehmel, P. (2014). Entwicklungspsychologie des Erwachsenenalters (3. Aufl.). Stuttgart: Kohlhammer.
Fernau-Kerschensteiner, G. (1954). Georg Kerschensteiner oder die Revolution der Bildung. München/Düsseldorf: Steinebach.
Flitner, A. (Hrsg.) (2009). Johan Huizinga: Homo ludens. Vom Ursprung der Kultur im Spiel (»Homo ludens«, 1939). Reinbek: Rowohlt.
Flosdorf, P. (2009). Heilpädagogische Beziehungsgestaltung. Freiburg: Lambertus.
Franzen, G. (2017). Kunst als Selbstobjekterfahrung – der »Hundertwasser-Bahnhof«. In: Musik-, Tanz- und Kunsttherapie. 28, 2. 142–153.

Freymann, Th. v. & Grünewald-Steiger, A. (Hrsg.) (1988). Am Beispiel erklärt. Aufgaben und Wege der Museumspädagogik. Hildesheim: Olms.
Fröhlich, A. (2014). Basale Stimulation – ein Konzept für die Arbeit mit schwer beeinträchtigten Menschen. Düsseldorf: selbstbestimmtes Lernen.
— (2016). Körper und Körperbild – ein paar Gedanken im Vorfeld des Professionellen. In: Uschok, U. (Hrsg.). Körperbild und Körperbildstörungen. Göttingen: Hogrefe. 13–14.
Fuchs, T. (2000). Leib, Raum, Person. Entwurf einer phänomenologischen Anthropologie. Stuttgart: Klett-Cotta.
Ganß, M. (2009). Demenz- Kunst und Kunsttherapie. Frankfurt a. M.: Mabuse.
Gawandtka, E. (2010). Wie erleben Jugendliche im Rahmen der ambulanten Kunsttherapie mit regelmäßiger Teilnahme an einem offenen Atelier eine Ressourcenaktivierung und Förderung ihrer individuellen Kompetenzen? (Gutachter: Sinapius, P., Mussgnung, W.). Medical School Hamburg MSH.
Gennep, A. v. (1986). Übergangsriten (1909). Frankfurt a. M.: Campus.
George, C., West, M. & Pettem, O. (1999). The Adult Attachement at the Level of Representation.In: Solomon, J. & George, C. (Hrsg.). Attachment Disorganization. New York: Guilford Press. 462–507.
Georgens, J.-D. & Deinhardt, H. M. (1979). Die Heilpädagogik mit besonderer Berücksichtigung der Idiotie und der Idiotenanstalten (1861). Bachmann, W. (Hrsg.). Giessen: Institut für Heil- und Sonderpädagogik.
Gerken, G. & Eissing-Christophersen, Ch. (Hrsg.) (2001). Die Schlumper. Kunst ohne Grenzen. Wien: Springer.
Goleman, D (2007). Emotionale Intelligenz. München: DTV.
Gräßer, M., Hovermann, E. & Botved, A. (2017). Rating-Skalen für die Kinder- und Jugendlichenpsychotherapie. Weinheim: Beltz.
Geue, K., Buttstädt, M., Richter, R., Böhler, U. & Singe, S. (2011). Eine kunstpädagogische Gruppenintervention in der ambulanten psychoonkologischen Versorgung. In: Psychother Psych Med. 6. 177–181.
Greving, H. & Ondracek, P. (2005). Handbuch der Heilpädagogik. Troisdorf: Bildungsverlag.
Gruber, A. & Reichelt, St. (Hrsg.) (2016). Kunsttherapie in der Palliativmedizin. Berlin: EB-Verlag.
Grunberger, B. (1982). Vom Narzißmus zum Objekt. Frankfurt a. M.: Suhrkamp.
Günther, L., Ruhrmann, G. & Milde, J. (2011). Pandemie: Wahrnehmung der gesundheitlichen Risiken durch die Bevölkerung und Konsequenzen für die Risiko- und Krisenkommunikation. Schriftreihe Forschungsforum öffentliche Sicherheit. Berlin. https://refubium.fu-berlin.de/bitstream/handle/fub188/17825/sr_7.pdf?sequence=1 (abg. 27.03.2020).
Haase, A. (1987). Die Farbe denkt. In: Kunstforum. Bd. 88. 84–89.
Haeberlin, U. (2005). Grundlagen der Heilpädagogik. Bern: Haupt UTB.
Hampe, R. (1988a) Kunst und Therapie in einer Frauenklinik. In: Institut für Bildung und Kultur (Hrsg.). Schriftenreihe des Instituts für Bildung und Kultur. Bd. 14. Remscheid.
— (Hrsg.) (1988b) Aurora II und das Pferd im 4. Stock. Zur Klinischen Kunsttherapie und Integrierten Psychosomatik. Bremen: Univ.
— (1999a). Metamorphosen des Bildlichen. Bremen: Univ.
— (1999b). Bildgestaltungen in der Kinder- und Jugendpsychiatrie als psychische Verarbeitungsformen einer Krise. In: Hampe, R., Ritschl, D. & Waser, G. (Hrsg.). Kunst, Gestaltung und Therapie mit Kindern und Jugendlichen. Bremen: Univ. 275–289.
— (2001). Zur Bedeutung des Selbstporträts im kunsttherapeutischen Prozeß an der Kinder- und Jugendpsychiatrie. In: Musik-, Tanz- und Kunsttherapie, 4. 188–196.
— (2011). Zur Wirkung von Bildgestaltungen auf emotionale Gestimmtheiten. In: R. Hampe & P. Stadler. Multimodalität in den Künstlerischen Therapien. Berlin: Frank & Timme. 135–153.
— (2013). Die Förderung therapeutischer Prozesse bei Brustkrebspatienten durch Kunsttherapie. In: Nittel, D. & Seltrecht, A. (Hrsg.). Krankheit: Lernen im Ausnahmezustand. Berlin: Springer. 533–544.

— (2015). Inklusion – zur Brückenfunktion des Ästhetischen. In: Leonhardt, A., Müller, K. & Truckenbordt, T. (Hrsg.). Die UN-Behindertenrechtskonvention und ihre Umsetzung. Bad Heilbrunn: Klinkhardt. 415–423.
— (2017). »Was heißt hier eigentlich Inklusion?« Das Eigene und das Fremde im Kontext von Behinderung und Multikulturalität. In: Sollberger, D., Boehlke, E. & Kobbé, U. (Hrsg.). Das Eigene und das Fremde. Lengerich: Pabst. 160–171.
— (2018a). Zur Salutogenese des Bildlichen. In: Duncker, H., Hampe, R. & Wigger, M. (Hrsg.). Gestalten – Gesunden. Zur Salutogenese in den Künstlerischen Therapien. Freiburg i. Br.: Karl Alber. 75–96.
— (2018b). Ästhetische Gestaltungsprozesse von Kindern und die Bewältigung somatischer Beschwerden. In: Duncker, H., Hampe, R. & Wigger, M. (Hrsg.). Gestalten – Gesunden. Zur Salutogenese in den Künstlerischen Therapien. Freiburg i. Br.: Karl Alber. 183–198.
— (2018c). Persönlichkeitsbildung an Schulen. Ein ästhetisch-gestalterisches Förderangebot. In: Duncker, H., Hampe, R. & Wigger, M. (Hrsg.). Kreative Lernfelder. Künstlerische Therapien in Kultur- und Bildungskontexten. Freiburg i. Br./München: Karl Alber. 208–258.
— (2018d). Der ästhetische Gestaltungsprozess als Spiegel innerer Prozesse. In: Kottje-Birnbacher, L., Kreuzberger, P. & Ullmann, H. (Hrsg.). Imagination 3–4. Wien: Facultas. 271–279.
— (2019a). Kunsttherapeutische Kunsttherapie Förderung an Schulen und deren Wirksamkeit im Spiegel der projektiven Testverfahren »Ein Mensch pflückt einen Apfel vom Baum« und »Das Vogelnest«. In: Musik-, Tanz- und Kunsttherapie. 17–28.
— (2019b). Prozessorientiertes Gestalten im Selbst- und Naturerleben. In: Pfeifer, E. (Hrsg.). Natur in Psychotherapie und Künstlerischer Therapie. Theoretische, methodische und praktische Grundlagen. Bd. 2. Gießen: Psychosozial. 67–79.
Hampe, R. & Hegeler, P. (2008). Prävention und Intervention für verhaltensauffällige Kinder und Jugendliche unter Einbezug kreativer Medien. In: R. Hampe & P. Stalder (Hrsg.). »Grenzüberschreitungen« Bewusstseinswandeln und Gesundheitshandeln. Berlin: Frank&Timme. 383–404.
Hampe. R., Schwarz, H. & Wigger, M. (2018). Teilhabe und Inklusion in der museumspädagogischen Praxis. In: Duncker, H., Hampe, R. & Wigger, M. (Hrsg.). Kreative Lernfelder. Künstlerische Therapien in Kultur- und Bildungskontexten. Freiburg/München: Karl Alber. 349–370.
Hanus, O. (2014). Farbinteraktion. Die Gruppendynamik und das soziale Bild. Düren: Shaker.
Harlan, V. (2011). Was ist Kunst? Werkstattgespräch mit Beuys. Stuttgart: Urachhaus.
Harlan, V., Rappmann, R. & Schata, P. (1984). Soziale Plastik. Materialien zu Joseph Beuys (3. Aufl.). Achberg: Achberger.
Hartke, B. & Diehl, K. (2013). Schulische Prävention im Bereich Lernen. Stuttgart: Kohlhammer.
Hartwig, H. (1980). Jugendkultur. Ästhetische Praxis in der Pubertät. Reinbeck b. H.: Rowohlt.
Herder, J. G. v. (1778). Plastik: Einige Wahrnehmungen über Form und Gestalt aus Pygmalions bildendem Traum. Riga/Leipzig: Hartknoch.
Hergovich, A. (2018). Allgemeine Psychologie: Wahrnehmung und Emotion (2. Aufl.). Wien: facultas.
Hick, S. F. & Bien, T. (2010). Achtsamkeit in der therapeutischen Beziehung. Freiburg: Abor.
Hildebrandt, J. (2012). Sozialarbeit im Kontext Alten- und Pflegeheim. In: G. Kleiner (Hrsg.). Alter(n) bewegt. Perspektiver der sozialen Arbeit auf Lebenslagen und Lebenswelten. Wiesbaden: Springer. 15–21
Hippius, M. (Hrsg.) (1966). Transzendenz als Erfahrung. Beitrag und Widerhall; Festschrift zum 70. Geburtstag von Graf Dürckheim. Weilheim: Barth.
Horn, A. B., Mehl, M. R. & Deters, F. (2015). Expressives Schreiben und Immunaktivität – gesundheitsfördernde Aspekte der Selbstöffnung. In: Schubert, Ch. (Hrsg.). Psychoneuroimmunologie und Psychotherapie. Stuttgart: Schattauer. 208–227.
Hüther, G. (2004). Die Macht der inneren Bilder. Göttingen: Vandenhoeck & Ruprecht.
— (2008). Über die Kunst, sein Gehirn in salutogenetische Schwingungen zu versetzen. In: Bossinger, W. & Eckle, R. (Hrsg.). Schwingung und Gesundheit. Battweiler: Traumzeit. 105–118.

Huizinga, J. (1972). Homo Ludens. Vom Ursprung der Kultur im Spiel (1939). Hamburg: Rowohlts Enzyklopädie.
Iamandescu, I. B. (2009). Beiträge zum Studium der psychologischen und psychosomatischen Wirkung von Musik auf gesunde Personen und psychosomatisch Erkrankte. In: Hampe, R., Martius, P., Ritschl, D., Spreti, F. v. & Stalder, P. B. (Hrsg.). KunstReiz. Neurobiologische Aspekte künstlerischer Therapien. Berlin: Frank & Timme. 213–227.
Itard, J.-M. G. (1967). Viktor, das Wildkind von Aveyon. Stuttgart: Rotapfel.
Jacobs, D. (1989). Interkulturelle Museumspädagogik. Weinheim: Dt. Studien-Verl.
Jakobs, H. & Rister, M. (1997). Die Fremdeinschätzung von Schmerzen bei Kindern. In: Klinische Pädiatrie. 209, 6. 384–388. doi:10.1055/s-2008-1043981.
Jantsch, E. (1986). Die Selbstorganisation des Universums (1979) (3. Aufl.). München: dtv.
Joraschky, P. & Arnim, A. v. (2009). Der Körperbildskulpturtest. In: Joraschky, P., Loew, T. & Röhricht, F. (Hrsg.). Körpererleben und Körperbild – Ein Handbuch zur Diagnostik. Stuttgart: Schattauer. 183–191.
Julius, H. (2001a). Bindungstheoretisch abgeleitete, schulische Interventionen für verhaltensgestörte Kindern. In: Heilpädagogische Forschung XXVII, 4. 175–188.
— (2001b). Die Bindungsorganisation von Kindern, die an Erziehungshilfeschulen unterrichtet werden. In: Sonderpädagogik 2. 74–93.
Kalff, D. M. (2000). Sandspiel. Seine therapeutische Wirkung auf die Psyche (4. Aufl.). München: Reinhardt Ernst.
Kast, V. (1990). Trauern. Phasen und Chancen des psychischen Prozesses. Stuttgart: Kreuz.
Kaufmann, S. (2020). »The Artist is Present« – 721 Stunden Sitz- Performance. In: SWR2 Martinee: Sitzen bleiben! Eine Stubenhocker Martinee. (Sendung vom 05. 04. 2020).
Kay, E. (2016). Das Jahrhundert des Kindes (1902). Berlin: Holzinger.
Kebeck, G. & Wrede, T. (2016). Die eine Ansicht – Fotografische Bilder und ihre Wahrnehmung. Heidelberg/Berlin: Kehrer.
Kircher, T. T. J., Brammer, M., Liddle, P. F. & Williams, St. C. R. (2001). Neural Correlates of Formal Thought Disorder in Schizophrenia. In: Arch Gen Psychiatry 58. 769–774.
Kläger, M. (1995). Phänomen Kinderzeichnung (3. Aufl.). Baltmannsweiler: Schneider.
Klausewitz, W. (Hrsg.) (1975). Museumspädagogik. Museen als Bildungsstätten. Frankfurt a. M.: Kramer.
Knaak, R. & Rauer, W. (1979). Eine Schuleinstellungsskala für das 2. Schuljahr. Erste Ergebnisse einer empirischen Erprobung. In: Zeitschrift für Entwicklungspsychologie und Pädagogische Psychologie 11, 1. 50–58.
Knill, P. J. (1990). Das unvermittelbare Heilmittel oder das Dritte in der Kunsttherapie. In: Petersen, P. (Hrsg.). Ansätze kunsttherapeutischer Forschung. Berlin/Heidelberg: Springer. 87–116.
Kobbert, M. J. (1986). Kunstpsychologie. Darmstadt: Wissenschaftliche Buchgesellschaft.
Kommission der Europäischen Gemeinschaften (1991). Kreativität. Informationsbroschüre 1990/1991. Brüssel.
Kossolapow, L. (1975). Musische Erziehung zwischen Kunst und Kreativität. Frankfurt a. M.: Fischer Athenäum.
Kramer, E. (1958). Art Therapy in Children's Community. Springfied: Thomas.
— (1975). Kunst als Therapie mit Kindern. München/Basel: Reinhardt.
Kulbe, A. (2018). Basiswissen Altenpflege. Gesundheit und Krankheit im Alter. Stuttgart: Kohlhammer.
Kunst- und Ausstellungshalle der Bundesrepublik Deutschland (2016). Touchdown. Die Geschichte des Down-Syndroms. Bonn: Bundeszentrale für politische Bildung.
Kuratorium Deutsche Altenhilfe (2012). Die 5. Generation: KDA Quartiersarbeit. Reihe: Zukunft gestalten. Ansätze für die Praxis. Berlin: KDA.
Landgarten, H. (1990). Klinische Kunsttherapie. Karlsruhe: Gerardi.
Lang, S. (1985). Lebensbedingungen und Lebensqualität von Kindern. Frankfurt a. M./New York: Campus.
Lauer, N. (2018). Talking Mats App in deutscher Sprache. http://www.talkingmats.com (abg. 02.08.2018).
Lehr, U. (2003). Psychologie des Alters (10., korr. Aufl.). Wiebelsheim: Quelle & Maier.

Leitlinienprogramm Onkologie (Deutsche Krebsgesellschaft, Deutsche Krebshilfe, AWMF) (2014). Psychoonkologische Diagnostik, Beratung und Behandlung von erwachsenen Krebspatienten. Leitlinienreport 1.0, 2014. AWMF-Registernummer: 032/051OL. http://leitlinienprogramm-onkologie.de/Leitlinien.7.0.html (abg. 15.01.2017).
Leuner, H., Horn, G. & Klessmann, E. (Hrsg.) (1997). Katathymes Bilderleben mit Kindern und Jugendlichen. München: Reinhardt.
Leuzinger-Bohleber, M. & Fritzemeyer, K. (2016). Psychoanalytische Erkenntnisse zu Migration, Trauma und der Begegnung mit dem Fremden. In: Leuzinger-Bohleben, M. & Lebiger-Vogel, J. (Hrsg.). Migration, frühe Elternschaft und die Weitergabe von Traumatisierungen. Stuttgart: Klett-Cotta. 123–170.
Lohaus, A. (1989). Datenerhebung in der Entwicklungspsychologie. Problemstellungen und Forschungsperspektiven. Bern: Huber.
Lohaus, A. (2006). Gesundheit und Krankheit aus der Sicht von Kindern (2., überarb. u. erw. Aufl.). Göttingen: Hogrefe.
Lorenzer, A. (1972). Zur Begründung einer materialistischen Sozialisationstheorie. Frankfurt a. M.: Suhrkamp.
Lloyd, B. (1996). Ankündigung Sterblichkeit. In: Schuster, P.-K., Vitali, Ch. & Butts, B. (Hrsg.) (1996). Lovis Corinth. München: Prestel. 69–76.
Lugmair, K. (2006). Sensorische Integration – Raumwahrnehmung unter besonderer Berücksichtigung des Kindesalters. Dissertation. Medizinische Fakultät der Ludwig-Maximilians-Universität München. München: Univ.
Maier-Michaelitsch, M. & Grunick, G. (2010). Aktivität und Kreativität bei Menschen mit komplexer Behinderung. Düsseldorf: selbstbestimmtes Lernen.
Maierhofer, H. & Zacharias, W. (1982). Ästhetische Erziehung – Lernorte für aktive Wahrnehmung und soziale Kreativität. Reinbek b. H.: Rowohlt.
Marsiske, M., Delius, J. A. M., Maas, I., Lindenberger, U., Scherer, H. & Tesch-Römer, C. (2010). Sensorische Systeme im Alter. In: Lindenberger, U., Smith, J., Mayer, K. U. & Baltes, P. B (Hrsg.). Die Berliner Altersstudie (3. Auf.). Berlin: Akademie Verlag. 403–427.
Martin, M. & Kriegel, M., (2014). Psychologische Grundlagen der Gerontologie (4. Aufl.). Stuttgart: Kohlhammer.
Martius, Ph., Spreti, F. v. & Henningsen, O. (2008). Kunsttherapie bei psychosomatischen Störungen. München: Elsevier.
Menning, H. (2014). Das psychische Immunsystem. Göttingen: Hogrefe.
Menzen, K.-H. (1994). Heilpädagogische Kunsttherapie. Freiburg: Lambertus.
— (2004). Kunsttherapie mit altersverwirrten Menschen. München: Reinhardt.
— (2009). Grundlagen der Kunsttherapie (3. Aufl.). München: Reinhardt UTB.
— (2013). Kunsttherapie in der Heilpädagogik. Wien: Sigmund Freud PrivatUniversitätsVerlag.
— (2017). Heil-Kunst. Entwicklungsgeschichte der Kunsttherapie. Freiburg/München: Karl Alber.
Miesenberger, K., Bühler, Ch. & Penaz, P. (Hrsg.) (2016). Computer Helping People with Special Needs. Berlin: Springer.
Montegu, A. (2014). Körperkontakt. Die Bedeutung der Haut für die Entwicklung des Menschen (1974). Stuttgart: Klett.
Moré, A. (2013). Die unbewusste Weitergabe von Traumata und Schuldverstrickungen an nachfolgende Generationen. In: Journal für Psychologie 21, 2. 1–34.
Murphy, Ph. M., Cramer, D. & Lillie, F. L. (1984). The relationship between curative factors perceived by patients in their psychotherapy and treatment outcome: An exploratory study. In: Psychology and Psychotherapy 57, 2. 197–192.
Murphy, J. & Boa, S. (2013). A Critical Appraisal of Existing Methods of Measuring Outcomes in Relation to Augmentative and Alternative Communication. Final Report March 2013. Scotland: NHS Education for Scotland. https://www.talkingmats.com (abg. 10.09.2017).
Navratil, L. (1965). Schizophrenie und Kunst. München: dtv.
Oppikofer, S., Nieke, S. & Wilkening, K. (Hrsg.) (2015). Aufgeweckte Kunstgeschichten. Menschen mit Demenz auf Entdeckungsreisen im Museum. Zürich: Universität Zürich.
Page, S. (Hrsg.) (1978). Les singuliers de l'ART. Katalog. Paris: Musee d'Art Moderne.

Holzinger, M. (Hrsg.) (2016) Platon: Timaios (4. Jhd. v. Chr.). Übers. Franz Susemihl. (4. Aufl.). Berlin: Holzinger.
Pöppel, S. (2015). Das therapeutische Potenzial der Kunstrezeption. Berlin: Logos.
Ramachandran, V. S. & Hubbard E. M. (2004). Blauer Dienstag, duftende Fünf. In: Gehirn & Geist 5. 58–65.
Reddemann, L. (2001). Imagination als heilsame Kraft. Stuttgart: Klett-Cotta.
Richter, H.-G. (Hrsg.) (1977). Therapeutischer Kunstunterricht. Düsseldorf: Schwann.
— (1984). Pädagogische Kunsttherapie. Düsseldorf: Schwann.
— (1999). Sexueller Mißbrauch im Spiegel von Zeichnungen. Frankfurt a. M.: Lang.
Rickert, R. (2009). Lehrbuch der Kunst-Therapie. Ahlerstedt: Param.
Rizzolatti, G., Fadiga, L., Gallese, V. & Fogassi, L. (1996). Premotor Cortex and the Recognition of Motor Actions. In: Cognitive Brain Research 3. 131–141.
Rizzolatti, G. & Craighero, L. (2004). The Mirror-Neuron Syste. In: Annual Review of Neurosciences 27. 169–192.
Rizzolatti, G. (2008). Empathie und Spiegelneuronen. Die biologische Basis des Mitgefühls. Frankfurt a. M.: Suhrkamp.
Robert Koch Institut (Hrsg.) (2013). Krebs in Deutschland 2009/2010 (9. Ausg.). Berlin: Robert Koch Institut.
Rössler, W. & Matter, B. (Hrsg.) (2013). Kunst- und Ausdruckstherapien. Stuttgart: Kohlhammer.
Rogers, C. R. (2016). Eine Theorie der Psychotherapie der Persönlichkeit und der zwischenmenschlichen Beziehungen (1959). München: Reinhardt.
Rosa, H. (2019). Resonanz (2. Aufl.), Berlin: Suhrkamp.
Rosenthal, M. (2010). William Kentridge – Fünf Themen. Wien: Hatje Cantz.
Rohmeder, J. (1977). Methoden und Medien der Museumsarbeit. Köln: Dumont.
Rubin, J.A. (1993). Kunsttherapie als Kindertherapie. Karlsruhe: Gerardi
Rummler, F. (1999). Nichts für Feiglinge. In: SPIEGEL 1999.38.14799621 (abg. 02.01.2020)
Scheuerl, H. (1979). Das Spiel. Untersuchungen über sein Wesen. (9. Aufl.) Weinheim/Basel: Beltz.
Schmeer, G. (1975). Das sinnliche Kind. Stuttgart: Klett-Cotta.
Schnabel, U. & Scholz, A.-L. (2009). Die Anspitzung des Denkens. In: Die Zeit Nr. 40. September 2009. 43–45.
Schubert, A. (2009). Das Körperbild. Die Körperskulptur als modulare Methodik in Diagnostik und Therapie. Stuttgart: Klett-Cotta.
Schubert, Ch. (2011). Psychoneuroimmunologie und Psychotherapie. Stuttgart: Schattenauer.
Schulze Altcappenberg, H.-Th. (2003). Edvard Munch – Die Grafik im Berliner Kupferstichkabinett. Staatliche Museen zu Berlin: G + H Verlag.
Schumann, M. (2017). Inklusive Bildung in Deutschland – Geschichte, Stand und Perspektiven. In: Berufsverband der Heilpädagoginnen und Heilpädagogen – Fachverband für Heilpädagogik (BHP) e. V. (Hrsg.). Themenhaft Bildung 2. Berlin: BHP. 6–12.
Schwab, H. & Theunissen, G. (Hrsg.). (2009). Inklusion, Partizipation und Empowerment in der Behindertenarbeit. Stuttgart: Kohlhammer.
Schwarz, H. & Wigger, M. (2018). Rezeptionsorientierte und gestaltende Kunsttherapie in der Onkologie – oder: Was hat Kunstrezeption mit Onkologie zu tun? In: Duncker, H., Hampe, R. & Wigger, M. (Hrsg.). Gestalten – Gesunden. Zur Salutogenese in den Künstlerischen Therapien. Freiburg: Alber. 211–221.
Seidelmann, K., Amtsmann, P., Caspers, H. & Christl, R. (Hrsg.). (1965). Musische Erziehung in der Schule. Auftrag und Zusammenspiel der musischen Bildungsbereiche. Berlin: Luchterhand.
Seidenfaden, K. (1966). Die musische Erziehung in der Gegenwart und ihre geschichtlichen Quellen. Ratingen: A. Henn.
Selle, G. (1988). Gebrauch der Sinne. Eine kunstpädagogische Praxis. Reinbek b. H.: Rowohlt.
Siegler, R., DeLoache, J. S. & Eidenberg, N. (2011). Entwicklungspsychologie im Kindes- und Jugendalter (3., erw. Aufl.). Deutsche Auflage. Heidelberg: Spektrum Akademischer Verlag.
Sopp, G. (2007). Wandlungsschritte. Geführtes Zeichnen auf dem Initiatischen Weg. Todtmoos: Johanna Nordländer.
Spies, A. & Pötter, N. (2011). Soziale Arbeit an Schulen. Wiesbaden: VS Verlag.

Spitzer, M. (2002). Musik im Kopf. Stuttgart: Schattauer.
Spreti, F. v., Martius, Ph. & Steger, F. (Hrsg.) (2018). KunstTherapie. Stuttgart: Schattauer.
Stegmaier, S. (2008). Grundlagen der Bindungstheorie. In: Textor, M. R. & Bostelmann, A. (Hrsg.). Das Kita Handbuch. https://kindergartenpaedagogik.de/fachartikel/psychologie/1722. https://kindergartenpaedagogik.de/fachartikel/psychologie/1722 (abg. 18.08.2019).
Stern, A. (1998). Der Malort. Eltmann: Daimon.
Stern, D. N. & Vorspohl, E. (2011). Formen der Vitalität. Die Erforschung dynamischen Erlebens in Psychotherapie. Entwicklungspsychologie und den Künsten. Frankfurt a. M.: Brandes & Apsel.
Storch, M., Cantieni, B., Hüther, G. & Tschacher, W. (2006). Embodiment. Die Wechselwirkung von Körper und Psyche verstehen und nutzen. Bern: Huber.
Strotkötter, I. M. (2013). Mit Ton und Erde die Welt begreifen. Materialkunde. Ein Fachbuch für PädArt. Mainz: Wirkraum Töne & Töne.
Stummer, W. (2015). Film: Kunst als Lebensmittel – Neue Perspektiven durch die Kunst – eine Kooperation des CCCM und des Kunstmuseum Pablo Picasso Münster. http://klinikum.uni-muenster.de/index.php?id=kunst-als-lebensmittel (abg. 01.02.2017).
Szeemann, H. (Hrsg.) (1972). Documenta 5. Befragung der Realität – Bildwelten heute. Katalog. Kassel: Bertelsmann.
Talking Mats (2018). Improving Communication, Improving Lives. In: www.talkingmats.com (abg. 03.09.2018).
Thiel, H. (1982). Natur – Kunst. In: Kunstforum 48. 23–95.
Uhlmann, B. (2011). E-Mail vom Therapeuten. In: Süddeutsche Zeitung. München. vom 25.08.2011. https://sz.de/1.1134663 (abg. 16.02.2020).
Ullrich. W. (2019), Scream out loud. In: Art Kunstmagazin. August. 64–67.
UN-Behindertenrechtskonvention (2007). Übereinkommen über die Rechte von Menschen mit Behinderungen. https://www.behindertenrechtskonvention.info (abg. 03.09.2018).
Uschok, U. & Schmidt-Jungblut, A. (2016). Chronische Wunden-Traumata für die Körperseele. In: Uschok, U. (Hrsg.). Körperbild und Körperbildstörungen. Göttingen: Hogrefe. 283–304.
Vaugahn, M. (Hrsg.). (2003). Index für Inklusion – Lernen und Teilhabe in Schulen der Vielfalt (entw. T. Booth & M. Ainscow; übers. I. Boban & A. Hinz). UK: Centre for Studies on Inclusive Education. Halle: Martin-Luther-Univ.
Waclawek, A. (2012). Graffiti und Street Art. München: Dkv Kunst Kompakt.
Wahl, H. W. & Heyl, V. (2014). Gerontologie- Einführung und Geschichte. Stuttgart: Kohlhammer.
Wahl, H. W. (2017). Die neue Psychologie des Alterns: Überraschende Erkenntnisse über unsere längste Lebensphase. München: Kösel.
Warwitz, S. A. (2001). Das Phänomen des Flow-Erlebens. In: Warwitz, S. A.: Sinnsuche im Wagnis. Leben in wachsenden Ringen. Baltmannsweiler: Schneider Verlag Hohengehren. 206–223.
Weizsäcker, V. v. (1950). Der Gestaltkreis. Theorie der Einheit von Wahrnehmen und Bewegen (4. Aufl.). Stuttgart: Thieme.
Welsch, W. (2012). Blickwechsel. Neue Wege der Ästhetik. Stuttgart: Reclam.
Wiewrodt, D. (2018). Kunst als Lebensmittel. Kunst als Überlebensmittel. In: Duncker, H., Hampe, R. & Wigger, M. (Hrsg.). Gestalten – Gesunden. Zur Salutogenese in den Künstlerischen Therapien. Freiburg i. Br.: Karl Alber. 49–58.
Wigger, M. (2013). Die Entwicklung einer taktilen Antwortskala für Grund- und Vorschulkinder mit einer chronischen Uveitis und deren Überprüfung im Rahmen einer Studie zur Selbsteinschätzung der Lebensqualität. Inaugural Dissertation: Medizinische Fakultät Universität Duisburg-Essen.
— (2019a). Natur – Kunst – Therapie. Oder: Eine Seerose ist eine Seerose. In: Pfeifer, E. (Hrsg.). Natur in Psychotherapie und Künstlerischer Therapie. Theoretische, methodische und praktische Grundlagen. Bd. 2. Gießen: Psychosozial. 81–92.
— (2019b). ganz-sinn-voll. Aspekte aus Kunst und Natur zur Sinnes- und Persönlichkeitsentwicklung. In: Pfeifer, E. (Hrsg.). Natur in Psychotherapie und Künstlerischer Therapie. Theoretische, methodische und praktische Grundlagen. Bd. 2. Gießen: Psychosozial. 93–103.

Wigger, M. & Wrede, T. (1994). Kunsttherapie in der Psychiatrischen Universitätsklinik Münster. In: Pittrich, W. (Hrsg.). Im Pulse der Kunst. Lengerich: Pabst Verlag. 50–62.

Wigger, M. & Borgmann, P. (2003). Polarforscher. Eine neu entwickelte kunsttherapeutische Behandlungsmetode für Menschen mit bipolarer Störung und daraus abgeleitete Evaluierungs- Forschungsfragen. Köln: Claus Richter Verlag. 45–53.

Wigger, M. & Wiewrodt, D. (2019). Fotografie als Orientierungshilfe und Selbstvergewisserung. Neue Medien als Ressource im Umgang mit einer aphasischen Störung im Rahmen einer Hirntumorerkrankung. In: Psychotherapie im Alter 16, 4. 407–421.

— (2020). »Linda hat einen heilen Kern« – Psychodynamik in der psychoonkologischen und kunsttherapeutischen Begleitung. In: Franzen, G., Hampe, R. & Wigger, M. (Hrsg.). »Zur Psychodynamik kreativen Gestaltens«. Künstlerische Therapien in klinischen Arbeitsfeldern. Freiburg i. Br.: Karl Alber.

Willutzki, U. & Teismann, T. (2013). Ressourcenaktivierung in der Psychotherapie. Göttingen: Hogrefe.

Winnicott, D. W. (1973). Vom Spiel zur Kreativität. Stuttgart: Klett.

Wohlfart, G. (1995). Das Schweigen des Bildes. In: Boehm, G. (Hrsg.): Was ist ein Bild? München: Fink. 163–183.

Wolf, B. (2016). Kinder lernen leiblich. Freiburg: Karl Alber.

WHO – World Health Organization (2011). World Report on Disability 2011. Foreword Stephen W. Hawking. In: WHO Library Cataloguing-in-Publication Data (pdf), S. xi. https://www.who.int'worlds_report'2011 (abg. 08.05.2013).

WHO – World Health Organization (2016). Zusammenfassung. Weltbericht über Altern und Gesundheit. https://apps.who.int/iris/bitstream/handle/10665/186468/WHO_FWC_ALC_15.01_ger.pdf (abg. 03.03.2020).

Zentrum für Geriatrie und Gerontologie Freiburg (2019). https://www.uniklinik-freiburg.de/zggf.html (abg. 01.01.2020).

Zernikow, B. (2009). Schmerztherapie bei Kindern, Jugendlichen und jungen Erwachsenen (4. Aufl.). Heidelberg: Springer.

Zimmer, R. (2012). Handbuch der Sinneswahrnehmung. Freiburg: Herder.